国家检察官学院
全国预备检察官培训系列教材

编委会主任／李如林 王少峰

反渎职侵权业务教程

FANDUZHI QINQUAN YEWU JIAOCHENG

李文生 胡卫列／主编

中国检察出版社

《反渎职侵权业务教程》
主编及撰写人员

本册主编： 李文生　胡卫列

撰写人员： 于小平（第一章）

刘林呐（第二章第一、二、三节）

上官春光（第二章第四、五、六节）

顾　华（第三章）

王　猛（第四章第一、二、六节、第四部分）

马　玮（第四章第三节、第五章、第六章、
第四部分）

王建超（第四章第四节、第四部分）

牛正良（第四章第五节、第四部分）

窦　闽（第四章第七节）

曹文智（第四章第七、八节）

付　磊（第六章）

郑立新（第四部分）

出版说明

　　建立预备检察官训练制度，是中央深化司法体制改革的重要内容。为适应这项培训工作的需要，我们编辑出版了《全国预备检察官培训系列教材》。本系列教材一共 10 本，包括《检察官职业素养教程》、《侦查监督业务教程》、《公诉业务教程》、《反贪污贿赂业务教程》、《反渎职侵权业务教程》、《刑事执行检察业务教程》、《民事行政检察业务教程》、《控告举报检察业务教程》、《刑事申诉检察业务教程》及《职务犯罪预防业务教程》。经编委会审定，作为国家检察官学院和全国预备检察官培训的指定教材。

　　本套教材重点介绍预备检察官应知应会的业务知识和业务规范，注重业务技能及实务经验的传授和职业素养的养成，通过文书范例和典型案例着力解析预备检察官在各项检察业务工作的重点、难点问题，力争使教材内容涵盖检察官基本职业素养、基本业务规范和基本业务技能，适应预备检察官岗位素质和业务能力培养的要求，使预备检察官通过培训具备履行检察官职务的素养和能力。

　　为体现本套教材突出实务、实用、实战的要求，我们聘请了最高人民检察院各业务厅局的业务骨干和国家检察官学院的教师担任撰稿人，发挥他们在检察实务和检察官培训方面的专长，确保教材质量。

　　由于预备检察官培训尚处于探索阶段，教材难免有不完善和疏漏之处，敬请读者批评指正。

编委会

2014 年 12 月 25 日

目　　录

第一部分　反渎职侵权工作总论

第二部分　反渎职侵权工作实务

第三部分　常用文书制作与范例

第四部分　渎职侵权犯罪侦查精品案例

第一部分
反渎职侵权工作总论

第一章 反渎职侵权工作概述

第一节 反渎职侵权工作的主要职责

各级检察机关反渎职侵权部门是检察机关主要的侦查部门之一，主要职责是发现、惩治和预防国家机关工作人员渎职犯罪和利用职权实施的侵犯公民人身权利、民主权利犯罪，维护国家机关正常的工作秩序，促进国家机关工作人员依法行使权力，保障公民的人身权利和民主权利，为社会和经济发展提供司法保障。

一、发现犯罪

人民检察院发现犯罪事实或者犯罪嫌疑人，应当按照管辖范围立案侦查。司法实践中，检察机关自行发现的线索，一般成案率较高。渎职侵权犯罪案件线索发现困难，案源匮乏一直是制约工作发展的一个瓶颈问题，这就要求反渎干部要具有敏锐的嗅觉，主动出击去挖掘渎职侵权犯罪案件线索。

1. 要强化宣传工作，扩大举报案源。充分利用电视、报纸、广播电台、手机短信、网络等信息载体或传播方式，使全社会认识到渎职侵权犯罪的社会危害性，了解并熟悉检察机关渎职侵权犯罪侦查的职能及受案范围、立案标准，激发人民群众的举报积极性，形成获取线索和查办案件的良性循环。

2. 整合检察机关内部资源，形成获取案源的合力。检察机关内部的相关业务部门在其日常履职过程中，能够发现相关国家机关工作人员的渎职侵权犯罪线索，有必要在检察机关内部建立渎职侵权案件线索移送制度。

3. 健全、巩固并落实与有关单位的工作联系制度和案件移送制度。完善行政执法机关与司法机关之间信息共享、联网查询、线索移送、案件协查、共同预防、监督配合的工作机制。

4. 关注新闻，密切与新闻媒体的联系。在平时看新闻、报纸时多留心、多思考，从新闻媒体报道的一些人民群众关注的焦点、热点问题中发现渎职侵权犯罪案件线索。

5. 介入重点项目、重大事件，从中发现线索。及时介入重大生产安全事故、重大食品药品安全事故、重大环境污染事故、重大危害国土资源案件和重大工程建设安全事故的查处，从中发现渎职侵权犯罪线索。

6. 坚持"系统抓，抓系统，重点抓，抓重点"。通过分析个案所暴露出的犯罪规律，结合相关部门、行业内的权力运行状况，确定办案重点，选定行业和领域，在本地区统一开展线索摸排活动。要注意深挖案中案，看是否有以合法形式掩盖非法目的，或上下串通、内外勾结的多层级、多环节、多人、多罪的行业性犯罪或窝案串案。同时要深挖渎职犯罪背后存在的权钱交易，注意贪渎并查。

二、惩治犯罪

依法惩治国家机关工作人员渎职侵权犯罪是实现检察机关对司法权和行政执法权的法律监督，促进依法行政和司法公正的重要手段。

人民检察院直接受理查办的渎职侵权犯罪案件包括《中华人民共和国刑法》（以下简称为刑法）分则第九章规定的国家机关工作人员渎职犯罪和第四章规定的国家机关工作人员利用职权实施的侵犯公民人身权利、民主权利犯罪案件。共涉及44个罪名：（1）滥用职权案；（2）玩忽职守案；（3）故意泄露国家秘密案；（4）过失泄露国家秘密案；（5）徇私枉法案；（6）民事、行政枉法裁判案；（7）执行判决、裁定失职案；（8）执行判决、裁定滥用职权案；（9）枉法仲裁案；（10）私放在押人员案；（11）失职致使在押人员脱逃案；（12）徇私舞弊减刑、假释、暂予监外执行案；（13）徇私舞弊不移交刑事案件案；（14）滥用管理公司、证券职权案；（15）徇私舞弊不征、少征税款案；（16）徇私舞弊发售发票、抵扣税款、出口退税案；（17）违法提供出口退税凭证案；（18）国家机关工作人员签订、履行合同失职被骗案；（19）违法发放林木采伐许可证案；（20）环境监管失职案；（21）食品监管渎职案；（22）传染病防治失职案；（23）非法批准征用、占用土地案；（24）非法低价出让国有土地使用权案；（25）放纵走私案；（26）商检徇私舞弊案；（27）商检失职案；（28）动植物检疫徇私舞弊案；（29）动植物检疫失职案；（30）放纵制售伪劣商品犯罪行为案；（31）办理偷越国（边）境人员出入境证件案；（32）放行偷越国（边）境人员案；（33）不解救被拐卖、绑架妇女、儿童案；（34）阻碍解救被拐卖、绑架妇女、儿童案；（35）帮助犯罪分子逃避处罚案；（36）招收公务员、学生徇私舞弊案；（37）失职造成珍贵文物损毁、流失案；（38）国家机关工作人员利用职权实施的非法拘禁案；（39）国家机关工作人员利用职权实施的非法搜查案；（40）刑讯逼供案；（41）暴力取证案；（42）虐待被监管人案；（43）报复陷害案；（44）国家机关工作人员利用职权实施的破坏选举案。

上述案件中，除徇私舞弊减刑、假释、暂予监外执行案、虐待被监管人案以及刑罚执行和监管活动中发生的渎职侵权犯罪案件由检察机关监所检察部门负责查办外，其他国家机关工作人员渎职侵权犯罪案件均由检察机关反渎职侵权部门负责查办。对于国家机关工作人员利用职权实施的其他重大犯罪案件，需要人民检察院直接受理的，经省级以上人民检察院决定，可以由人民检察院立案侦查。

许多渎职罪成立的前提是关联原案的成立，将这些渎职犯罪的关联案件由查办国家机关工作人员犯罪的检察机关一并侦查，可以防止渎职罪原案的消极查办对渎职犯罪及时查办的影响，提高诉讼效率。2010 年 9 月 10 日高检院印发的《关于加强和改进新形势下惩治和预防渎职侵权犯罪工作若干问题的决定》规定：对管辖一时难以分清、后果严重的犯罪案件，经省级以上人民检察院批准后可予立案。要完善并案侦查的操作程序，涉及渎职侵权犯罪的相关证据的，检察机关可直接进行调查，对重特大渎职侵权犯罪案件所涉及的必须及时查清的案件，经上级检察机关同意，可以并案查处。《人民检察院刑事诉讼规则（试行）》（以下简称为《刑诉规则》）第 12 条规定：对于一人犯数罪、共同犯罪、多个犯罪嫌疑人实施的犯罪相互关联，并案处理有利于查明案件事实和诉讼进行的，人民检察院可以对相关犯罪案件并案处理。

三、预防犯罪

反渎职侵权部门在发现犯罪、惩治犯罪的同时，要认真贯彻党中央提出的"标本兼治、综合治理，惩防并举、注重预防"的反腐败方针，积极开展渎职侵权犯罪预防工作，坚持结合办案搞预防，把预防寓于办案之中。搞好预防首先要抓办案，通过惩治犯罪形成高压态势，本身就是一种积极的预防、特殊的预防；只有通过办案发现问题、总结规律，才能更有针对性、更有效地开展预防工作，否则，预防就没有前提和基础，结合办案搞预防就成了一句空话。要进一步加大反渎职侵权法制宣传力度，深入开展以案说法、警示教育等活动，促进国家机关工作人员筑牢防止渎职侵权犯罪的思想防线，自觉勤政廉政、依法行政、公正司法。要积极探索建立渎职侵权违法犯罪易发多发领域调查分析、风险预警和专项治理制度，抓住影响发展稳定全局、人民群众反映强烈、党委政府关注的突出问题，集中开展专项预防。要把侦查手段与预防措施结合起来，积极开展事前预防，隐蔽侦查意图，以职务犯罪预防的名义挖掘渎职侵权犯罪线索；积极开展事中预防，掌握重大项目、工程进展中的行政管理流程和进展，增强侦查取证工作的针对性。通过侦查，深入分析发案特点和规律、易发环节和手段，提高事前预防工作的有效性。要深入剖析渎职侵权犯罪发生的原因，查找体制机制方面存在的薄弱环节，积极提出预防建议，推动建章立制、堵塞漏洞。

第二节　反渎职侵权工作的基本流程

反渎职侵权工作是检察工作的重要组成部分，集中体现了检察机关法律监督的职能和属性，是强化法律监督的重要手段和有力保障。明确反渎职侵权工作流程是推进工作规范化、制度化、程序化的基础，根据《中华人民共和国刑事诉讼法》（以下简称为刑事诉讼法）和《刑诉规则》的规定，结合检察机关统一业务应用系统中有关反渎业务子系统的要求，制作反渎职侵权工作流程图如下：

渎职侵权案件侦查办案流程图

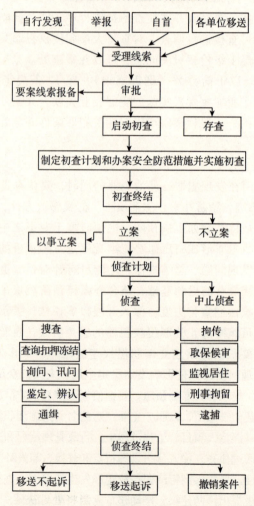

一、案件受理流程

按照《刑诉规则》的规定，人民检察院控告检察部门或者举报中心统一受理报案、控告、举报、申诉和犯罪嫌疑人投案自首，并根据具体情况和管辖规定，在7日以内作出处理。有关机关或者部门移送人民检察院审查是否立案的渎职侵权犯罪案件线索和人民检察院反渎部门发现的渎职侵权案件线索，由反渎部门自行审查。

反渎部门收到举报中心移送的举报线索，应当在3个月以内将查办结果回复举报中心，情况复杂逾期不能办结的，报检察长批准，可以适当延长办理期限。

反渎部门受理案件线索后应当由专人管理、登记、立档、立卷。对受理的线索材料一般应在10日内安排人员进行审查。不能及时安排审查的，应向检察长报告后缓查。承办人员审查线索材料后应提出审查意见，经部门领导审核后报检察长决定，认为受理的案件线索属于检察机关管辖，有涉嫌渎职侵权犯罪可能，有初查价值、初查条件和时机的，提出初查意见；认为受理的案件线索虽属于检察机关管辖但没有涉嫌渎职侵权犯罪可能，没有初查价值的，提出不予初查的意见；认为受理的案件线索有初查价值但不具备初查条件的，提出存查的意见；认为不属于本部门或者检察机关管辖的案件线索，提出移转相关部门处理的意见。线索流转应当办理书面手续并严格保密，确保无丢失、毁坏、泄密。

二、案件初查流程

经审查后认为有犯罪事实需要初查的，初查承办人要填写《线索登记表》，制作《提请初查报告》，报检察长或者检察委员会决定。检察长或者检察委员会决定初查的，承办人员应当制作初查工作方案，经侦查部门负责人审核后，报检察长审批。初查一般应当秘密进行，不得擅自接触初查对象。公开进行初查或者接触初查对象，应当经检察长批准。在初查过程中，可以采取询问、查询、勘验、检查、鉴定、调取证据材料等不限制初查对象人身、财产权利的措施。不得对初查对象采取强制措施，不得查封、扣押、冻结初查对象的财产，不得采取技术侦查措施。

初查结束后进入改变管辖、退回线索、立案、不立案、合并线索等结论性流程。承办人制作《初查结论报告》，呈报局长、主管检察长审批，符合立案条件的，进入立案程序。《初查结论报告》未被领导批准的，承办人重新确定初查重点，继续初查，也可更换承办人初查。

初查终结后，经举报中心移送的案件，应当将处理决定回复举报中心。决定不予立案后，对公民控告的，案件承办人应当制作《不立案通知书》，写明案由和案件来源、决定不立案的原因和法律依据，由侦查部门在 15 日内送达控告人；对单位举报的，应当向单位反馈查处意见，说明不立案的理由，并将不立案决定书面通知本院举报中心。对未构成犯罪决定不予立案但需要追究党纪、政纪责任的被举报人，应当将有关材料移送主管机关处理。

三、立案侦查流程

反渎部门经初查和审查认为有犯罪事实需要追究刑事责任的，由承办人制作《提请立案报告》、《立案决定书》，经检察长批准后进入立案侦查程序。在立案侦查过程中，应当严格依照刑事诉讼法规定的条件和程序采取强制措施，严格遵守刑事案件办案期限的规定。依照法律进行专门调查工作和有关强制性措施，全面、客观地收集、调取犯罪嫌疑人有罪或者无罪、罪轻或者罪重的证据材料，并依法进行审查、核实。侦查措施包括：讯问犯罪嫌疑人，询问证人、被害人，勘验、检查，搜查，调取、扣押物证、书证和视听资料，查询、冻结存款、汇款，鉴定，辨认，协助追捕，技术侦查等。可以对犯罪嫌疑人采取的强制措施包括：拘传、取保候审、监视居住、拘留、逮捕。应当在决定立案之日起 3 日以内，将《立案备案登记表》、《提请立案报告》和《立案决定书》一并报送上一级人民检察院备案。决定对人民代表大会代表立案，应当按照《刑诉规则》规定的程序向该代表所属的人民代表大会主席团或者常务委员会进行通报。对人大代表采取拘留和逮捕等强制措施时，向人大报告或报请许可。适用及变更强制措施必须履行呈报和审批手续。

四、侦查终结流程

侦查工作结束后，符合侦查终结条件的，由承办人制作《侦查终结报告》，对符合起诉条件的，同时制作《起诉意见书》；对符合不起诉条件的，制作《不起诉意见书》；符合撤销案件条件的，制作《撤销案件意见书》呈报领导审批，经领导批准后正式形成法律文书。移送审查起诉、移送审查不起诉和撤销案件决定作出后，承办人按照要求将案件材料装订成卷，移送审查部门或交内勤归档。

第三节　反渎职侵权岗位的素能要求

"徒法不足以自行"，法律的正确施行、社会公平与正义的实现，在很大程度上要依赖于执法者的素质与水平。要切实履行好法律监督职能，需要切实加强检察队伍建设，全面提高检察队伍素质，尤其是处于办案一线的反渎职侵权侦查人员的素质和能力。

1. 发现、捕捉案件线索的能力。渎职侵权违法犯罪行为大多发生在国家机关工作人员行使权力的过程中，往往带有一定的隐蔽性、专业性、行业性，这些特点决定着检察机关在开展反渎职侵权工作中，必须主动出击，深入到有关机关、行业、领域中，发现线索，开拓案源，养成善于从中发现所涉渎职侵权犯罪案件线索的敏锐洞察力。

2. 获取、固定、鉴别、使用证据的能力。要依法全面、客观、及时地收集各种证据，坚持客观、公正，既要重视获取有罪证据，也要重视获取无罪证据，既要注重获取直接证据，也要注重获取间接证据。要把握住证据的客观性、关联性、合法性，重视证据的证明力，围绕犯罪构成的四个要件获取、固定和运用证据，特别要重视证明犯罪主体职责应然要求与行为实然表现、渎职损失认定、犯罪行为与犯罪结果的因果关系的证据。

3. 科学使用侦查策略、强制措施、侦查手段的能力。在渎职侵权犯罪案件中，犯罪主体虽然在暴力性、危害性上低于普通刑事犯罪分子，但他们往往具有较高的文化素质和专业能力，熟悉法律法规，有些本来就是懂侦查或从事侦查工作的司法人员，手中握有一定的职权，阅历深、关系网复杂、保护层厚，具有相当的自我防御能力和反侦查能力，因而，渎职侵权犯罪侦查与反侦查之间的智力对抗也就显得尤为强烈。渎职侵权犯罪案件的特点决定侦查策略的运用极为重要。

4. 侦查决策、指挥协调的能力。侦查指挥人员要提高查办案件决策指挥能力，全面了解所查办的案件事实、发案过程和被查对象的主要情况，综合分析各方面信息，充分考虑可能遇到的各种情况、问题，系统思考查办案件的思路、措施、方法和战术，科学决策。要驾驭整个办案局势，及时应对复杂局面和紧急情况，化解不利因素，调动积极因素，把握案件查办方向。侦查决策、指挥协调的能力，不仅是反渎职侵权部门领导需要注重的，也是每一个侦查员要提高的基本能力。

5. 分析掌握渎职侵权犯罪特点、规律的能力。侦查就是一种对抗，在对抗中取得优势，就必须做到知己知彼。对于渎职侵权侦查人员来说，侦查能力的大小与其对渎职侵权这类特定犯罪的特点、规律的认识和把握相关联。由于渎职侵权犯罪是权力行使过程中发生的，常披着合法的外衣，只有认识渎职侵权犯罪发生的机理、权力运作的规律，才能有效地惩治此类犯罪。

6. 准确运用法律和政策的能力。忠于事实和法律，是社会主义刑事司法的基本要求，是反渎职侵权工作必须遵循的基本原则。要将"以事实为根据，以法律为准绳"作为准则来指导查办案件的全过程和所有行为。要深刻理解法律，正确把握立法本意，熟悉法律的属性、特征，结合查办渎职侵权犯罪工作，注意研究解决司法实践中的法律适用问题。要培养灵活运用政策和策略的能力，把严格执行法律与执行刑事政策有机统一起来，以便取得更好的法律效果、政治效果和社会效果。

7. 侦查办案与服务大局的能力。查办渎职侵权案件是检察机关履行法律监督职责的重要手段，反渎职侵权工作必须服务于党和国家大局。侦查办案必须树立为大局服务的意识，要使反渎职侵权工作适应和服务于国家经济建设、政治建设、文化建设和社会建设不断发展的客观需要，适应和服务于全面落实依法治国方略、加快社会主义法治国家的需要，就要在服务大局中找准反渎职侵权侦查工作的切入点。

8. 秉公执法、公平办案的能力。检察机关查办渎职侵权案件是对行政、司法等国家机关运用权力中的错位、越位、不到位等不正确行使权力行为的监督。其主要监督的对象不是老百姓，而是政府官员，是国家权力的行使者。因此，反渎干部要有敢于与权力作斗争的精神，要培养公平办案的品质。面对复杂的环境，反渎干部要不受腐蚀、不受利诱，努力提高政治敏感性和政治鉴别力，不因个人的名利得失，案外的干扰和障碍而迷失方向、丧失立场、放弃原则。

思考题

1. 在全面推进依法治国的进程中，反渎职侵权部门要重点加强哪些职责要求，才能更好地发挥法治的引领和规范作用？

2. 如何在加强办公、办案信息化建设的大背景下遵循和完善反渎职侵权工作流程？

3. 结合个人工作岗位实际，谈谈反渎职侵权工作岗位的素能要求和提高途径。

第二部分

反渎职侵权工作实务

第二章 渎职侵权犯罪案件 侦查程序和措施

第一节 受 案

一、受案的概念

受案，是指检察机关接受公民或者单位的报案、控告、举报、申诉和犯罪嫌疑人自首，依法审查后决定直接受理或移送主管机关处理的诉讼活动。我国刑事诉讼法第108条第3款、第4款对检察机关的受案问题作了规定。《刑诉规则》第七章规定了受案程序。《刑诉规则》第157条规定，受案包括接受和受理两种方式。其中，接受是针对所有向检察机关的报案、控告、举报、申诉和犯罪嫌疑人自首而言，包括不属于检察机关管辖的部分。受理则仅仅是针对检察机关管辖的有关犯罪的报案、控告、举报、申诉和犯罪嫌疑人自首。在渎职侵权犯罪案件的侦查中，受案主体是检察机关，具体职能部门是其内设的举报中心等部门。

渎职侵权犯罪案件中的受案，是检察机关依照刑事诉讼法的有关规定，结合职务犯罪侦查活动的规律、特点和要求，在立案环节增设的一个程序，也是立案前的一项重要活动。

二、案件线索的来源

渎职侵权犯罪案件线索，是指检察机关发现或有关单位、组织、个人向检察机关提交的有关渎职侵权犯罪事实和犯罪嫌疑人有关材料的渠道或途径。根据刑事诉讼法、《刑诉规则》和司法实践，反渎职侵权部门的案件线索来源主要有：

（一）人民检察院自行发现的犯罪事实或犯罪嫌疑人

人民检察院自行发现的线索主要是检察机关反渎职侵权部门在查办渎职侵权犯罪案件过程中自行发现的线索，这类线索主要来源于窝案、串案，也包括检察机关反贪污贿赂、侦查监督、公诉、监所检察、民事行政检察等检察机关内设部门发现的线索。人民检察院自行发现的犯罪线索，往往质量比较高，成案的可能性比较大。

（二）执法执纪部门在执法执纪活动中发现的犯罪案件移送

执法执纪部门发现的线索主要有：（1）司法机关（如人民法院）按照职能管辖的规定进行移送；（2）纪检、监察部门按照有关规定移送；（3）公安、工商、税务、海关、审计等行政执法部门移送。

（三）单位或者个人的报案、举报

就线索来源而言，既包括检察机关举报中心收到的线索，也包括反渎职侵权等检察部门直接受理的线索；就报案、举报形式而言，既包括直接收到的举报件、直接受理的口头或电话举报，也包括网络、传真等举报。

（四）检察机关之间的移送、报送

检察机关之间的移送、报送既有上级检察机关或领导交办的线索，也有下级检察机关请求报送的线索，还包括无隶属关系的其他检察机关移送的线索。

除了上述四个方面的案件线索的来源外，司法实践中，被害人的报案或者控告，发案单位移交的犯罪线索，犯罪嫌疑人的投案自首，党委或者权力机关请求移送的案件也是案件线索的主要来源。

三、案件线索的接受

（一）案件线索的接受

1. 受理渎职侵权犯罪案件线索的主体是检察机关，具体职能部门是检察机关内设的举报中心、反渎职侵权、刑事执行检察及民事行政检察等部门。

2. 人民检察院举报中心、反渎职侵权等部门对于报案、控告、举报、自首，无论是否属于检察机关管辖，都应当接受，同时应当制作《受理案件登记表》和线索台账。对于口头或电话举报的，接受人员应当询问清楚，并制作《接受报案、控告、举报笔录》，必要时可以录音、录像；对于自首的，应当制作《自首笔录》；对于不属于检察机关管辖而又必须采取紧急措施的，应当先采取紧急措施，然后移送有关主管机关。

3. 人民检察院反渎职侵权等部门直接受理的线索，应及时移交本院举报中心统一管理；反渎职侵权部门在查办案件过程中自行发现的线索，经主管检察长批准，可以直接办理，但应适时在本院举报中心备案。

（二）案件线索的登记建档

举报中心对受理的案件线索，应当指定专人管理，逐件登记、建档、立卷。举报中心应当建立举报线索数据库，由专人负责将举报人和被举报人的基本情况、举报线索的主要内容以及办理情况等逐项录入计算机。线索流转应当办理书面手续，确保不流失、不泄密、不被更改。

四、案件线索的审查、评估及处理

（一）案件线索的审查

1. 案件线索的审查。举报中心对受理的线索材料，应当确定专人及时进行审查。审查内容包括两个方面：一是实体审查。主要审查案件线索的内容有无犯罪的嫌疑和成案的可能，有无初查的必要。二是程序审查。根据实体审查的结果，如认为有初查必要的，则需要明确案件线索的管辖问题，以便决定对案件线索进行有针对性的分流。

2. 约谈举报人。对于实名举报，经审查认为内容不清的，可以约举报人面谈或补充材料。约请举报人进行谈话调查时，应出示工作证，并告知其相关的权利和义务。在征得举报人的同意后，也可以进行录音录像。

3. 区分错告与诬告。接受报案、控告、举报的工作人员，应当要求报案人、控告人、举报人如实提供材料，并说明诬告应负的法律责任，并依法保护举报人等诉讼参与人的合法权益。同时还要注意严格区分错告与诬告的界限：错告是由于对情况不了解，或者认识片面或错误造成的，没有捏造事实、陷害他人的故意；诬告则是故意捏造事实、伪造证据，其目的是陷害他人。

4. 做好安全防范工作。对投案自首的犯罪嫌疑人，如果发现自首人有情绪不稳定等现象，举报中心、反渎职侵权等部门可以根据需要采取必要的安全防范措施。

（二）案件线索的评估

1. 案件线索初步筛选制度。在司法实践中，一些地方的检察机关（如上海市）设立了案件线索初步筛选制度。其具体做法是：对受理的线索材料，由线索专管员书面填写《线索管理表》，并对线索初步筛选分类。一般可将案件线索分为 A、B、C、D 四类：A 类优先初查；B 类排期初查；C 类缓查；D类退查。然后交线索评估小组评估，评估后，由主管检察长或者部门负责人审批。

线索专管员主要是对线索内容的真实性、客观性、管辖范围、成案价值、初查成案率的大小及挖掘案件的潜力等方面进行初步的分析、判断，结合办案经验、积累的材料和收集的相关信息，如企业登记资料、户籍资料等，按 A、B、C、D 四类情况进行分类，提出书面审查意见。

线索评估小组作出评估后，对列入 A 类、B 类的案件线索，连同举报中心移送的《受理案件登记表》、《接受报案、控告、举报笔录》或者《自首笔录》，由线索专管员按评估小组的意见分流给反渎职侵权部门，C 类案件线索列入案件线索库的缓查档案，D 类案件线索移送举报中心。

2. 未设立案件线索初步筛选制度的评估方式。一般由检察机关反渎职侵权部门对线索材料进行审查后，提出审查意见，经部门负责人审核，再报检察长决定，必要时应提交检察委员会讨论决定。根据举报线索的不同情形和有关管辖规定，案件承办人可提出如下处理意见：

（1）提请初查。对属于本院管辖、可能涉嫌犯罪并且具备初查条件和时机的，应当提请初查，同时提交《提请初查报告》，报请检察长批准。

（2）不予初查。对属于检察机关管辖但不构成犯罪的，提出不予初查的意见。

（3）缓查或者存查。属于检察机关管辖且可能涉嫌犯罪，但尚不具备初查条件和时机的，提出缓查或存查的意见。

（4）移送有关主管部门。对不属于本部门或者检察机关管辖的，应提出移转有关部门处理的意见，并由线索管理人员制作《移送案件通知书》转其他部门或者其他单位处理，并且通知报案人、控告人、举报人。

（三）案件线索的处理

1. 侦查部门收到举报中心移送的举报线索，应当在 3 个月以内将处理情况回复举报中心。对逾期未回复处理情况或者查办结果的，举报中心应当催办。总之，处理案件线索应遵守时限规定：（1）案件线索应及时分给承办人，避免不查不报，造成积压；（2）负责审查案件线索的检察人员要对线索及时进行审查、处理。

2. 对上级交办的举报案件、举报中心移送的线索，应及时报告或者回复查处情况，避免回复不及时或者回复过于简单。

3. 纪检、监察等部门移送的案件线索，检察机关在办案中自行发现的案件线索，应按归口原则，及时向本院举报中心登记备案。对于情况特殊的，可先行初查，但初查后要及时报送举报中心。

4. 对于在侦查一体化（如专项行动、指定管辖、提办、督办等）办案过程中发现的线索，应当按相关要求及时上报处理。

5. 查办涉外渎职侵权犯罪案件线索，应依照《外交特权与豁免条例》、《领事特权与豁免条例》及办理渎职侵权犯罪案件的有关规定进行。

五、案件线索管理制度

（一）要案线索分级备案制度

根据有关司法解释的精神，最高人民检察院对副厅级以上干部涉嫌渎职侵权犯罪线索实行备案管理，省级人民检察院对副处级以上干部涉嫌渎职侵权犯罪线索实行备案管理，分院、地市级人民检察院对副科级以上干部涉嫌渎职侵权犯罪线索实行备案管理。

对报送上级人民检察院备案管理的线索材料，下级人民检察院反渎职侵权部门应逐案填写要案线索备案表，并于 10 日内将有关线索材料和拟处理意见报送接受备案的人民检察院。接受备案的人民检察院反渎职侵权部门负责审查，如有不同意见，应当及时通知报送备案的下级人民检察院。下级人民检察院应当按照上级人民检察院的意见办理。

下级人民检察院认为案情重大复杂，独立办理有困难，需要上级人民检察院支持、帮助的，应当在拟处理意见中予以说明。上级人民检察院应当及时答复。

（二）案件线索保密制度

对案件线索必须严格执行的保密制度。依据 2009 年修订的《人民检察院举报工作规定》，举报线索由专人录入计算机，加密码严格管理，未经授权或者批准，其他工作人员不得查看；举报材料不得随意摆放，无关人员不得进入举报线索处理场所；向检察长报送举报线索时，应当用机要袋密封，并填写机要编号，由检察长亲自拆封；严禁泄露举报内容以及举报人姓名、住址、电话等个人信息，严禁将举报材料转给被举报人或者被举报单位；调查核实情况时，严禁出示举报材料原件或者复印件；除侦查工作需要外，严禁对匿名举报线索进行笔迹鉴定；举报中心应当严格管理举报网站服务器的用户名和密码，并适时更换；通过网络联系、答复举报人时，应当核对密码，答复时不得涉及举报的具体内容。

如果发生泄密事件，要及时采取补救措施，并根据情况和造成的后果，对相关责任人进行纪律处分直至追究刑事责任。

第二节 初 查

一、初查的概念

初查，是指人民检察院对管辖范围内的线索进行调查，以判明是否符合立案条件的诉讼活动。刑事诉讼法第 110 条规定，人民法院、人民检察院或者公安机关对于报案、控告、举报和自首的材料，应当按照管辖范围，迅速进行审查，认为有犯罪事实需要追究刑事责任的时候，应当立案；认为没有犯罪事实，或者犯罪事实显著轻微，不需要追究刑事责任的时候，不予立案，并且将不立案的原因通知控告人。控告人如果不服，可以申请复议。虽然法律上没有初查的概念，通常认为上述法条中的立案前的审查就是初查的法律依据。1997

年最高人民检察院在制定《刑诉规则》的时候，基于查办贪污贿赂、渎职侵权等职务犯罪的需要，总结一些地方的实践经验，在立案部分提出了初查概念并单列一节，明确规定了初查的管辖和对初查的要求。2012 年修订后的《刑诉规则》继承了这样的规定，《刑诉规则》第 168 条规定：侦查部门对举报中心移交的举报线索进行审查后，认为有犯罪事实需要初查的，应当报检察长或者检察委员会决定。

理解初查的概念，应注意的是，初查不能代替侦查。初查获取的证据资料，如果属于实物证据，无论在哪一个阶段获取，无论是由哪一个主体提取的物证、书证，经有权承办案件的检察人员确认并采纳，就能够作为证据使用，具有证明效力；而对于言词证据，证人证言、被害人陈述、初查对象陈述等不能够直接作为证据，通常需要在立案以后对初查阶段获取的证人证言、被查对象和被害人陈述进行"转换"，重新询问或讯问。

二、初查的程序

初查与侦查相比，具有取证方式的限制性和手段的不完整性，因此，初查要严格执行内部审批制度，防止泄密现象发生，注意讲究策略方法。

1. 对于应由本院初查的线索，经本院检察长或检察委员会决定，可依法进行初查。初查要案线索需要履行其他程序的，按有关规定办理。各级检察机关初查的权限为：最高人民检察院立案侦查全国性的重大犯罪案件，负责地方副省级以上干部、中央单位司局级以上干部犯罪线索的初查；省、自治区、直辖市人民检察院立案侦查全省（自治区、直辖市）性的重大犯罪案件，负责本辖区内厅局级干部犯罪线索的初查；地、州、市人民检察院立案侦查本辖区的重大犯罪案件，负责本辖区内县处级干部犯罪线索的初查；基层人民检察院立案侦查本辖区的犯罪案件，负责本辖区内科级干部、一般干部等犯罪案件线索的初查。根据需要，上级人民检察院可对下级人民检察院管辖的案件线索直接初查、组织、指挥、参与初查或者指定辖区内其他下级人民检察院初查，也可将本院负责初查的案件线索交由下级人民检察院初查。下级人民检察院认为案情重大、复杂，需要由上级人民检察院初查的案件线索，可以提请移送上级人民检察院初查。

2. 初查中的调查取证、询问等工作应由 2 名以上检察人员依法进行。具有刑事诉讼法第 28 条、第 29 条第 1 款情形的，参与初查的检察人员应当回避。

3. 人民检察院反渎职侵权部门办案人员应根据案件线索情况制作初查工作方案，经部门负责人审核后报检察长批准。初查工作方案主要包括以下内容：

（1）对案件线索的初步分析。包括犯罪嫌疑人的基本情况，线索来源及涉及的主要问题，线索来源可靠程度和涉嫌犯罪范围的评估。

（2）初查的目的、方向、范围和需要重点解决的问题。

（3）初查的时间、步骤、方法、措施等。

（4）对可能出现情况的预测及应对措施。

（5）初查的人员配备、分工、组织领导。

（6）安全防范预案。主要应当包括以下内容：明确办案人员的配备、分工和在个案安全防范方面的职责，在检察机关询问证人、接触被查对象时的安全措施，对重大、突发性事件的应急预案。

（7）保密方案（措施）。明确办案人员的保密责任、保密的具体措施，对重大、突发性事件的应急预案。

三、初查的注意事项

1. 检察长或检察委员会决定。《刑诉规则》第 168 条规定，"侦查部门对举报中心移交的举报线索进行审查后，认为有犯罪事实需要初查的，应当报检察长或者检察委员会决定"。由此可知，只有本院检察长或检察委员会有权决定是否对犯罪线索进行初查，未经检察长或检察委员会批准，任何人不得擅自开展初查，目的在于防止初查的盲目性和随意性。需要公开进行初查、接触被查对象、延长初查期限的，初查后无论是否提请批准立案，都应报检察长决定。未经检察长决定，不得擅自处理，目的是严把立案关，防止该立的案件不立，不该立的案件违法立案，侵犯公民的人身权利、民主权利。

2. 秘密进行。初查一般应当秘密进行，避免打草惊蛇和给被查对象带来不必要的不良影响。如果到被举报人、控告人所在单位核实情况，应当在不暴露举报人、控告人的情况下进行，不得出示举报材料原件或者复印件。初查不能擅自接触被查对象。初查期间接触被查对象应当经检察长批准。

3. 不限制初查对象人身、财产权利。初查与侦查的区别之一就是调查措施的非完全性和非强制性。初查过程中，可以进行询问、查询、勘验、鉴定、调取证据材料等不限制被查对象人身、财产权利的措施。初查要案线索需要履行其他程序的，按照有关规定办理。初查可以请纪检监察机关协助调查，但不得借用"两规"、"两指"控制被查对象。不得参与其他机关对违法违纪人员的看管。

四、初查结果的处理

（一）终结初查

人民检察院反渎职侵权部门对举报线索进行初查后，办案人应制作《初查终结报告》，经部门负责人审核后报检察长决定，分别作出如下处理决定：

1. 认为有犯罪事实需要追究刑事责任的，提请立案侦查；

2. 认为没有犯罪事实或者犯罪情节显著轻微，不需要追究刑事责任的，提请不予立案；

3. 认为所收集的事实和证据尚不符合立案条件的，提请不予立案；

4. 犯罪已过追诉时效期限或被查对象死亡的，提请不予立案；

5. 经初查不认为是犯罪，但需要追究党纪、政纪责任的，经检察长批准，由承办人制作《移送案件通知书》，移送纪检监察部门或被查对象主管部门处理。

（二）上报或回复初查情况

1. 对于本院举报中心移送的举报线索，应当在 3 个月以内将处理情况回复举报中心；下级人民检察院接到上级人民检察院移送的举报材料后，应当在 3 个月以内将处理情况回复上级人民检察院举报中心。情况复杂逾期不能办结的，报检察长批准，可以适当延长办理期限。

2. 对于实名举报，经初查决定不立案的，侦查部门应当制作《不立案通知书》，自作出不立案决定之日起 10 日以内移送本院举报中心，由举报中心答复举报人。必要时可以由举报中心与侦查部门共同答复。对于其他机关或者部门移送的案件线索，经初查决定不立案的，侦查部门应当制作《不立案通知书》，自作出不立案决定之日起 10 日以内送达移送案件线索的单位。

初查终结后，相关材料应当立卷归档。立案进入侦查程序的，诉讼证据以外的其他材料应当归入侦查内卷。

第三节 立 案

一、立案的概念

渎职侵权犯罪侦查中的立案，是指检察机关对所获得的材料进行审查后，认为有犯罪事实并需要追究刑事责任，依法决定交付侦查的一种诉讼活动。根据《刑诉规则》第 183 条规定，人民检察院对于直接受理的案件，经审查认为有犯罪事实需要追究刑事责任的，应当制作《立案报告书》，经检察长批准后予以立案。立案的任务在于判明是否有犯罪事实并需要追究刑事犯罪，决定是否交付侦查。立案，是办理渎职侵权犯罪案件必须经过的一个诉讼程序，是刑事诉讼活动开始的标志，也是通过司法程序查处犯罪分子，有效遏制此类犯罪活动滋生蔓延的不可或缺的重要措施和手段。

二、立案的条件

（一）有犯罪事实

有犯罪事实是指有依照刑法的规定构成犯罪的行为发生，并且该犯罪事实的存在有一定的证据证明。

（二）需要追究刑事责任

需要追究刑事责任是指依照实体法和程序法规定应当追究行为人的刑事责任。

（三）符合下列有关规定

1. 属于刑法分则第九章规定的渎职犯罪、第四章规定的国家机关工作人员利用职权实施的侵犯公民人身权利和民主权利犯罪，以及其他章节中明确规定依照前述条文定罪处罚的案件。

2. 符合人民检察院对直接受理的案件实行分级立案侦查的制度。

3. 符合法律法规关于管辖的规定。

三、立案的方式

职务犯罪案件的立案方式主要有两种，多数案件以人立案，少数是以事立案。以事立案，是指侦查机关对犯罪事实比较明确而犯罪嫌疑人不明的案件决定立案的一种方式。渎职侵权类案件有时采取以事立案的方式。由于犯罪事实比较明确，往往经过比较短时间的初查，甚至不经初查，就具备认为有犯罪事实需要追究刑事责任的立案条件。当然初查的时间长短、立案方式的选择要根据具体案件来把握。

四、立案的程序

（一）决定立案程序

1. 人民检察院反渎职侵权部门经过初查，认为有犯罪事实需要追究刑事责任的，由案件承办人制作《立案报告书》，经部门负责人审核后报检察长决定立案侦查。

2. 决定立案侦查的，以案为单位制作《立案决定书》，由检察长签名或盖章，并加盖人民检察院印章。

3. 采取以事立案方式侦查的案件，确定犯罪嫌疑人后，不需要另行立案，直接转为收集犯罪嫌疑人实施犯罪证据的阶段，依法全面使用侦查手段和强制措施。

4. 采取以事立案方式侦查的案件，应当分别在作出立案、终止侦查和侦查终结决定后的 3 日以内报上一级人民检察院备案，重大案件报省级人民检察院备案，特大案件层报最高人民检察院备案。上级人民检察院收到备案材料后应当及时进行审查，发现问题应当及时予以纠正。

（二）对人民代表大会代表立案的通报程序

人民检察院决定对人民代表大会代表立案，应当向该代表所属的人民代表大会主席团或者常务委员会通报：

1. 对担任本级人民代表大会代表立案的，应当向本级人民代表大会主席团或者常务委员会通报。

2. 对担任上级人民代表大会代表立案的，应当层报该代表所属的人民代表大会同级的人民检察院，向本级人民代表大会主席团或者常务委员会通报。

3. 对担任下级人民代表大会代表立案的，可以直接向该代表所属的人民代表大会主席团或者常务委员会通报，也可以委托该代表所属的人民代表大会同级的人民检察院，向本级人民代表大会主席团或者常务委员会通报。

4. 对担任乡、民族乡、镇人民代表大会的代表立案，由基层人民检察院向乡、民族乡、镇人民代表大会通报；对担任两级以上人民代表大会的代表立案的，应分别由该代表所属的人民代表大会同级的人民检察院办理。

5. 对于担任办案单位所在省、市、县（区）以外的其他地区人民代表大会代表立案的，应委托该代表所属的人民代表大会同级的人民检察院办理。

第四节　侦查措施

在刑事诉讼中，侦查是指国家法定机关在办理案件过程中，为收集犯罪证据和查获犯罪嫌疑人而依法进行的专门调查工作和采取的有关强制性措施。专门调查工作包括讯问犯罪嫌疑人，询问证人、被害人，调取、查询、查封、扣押、冻结等活动。强制性措施包括法律规定的强制措施和其他带有强制性的措施。

侦查的任务是收集证据，查获犯罪嫌疑人，查明犯罪事实；保障无罪的人不受刑事追究，保障犯罪嫌疑人和其他诉讼参与人的诉讼权利不受侵犯；教育公民自觉遵守法律，积极同犯罪行为作斗争。

检察机关侦查部门应当依照法定程序，收集能够证明犯罪嫌疑人有罪或无罪的各种证据。严禁刑讯逼供和以威胁、引诱、欺骗以及其他非法的方法收集证据，不得强迫任何人证实自己有罪。侦查过程中必须保证一切与案件有关或者了解案情的公民，有客观地充分地提供证据的条件，除特殊情况外，可以吸收他们协助调查。

侦查工作中要注意保守侦查秘密，严格执法，文明办案，保护诉讼参与人的合法权利。

一、讯问犯罪嫌疑人

讯问犯罪嫌疑人是侦查人员以言词的方式对被怀疑实施犯罪行为的人进行讯问的一种侦查措施。讯问犯罪嫌疑人的功能在于：（1）通过讯问犯罪嫌疑人，可以使无罪的人获得陈述无罪事实和理由的机会，从而防止冤枉无辜；（2）通过讯问犯罪嫌疑人，可以判断犯罪嫌疑人的人身危险性；（3）如果犯罪嫌疑人能如实陈述，可以获得查明案件事实的线索和证据。

讯问职务犯罪嫌疑人的具体任务包括：（1）调查核实犯罪事实的相关情况；（2）追查赃款、赃物的去向；（3）讯问同案犯罪嫌疑人情况；（4）查找其他涉案犯罪线索；（5）受理犯罪嫌疑人检举揭发与本案无关的犯罪事实和线索。

（一）讯问人员

讯问犯罪嫌疑人必须由检察人员负责进行。讯问的时候，检察人员不得少于2人。

（二）讯问地点和时间

1. 对在现场发现的犯罪嫌疑人，经出示工作证件，可以口头传唤，并将传唤的原因和依据告知被传唤人。在讯问笔录中应当注明犯罪嫌疑人到案经过、到案时间和传唤结束时间。

2. 对于不需要逮捕、拘留的犯罪嫌疑人，办案人员应当制作《传唤证》，报请检察长签发。办案人员凭工作证、《传唤证》传唤犯罪嫌疑人到所在市、县内的指定地点或者到他的住处进行讯问。传唤犯罪嫌疑人时，应当向犯罪嫌疑人出示《传唤证》和侦查人员的工作证件，并责令犯罪嫌疑人在《传唤证》上签名、捺指印。

犯罪嫌疑人到案后，应当由其在《传唤证》上填写到案时间。传唤结束时，应当由其在《传唤证》上填写传唤结束时间。拒绝填写的，侦查人员应当在《传唤证》上注明。

3. 传唤犯罪嫌疑人时，其家属在场的，应当当场将传唤的原因和处所口头告知其家属，并在讯问笔录中注明。其家属不在场的，侦查人员应当及时将传唤的原因和处所通知被传唤人家属。无法通知的，应当在讯问笔录中注明。

4. 办案人员应当凭工作证、《拘传证》拘传犯罪嫌疑人。拘传犯罪嫌疑人在犯罪嫌疑人所在市、县内的地点进行。犯罪嫌疑人的工作单位与居住地不在同一市、县的，拘传应当在犯罪嫌疑人的工作单位所在的市、县进行；特殊情况下，也可以在犯罪嫌疑人居住地所在的市、县内进行。

5. 犯罪嫌疑人被送交看守所羁押后，检察人员对其进行讯问，应当填写提讯、提解证，在看守所讯问室进行。因侦查工作需要，需要提押犯罪嫌疑人出所辨认或者追缴犯罪有关财物的，经检察长批准，可以提押犯罪嫌疑人出所，并应当由2名以上司法警察押解。不得以讯问为目的将犯罪嫌疑人提押出所进行讯问。

（三）讯问的具体程序和要求

1. 讯问犯罪嫌疑人时，检察人员一般要着检察服，做到仪表整洁，举止严肃、端庄、文明。

2. 讯问聋、哑或者不通晓当地通用语言文字的人，人民检察院应当为其聘请通晓聋、哑手势或者当地通用语言文字且与本案无利害关系的人员进行翻译。翻译人员的姓名、性别、工作单位和职业应当记录在案。翻译人员应当在讯问笔录上签字。

3. 讯问犯罪嫌疑人的时候，应当首先查明犯罪嫌疑人的基本情况，包括姓名、出生年月日、籍贯、身份证号码、民族、职业、文化程度、工作单位及职务、住所、家庭情况、社会经历、是否属于人大代表、政协委员等。

4. 告知犯罪嫌疑人在侦查阶段的诉讼权利，有权自行辩护或委托律师辩护，告知其如实供述自己罪行可以依法从宽处理的法律规定。

5. 讯问犯罪嫌疑人是否有犯罪行为，让他陈述有罪的事实或者无罪的辩解，应当允许其连贯陈述。

6. 讯问时，对犯罪嫌疑人提出的辩解要认真查核。严禁刑讯逼供和以威胁、引诱、欺骗以及其他非法的方法获取供述。

7. 讯问犯罪嫌疑人，应当制作讯问笔录。讯问笔录应当忠实于原话，字迹清楚，详细具体，并交犯罪嫌疑人核对。犯罪嫌疑人没有阅读能力的，应当向他宣读。如果记载有遗漏或者差错，应当补充或者改正。犯罪嫌疑人认为讯问笔录没有错误的，由犯罪嫌疑人在笔录上逐页签名、盖章或者捺指印，并在末页写明"以上笔录我看过（向我宣读过），和我说的相符"，同时签名、盖章、捺指印并注明日期。如果犯罪嫌疑人拒绝签名、盖章、捺指印的，检察人员应当在笔录上注明。讯问的检察人员也应当在笔录上签名。

8. 犯罪嫌疑人请求自行书写供述的，检察人员应当准许。必要的时候，检察人员也可以要求犯罪嫌疑人亲笔书写供述。犯罪嫌疑人应当在亲笔供述的末页签名、捺指印，并注明书写日期。检察人员收到后，应当在首页右上方写明"于某年某月某日收到"，并签名。

（四）录音录像

1. 人民检察院立案侦查职务犯罪案件，在每次讯问犯罪嫌疑人的时候，应当对讯问过程实行全程录音、录像，并在讯问笔录中注明。

2. 录音、录像应当由检察技术人员负责。特殊情况下，经检察长批准也可以由讯问人员以外的其他检察人员负责。

3. 讯问犯罪嫌疑人需要由检察技术人员录音、录像的，检察人员应当填写《录音录像通知单》，写明讯问开始时间、地点等情况送检察技术部门。检察技术部门接到《录音录像通知单》后，应当指派技术人员实施。

4. 讯问犯罪嫌疑人时，应当告知犯罪嫌疑人将对讯问进行全程录音、录像，告知情况应当在录音、录像中予以反映，并记明笔录。

5. 全程同步录像的，摄制的图像应当反映犯罪嫌疑人、检察人员、翻译人员及讯问场景等情况，犯罪嫌疑人应当在图像中全程反映，并显示与讯问同步的时间数码。在检察院讯问室讯问的，应当显示温度和湿度。

6. 讯问过程中，需要出示书证、物证等证据的，应当当场出示让犯罪嫌疑人辨认，并对辨认过程进行录音、录像。

7. 讯问过程中，因技术故障等客观情况不能录音、录像的，一般应当停止讯问，待故障排除后再次讯问。讯问停止的原因、时间和再行讯问开始的时间等情况，应当在笔录和录音、录像中予以反映。

不能录音、录像的客观情况一时难以消除又必须继续讯问的，经检察长批准，并告知犯罪嫌疑人后可以继续讯问。未录音、录像的情况应当在笔录中予以说明，由犯罪嫌疑人签字确认。

8. 讯问结束后，录制人员应当立即将录音、录像资料复制件交给讯问人员，并经讯问人员和犯罪嫌疑人签字确认后当场对录音、录像资料原件进行封存，交由检察技术部门保存。

讯问结束后，录制人员应当及时制作全程同步录音、录像的相关说明，经讯问人员和犯罪嫌疑人签字确认后，交由检察技术部门立卷保管。

9. 相关说明应当反映讯问的具体起止时间，参与讯问的侦查人员、翻译人员及录制人员的姓名、职务、职称，犯罪嫌疑人姓名及案由，讯问地点等情况。讯问在押犯罪嫌疑人的，讯问人员应当在相关说明中注明提押和还押时间，由监管人员和犯罪嫌疑人签字确认。对犯罪嫌疑人拒绝签字的，应当在相关说明中注明。

10. 参与讯问全程同步录音、录像的人员，对讯问情况应当保密。

（五）安全防范

1. 犯罪嫌疑人进入讯问区域后，应当指派专人对其一切活动贴身监护，同时应当关闭讯问区域的对外通道，并对犯罪嫌疑人、被告人的人身及携带物品进行检查，发现可能危害人身安全的物品应当予以暂时扣押。

2. 办案人员在讯问中要注意犯罪嫌疑人、被告人的心理变化和健康状况，发现异常情况，要及时采取有效措施，防止意外事件的发生。

3. 传唤犯罪嫌疑人，应当保证犯罪嫌疑人的饮食和必要的休息时间。

4. 讯问犯罪嫌疑人，禁止使用肉刑或者变相肉刑，禁止采用其他使被告人在肉体上或者精神上遭受剧烈疼痛或者痛苦的方法。

二、询问证人、被害人

询问证人、被害人是指侦查人员依照法定程序，通过言词方式对证人、被害人进行询问的一种侦查活动。询问证人、被害人对于查明案情，收集犯罪证据具有重要意义，是侦查活动中运用十分广泛的措施。

（一）询问人员

询问证人、被害人，应当由检察人员进行。询问的时候，检察人员不得少于 2 人。

（二）询问地点

1. 侦查人员询问证人、被害人，可以在现场进行，也可以到证人、被害人所在单位、住处或者证人、被害人提出的地点进行，在必要的时候，可以通知证人、被害人到人民检察院提供证言。

2. 在现场询问证人、被害人，应当出示工作证件，到证人、被害人所在单位、住处或者证人提出的地点询问证人、被害人，应当出示人民检察院的证明文件。到证人、被害人提出的地点进行询问的，应当在笔录中记明。

（三）询问的具体程序和要求

1. 检察人员询问证人、被害人应当出示人民检察院的询问证人、被害人通知书和工作证。

2. 询问证人、被害人，应当问明证人、被害人的基本情况以及与当事人的关系，并且告知证人应当如实地提供证据、证言和故意作伪证或者隐匿罪证应当承担的法律责任。

3. 询问不满 18 周岁的证人、被害人，应当通知其法定代理人或者有关人员到场。

4. 询问证人、被害人应当个别进行。

5. 询问不通晓当地通用语言、文字的证人、被害人，应当提供翻译，并且将这种情况记明笔录。

6. 询问聋、哑的证人、被害人，应当有通晓聋、哑手势的人在场，并且将这种情况记明笔录。

7. 询问证人、被害人，应当制作询问笔录。询问笔录应当注明询问的起止时间和地点。询问笔录应当字迹清楚，详细具体，忠实原话，并交证人、被害人核对。对于没有阅读能力的，应当向他宣读。如果记载有遗漏或者差错，应当补充或者改正。证人、被害人认为询问笔录没有错误的，由证人、被害人在笔录上逐页签名、盖章或者捺指印。证人、被害人请求自行书写证言的，应当准许。

8. 人民检察院应当保证一切与案件有关或者了解案情的公民，有客观充分地提供证据的条件，并为他们保守秘密。除特殊情况外，人民检察院可以吸收证人协助调查。

（四）安全防范

1. 证人、被害人为因在诉讼中作证，本人或者其近亲属的人身安全面临危险的，可以向人民检察院请求予以保护。人民检察院应当依法采取保护措施，必要时要求有关单位和个人配合。

2. 询问中涉及证人、被害人隐私的，应当保守秘密。

3. 人民检察院应当保障证人、被害人及其近亲属的安全。对证人、被害人及其亲属进行威胁、侮辱、殴打或者打击报复，构成犯罪或者应当给予治安管理处罚的，应当移送公安机关处理；情节轻微的，予以批评教育、训诫。

4. 严禁采取刑讯逼供等暴力手段违法取证，不得以协助调查取证等名义变相限制和剥夺证人的人身自由。

5. 侦查人员在询问过程中要注意证人、被害人的心理变化和健康状况，发现异常情况，及时采取措施，防止意外事件的发生。

三、勘验、检查

勘验、检查是侦查人员对与犯罪有关的场所、物品、尸体或人身进行查看、了解与检验，以发现和固定犯罪活动所遗留下来的各种痕迹和物品的一种侦查活动。勘验、检查的任务是发现、收集犯罪的痕迹和物品，分析研究犯罪行为的状况、作案的动机和手段，从而确定侦查的方向和调查的范围。在职务犯罪侦查过程中，对有关场所、物品进行勘验，对人身进行检查是查明案件事实、收集相关证据的重要途径。勘验和检查在对象上有所不同，前者是针对现场、物品和尸体，后者针对人身，但勘验和检查的主体、性质和任务相同。在必要的时候，经检察长批准，可以进行侦查实验。

1. 勘验、检查人员。职务犯罪侦查过程中的勘验、检查一般由检察人员进行。进行勘验、检查，应当持有检察长签发的《勘查证》。在必要的时候，可以指派检察技术人员或者聘请其他具有专门知识的人，在检察人员的主持下进行勘验、检查。委托具有勘验资格的单位（人员）进行勘验，应制作《委托勘验书》。

2. 见证人。勘验时，人民检察院应当邀请2名与案件无关的见证人在场。

3. 尸体解剖。人民检察院在侦查中决定解剖死因不明的尸体时，应当通知死者家属到场，并让其在解剖通知书上签名或者盖章。死者家属无正当理由拒不到场或者拒绝签名、盖章的，不影响解剖的进行，但是应当在解剖通知书上记明。对于身份不明的尸体，无法通知死者家属的，应当记明笔录。

4. 人身检查。为了确定被害人、犯罪嫌疑人的某些特征、伤害情况或者生理状态，人民检察院可以对人身进行检查，可以提取指纹信息，采集血液、尿液等生物样本。必要时，可以指派、聘请法医或者医师进行人身检查。采集血液等生物样本应当由医师进行。检查妇女的身体，应当由女工作人员或者医师进行。

犯罪嫌疑人如果拒绝检查，检察人员认为必要的时候，可以强制检查。

5. 笔录制作。勘验、检查的情况应当制作笔录，由参加勘验、检查的人员和见证人签名或者盖章。

勘验、检查笔录应当记录提起勘验、检查的事由，勘验、检查的时间、地点，在场人员、现场方位、周围环境等，现场的物品、人身、尸体等的位置、特征等情况，以及勘验、检查、搜查的过程；文字记录与实物或者绘图、照片、录像应当相符。

6. 侦查实验。为了查明案情，在必要的时候，经检察长批准，可以进行侦查实验。侦查实验，在必要的时候可以聘请有关专业人员参加，也可以要求犯罪嫌疑人、被害人、证人参加。侦查实验，禁止一切足以造成危险、侮辱人格或者有伤风化的行为。侦查实验，应当制作笔录，记明侦查实验的条件、经过和结果，由参加侦查实验的人员签名。必要时可以对侦查实验录音、录像。

四、搜查

搜查是侦查人员在侦查过程中，为了收集犯罪证据、查获犯罪嫌疑人，对有关的人身、处所、物品等进行搜索和检查的一种侦查措施。搜查的目的在于收集犯罪证据，查获犯罪嫌疑人，对象是一切可能隐藏罪犯和犯罪证据的人、物品或有关处所，因而不同于检查。

在职务犯罪侦查工作中，搜查对于及时收集证据、查获犯罪嫌疑人，防止犯罪嫌疑人逃跑、毁灭、转移犯罪证据具有重要意义。

（一）搜查前的准备工作

1. 搜查对象包括犯罪嫌疑人以及可能隐藏罪犯或者犯罪证据的人的身体、物品、住处、工作地点和其他有关的地方。

2. 在搜查前，应当了解被搜查对象的基本情况、搜查现场及周围环境，确定搜查的范围和重点，明确搜查人员的分工和责任。进行搜查之前，检察人员应当制作《搜查证》，报请检察长签发。

（二）搜查过程中的注意事项

1. 搜查应当在检察人员的主持下进行，可以有司法警察参加。必要的时候，可以指派检察技术人员参加或者邀请当地公安机关、有关单位协助进行。

2. 执行搜查的检察人员不得少于2人。

3. 搜查时，应当向被搜查人或者他的家属出示《搜查证》。

4. 在执行逮捕、拘留的时候，遇有下列紧急情况之一，不另用《搜查证》也可以进行搜查，但是搜查结束后，搜查人员应当在24小时内向检察长报告，及时补办有关手续。

（1）可能随身携带凶器的；

（2）可能隐藏爆炸、剧毒等危险物品的；

（3）可能隐匿、毁弃、转移犯罪证据的；

（4）可能隐匿其他犯罪嫌疑人的；

（5）其他紧急情况。

5. 人民检察院到本辖区以外进行搜查，检察人员应当携带《搜查证》、工作证以及载有主要案情、搜查目的、要求等内容的公函，与当地人民检察院联系。当地人民检察院应当协助搜查。

6. 搜查时，应当有被搜查人或者他的家属、邻居或者其他见证人在场，并且对被搜查人或者其家属说明阻碍搜查、妨碍公务应负的法律责任。

7. 搜查妇女的身体，应当由女工作人员进行。

8. 进行搜查的人员，应当遵守纪律，服从指挥，文明执法，不得无故损坏搜查现场的物品，不得擅自扩大搜查对象和范围。对于查获的重要书证、物证、视听资料、电子数据及其放置、存储地点应当拍照，并且用文字说明有关情况，必要的时候，可以录像。

9. 搜查时，如果遇到阻碍，可以强制进行搜查。对以暴力、威胁方法阻碍搜查的，应当予以制止，或者由司法警察将其带离现场；阻碍搜查构成犯罪的，应当依法追究刑事责任。

10. 搜查情况应当制作笔录，由检察人员和被搜查人或者其家属、邻居或者其他见证人签名或者盖章。如果被搜查人在逃，其家属拒不到场，或者拒绝签名、盖章的，应当记明笔录。

五、调取、查封、扣押物证、书证和视听资料、电子数据

调取、查封、扣押是指侦查机关依法提取、留置和封存与案件有关的物证、书证和视听资料、电子数据的一种侦查措施，也是检察机关自侦部门收集证据的重要方式。其目的在于防止有关的物证、书证及视听资料、电子数据被毁坏、隐藏或丢失。

在职务犯罪侦查工作中，及时扣押相关物证、书证及视听资料、电子数据，可以防止涉案财产被隐匿、转移或毁损，有利于准确及时地查明案件事实。通常而言，调取、扣押的款物主要是指职务犯罪违法所得，其他可能与犯罪有关的款物、作案工具、非法持有的违禁品等。根据规定，违法所得的一切财物（包括孳息），应当予以追缴或者责令退赔。违禁品和供犯罪所用的财物，应当予以扣押、冻结，并依法处理。对被害人的合法财产，应当依法及时返还。

但另一方面，调取、扣押款物涉及公民的财产权和隐私，因此必须严格依法进行。

（一）调取物证、书证和视听资料、电子数据

1. 检察人员向有关单位和个人调取能够证明犯罪嫌疑人有罪或者无罪以及犯罪情节轻重的证据材料，应当出示检察人员工作证和人民检察院的《调取证据通知书》。

2. 需要向本辖区以外的有关单位和个人调取物证、书证等证据材料的，办案人员应当携带工作证、人民检察院的证明文件和有关法律文书，与当地人民检察院联系，当地人民检察院应当予以协助。

必要时，可以向证据所在地的人民检察院函调。函调证据应当注明取证对象的具体内容和确切地址。协助函调的人民检察院应当及时派员按调查内容进行调查取证，并且在收到函件 1 个月内将调查结果送达请调的人民检察院。

3. 调取证据材料，可以根据需要拍照、录像、复印和复制。

4. 调取书证、视听资料应当调取原件。取得原件确有困难或者因保密需要不能调取原件的，可以调取副本或者复制件。

5. 调取物证应当调取原物。原物不便搬运、保存，或者依法应当返还被

害人，或者因保密工作需要不能调取原物的，可以将原物封存，并拍照、录像。对原物拍照或者录像应当足以反映原物的外形、内容。

6. 调取书证、视听资料的副本、复制件和物证的照片、录像的，应当书面记明不能调取原件、原物的原因，制作过程和原件、原物存放地点，并由制作人员和原书证、视听资料、物证持有人签名或者盖章。

（二）查封、扣押财物和文件

1. 查封、扣押财物和文件的情形：（1）在侦查活动中发现的可以证明犯罪嫌疑人有罪、无罪或者犯罪情节轻重的各种财物和文件，应当查封或者扣押；（2）不能立即查明是否与案件有关的可疑的财物和文件，也可以查封或者扣押；（3）持有人拒绝交出应当查封、扣押的财物和文件的，可以强制查封、扣押。

2. 查封、扣押财物和文件，应当经检察长批准，由 2 名以上办案人员执行。

3. 在侦查活动中发现的可以证明犯罪嫌疑人有罪、无罪或者犯罪情节轻重的各种财物和文件，应当查封或者扣押；与案件无关的，不得查封或者扣押。不能立即查明是否与案件有关的可疑的财物和文件，也可以查封或者扣押，但应当及时审查。经查明确实与案件无关的，应当在 3 日以内解除查封或者予以退还。

4. 持有人拒绝交出应当查封、扣押的财物和文件的，可以强制查封、扣押。

5. 对于犯罪嫌疑人到案时随身携带的物品需要扣押的，可以依照《刑诉规则》第 234 条第 3 款的规定办理。对于与案件无关的个人用品，应当逐件登记，并随案移交或者退还其家属。

6. 需要查封、扣押的财物和文件不在本辖区的，办理案件的人民检察院应当依照有关法律及有关规定，持相关法律文书及简要案情等说明材料，商请被查封、扣押财物和文件所在地的人民检察院协助执行。

被请求协助的人民检察院有异议的，可以与办理案件的人民检察院进行协商，必要时，报请共同的上级人民检察院决定。

7. 对于查封、扣押的财物和文件，检察人员应当会同在场见证人和被查封、扣押物品持有人查点清楚，当场开列查封、扣押清单一式四份，注明查封、扣押物品的名称、型号、规格、数量、质量、颜色、新旧程度、包装等主要特征，由检察人员、见证人和持有人签名或者盖章，一份交给文件、资料和其他物品持有人，一份交被查封、扣押文件、资料和其他物品保管人，一份附卷，一份保存。持有人拒绝签名、盖章或者不在场的，应当在清单上记明。

8. 对于应当查封的不动产和置于该不动产上不宜移动的设施、家具和其他相关财物，以及涉案的车辆、船舶、航空器和大型机械、设备等财物，必要时可以扣押其权利证书，经拍照或者录像后原地封存，并开具查封清单一式四份，注明相关财物的详细地址和相关特征，同时注明已经拍照或者录像及其权利证书已被扣押，由检察人员、见证人和持有人签名或者盖章。持有人拒绝签名、盖章或者不在场的，应当在清单上注明。

必要时，可以将被查封的财物交持有人或者其近亲属保管，并书面告知保管人对被查封的财物应当妥善保管，不得转移、变卖、毁损、出租、抵押、赠予等。

人民检察院应当将查封决定书副本送达不动产、生产设备或者车辆、船舶、航空器等财物的登记、管理部门，告知其在查封期间禁止办理抵押、转让、出售等权属关系变更、转移登记手续。

9. 查封、扣押外币、金银珠宝、文物、名贵字画以及其他不易辨别真伪的贵重物品，应当在拍照或者录像后当场密封，由检察人员、见证人和被扣押物品持有人在密封材料上签名或者盖章，根据办案需要及时委托具有资质的部门出具鉴定报告。启封时应当有见证人或者持有人在场并且签名或者盖章。

10. 查封、扣押存折、信用卡、有价证券等支付凭证和具有一定特征能够证明案情的现金，应当注明特征、编号、种类、面值、张数、金额等，由检察人员、见证人和被扣押物品持有人在密封材料上签名或者盖章。启封时应当有见证人或者持有人在场并签名或者盖章。

11. 扣押犯罪嫌疑人的邮件、电报或者电子邮件，应当经检察长批准，通知邮电部门或者网络服务单位将有关的邮件、电报或者电子邮件检交扣押。

不需要继续扣押的时候，应当立即通知邮电部门或者网络服务单位。

对于可以作为证据使用的录音、录像带、电子数据存储介质，应当记明案由、对象、内容，录取、复制的时间、地点、规格、类别、应用长度、文件格式及长度等，妥为保管，并制作清单，随案移送。

12. 查封、扣押易损毁、灭失、变质以及其他不宜长期保存的物品，应当用笔录、绘图、拍照、录像等方法加以保全后进行封存，或者经检察长批准后委托有关部门变卖、拍卖。变卖、拍卖的价款暂予保存，待诉讼终结后一并处理。

13. 查封单位的涉密电子设备、文件等物品，应当在拍照或者录像后当场密封，由检察人员、见证人、单位有关负责人签名或者盖章。启封时应当有见证人、单位有关负责人在场并签名或者盖章。

对于有关人员拒绝按照上述有关规定签名或者盖章的，人民检察院应当在相关文书上注明。

14. 对犯罪嫌疑人使用违法所得与合法收入共同购置的不可分割的财产，可以先行查封、扣押、冻结。对无法分割退还的财产，应当在结案后予以拍卖、变卖，对不属于违法所得的部分予以退还。

15. 犯罪嫌疑人被拘留、逮捕、监视居住后，其亲友受犯罪嫌疑人委托或者主动代为向检察机关上交或退赔涉案财物的，参照《刑诉规则》第236条和第237条办理，由检察人员、代为上交财物人员、见证人在扣押清单上签名或者盖章。

代为上交财物人员应当在清单上注明系受犯罪嫌疑人委托或者主动代替犯罪嫌疑人上交或者退赔。

16. 对于查封、扣押在人民检察院的物品、文件、邮件、电报，应当妥善保管，不得使用、调换、损毁或者自行处理。经查明确实与案件无关的，应当在3日以内作出解除或者退还决定，并通知有关单位、当事人办理相关手续。

（三）查封、扣押涉案财物的保管

1. 人民检察院办案部门查封、扣押、冻结涉案财物及其孳息后，应当立即将扣押的款项存入专门账户，将扣押的物品送案件管理部门办理入库保管手续，并将查封、扣押、冻结涉案财物的清单送案件管理部门登记，至迟不得超过3日。法律和有关规定另有规定的除外。

2. 人民检察院案件管理部门负责对扣押的涉案财物进行保管，并对查封、扣押、冻结、处理涉案财物工作进行监督管理，对违反规定的行为提出纠正意见；对构成违法或者严重违纪的行为，移送纪检监察部门处理。

3. 人民检察院办案部门需要调用、移送、处理查封、扣押、冻结的涉案财物的，应当按照规定办理审批手续。案件管理部门对于审批手续齐全的，应当办理出库手续。

4. 下列扣押涉案财物可以不移交本院管理部门，由侦查部门拍照或者录像后及时按照有关规定处理：

（1）对不便提取或者不必提取的不动产、生产设备或者其他财物，可以按照《刑诉规则》第237条的规定交持有人或者其近亲属保管；

（2）对珍贵文物、珍贵动物及其制品、珍稀植物及其制品，按照国家有关规定移送主管机关；

（3）对毒品、淫秽物品等违禁品，及时移送有关主管机关，或者根据办案需要严格封存，不得使用或者扩散；

（4）对爆炸性、易燃性、放射性、毒害性、腐蚀性等危险品，及时移送有关部门或者根据办案需要委托有关主管机关妥善保管；

（5）对易损毁、灭失、变质以及其他不宜长期保存的物品，可以经检察长批准后及时委托有关部门拍卖、变卖；

（6）对单位的涉密电子设备、文件等物品，可以在密封后交被扣押物品的单位保管。

5. 侦查部门向管理部门移交扣押的涉案财物时，应当列明物品的名称、规格、特征、质量、数量或者现金的数额等，出具《刑诉规则》第236条第2款和第239条要求的手续。管理部门应当当场审验，对不符合规定的，应当要求侦查部门立即补正；符合规定的，应当在移交清单上签名并向侦查部门开具收据。

6. 为了核实证据，需要临时调用扣押涉案财物时，应当经检察长批准。加封的财物启封时，侦查部门和管理部门应当同时派员在场，并应当有见证人或者持有人在场，当面查验。归还时，应当重新封存，由管理人员清点验收。管理部门应当对调用和归还情况进行登记。

（四）查封、扣押、冻结的财物的处理

1. 查封、扣押、冻结的财物，除依法应当返还被害人或者经查明确实与案件无关的以外，不得在诉讼程序终结之前处理。法律和有关规定另有规定的除外。

处理查封、扣押、冻结的涉案财物，应当由办案部门提出意见，报请检察长决定。负责保管涉案财物的管理部门会同办案部门办理相关的处理手续。

人民检察院向其他机关移送的案件需要随案移送扣押、冻结的涉案财物的，按照上述的规定办理。

2. 扣押、冻结债券、股票、基金份额等财产，应当书面告知当事人或者其法定代理人、委托代理人有权申请出售。

对于被扣押、冻结的债券、股票、基金份额等财产，在扣押、冻结期间权利人申请出售，经审查认为不损害国家利益、被害人利益，不影响诉讼正常进行的，以及扣押、冻结的汇票、本票、支票的有效期即将届满的，经检察长批准，可以在案件办结前依法出售或者变现，所得价款由检察机关指定专门的银行账户保管，并及时告知当事人或者其近亲属。

3. 人民检察院撤销案件时，对犯罪嫌疑人的违法所得应当区分不同情形，作出相应处理：

（1）因犯罪嫌疑人死亡而撤销案件，依照刑法规定应当追缴其违法所得及其他涉案财产的，按照《检察机关执法工作基本规范》第十编第三章的规定办理。

（2）因其他原因撤销案件，对于查封、扣押、冻结的犯罪嫌疑人违法所得及其他涉案财产需要没收的，应当提出检察建议，移送有关主管机关处理。

（3）对于冻结的犯罪嫌疑人存款、汇款、债券、股票、基金份额等财产需要返还被害人的，可以通知金融机构返还被害人；对于查封、扣押的犯罪嫌疑人的违法所得及其他涉案财产需要返还被害人的，直接决定返还被害人。

人民检察院申请人民法院裁定处理犯罪嫌疑人涉案财产的，应当向人民法院移送有关案件材料。

4. 人民检察院撤销案件时，对查封、扣押、冻结的犯罪嫌疑人的涉案财产需要返还犯罪嫌疑人的，应当解除查封、扣押或者书面通知有关金融机构解除冻结，返还犯罪嫌疑人或者其合法继承人。

5. 人民检察院作出撤销案件决定的，侦查部门应当在 30 日以内对犯罪嫌疑人的违法所得作出处理，并制作查封、扣押、冻结财物的处理报告，详细列明每一项财物的来源、去向并附有关法律文书复印件，报检察长审核后存入案卷，并在撤销案件决定书中写明对查封、扣押、冻结的涉案财物的处理结果。情况特殊的，经检察长决定，可以延长 30 日。

6. 查封、扣押、冻结的涉案财物，经审查属于被害人的合法财产，不需要在法庭出示的，人民检察院应当及时返还。诉讼程序终结后，经查明属于犯罪嫌疑人的合法财产的，应当及时返还。领取人应当在返还财物清单上签名或者盖章。返还清单、物品照片应当附入卷宗。

7. 对于应当返还被害人的查封、扣押、冻结财物，无人认领的，应当公告通知。公告满 1 年无人认领的，依法上缴国库。

无人认领的涉案财物在上缴国库后有人认领，经查证属实的，人民检察院应当向政府财政部门申请退库或者返还。原物已经拍卖、变卖的，应当退回价款。

8. 对于贪污、挪用公款犯罪案件中查封、扣押、冻结的涉案财物，除法院判决上缴国库的以外，应当归还原单位。原单位已不存在或者虽然存在但对被贪污、挪用的款项已经作为损失核销的，应当上缴国库。

9. 查封、扣押、冻结的涉案财物应当依法上缴国库或者返还有关单位和个人的，如果有孳息，应当一并上缴或者返还。

六、查询、冻结

查询、冻结是侦查人员向银行、证券或者其他金融机构、邮电部门查询犯罪嫌疑人的存款、汇款、债券、股票、基金份额等财产状况，并对涉案财产予以冻结的侦查措施。查询、冻结既是查明案件情况的侦查措施，也是检察机关收集证据的渠道。查明犯罪嫌疑人的存款、汇款、债券、股票、基金份额等财产状况，对于查明案情、收集证据具有重要的意义。

1. 人民检察院根据侦查犯罪的需要，可以依照规定采取查询、冻结措施，并可以要求有关单位和个人配合，查询、冻结的对象包括犯罪嫌疑人的存款、汇款、债券、股票、基金份额等财产。

2. 检察人员在侦查职务犯罪案件过程中，向银行、证券公司或者其他金融机构、邮电机关查询或者要求冻结犯罪嫌疑人的存款、汇款、债券、股票、基金份额等财产，应当经检察长批准。

3. 查询、冻结犯罪嫌疑人的存款、汇款、债券、股票、基金份额等财产，办案人员应当依照规定制作《查询犯罪嫌疑人金融财产通知书》、《冻结犯罪嫌疑人金融财产通知书》；查询、冻结案件有关单位的存款，办案人员应当依照规定制作《协助查询金融财产通知书》、《协助冻结金融财产通知书》。查询、冻结时，应当出示相关文书和工作证件，通知银行或者其他金融机构、邮电机关执行。

4. 查询银行存款，必须出示本人工作证和出具县级（含）以上人民检察院《协助查询存款通知书》，由银行行长或其他负责人（包括城市分理处、农村营业所和城乡信用社主任。下同）签字后并指定银行有关业务部门凭此提供情况和资料。查询人对原件不得借走，需要的资料可以抄录、复制或照相，并经银行盖章。对银行提供的情况和资料，应当依法保守秘密。

5. 冻结企业事业单位、机关、团体与案件直接有关的一定数额的银行存款，必须出具县级（含）以上人民检察院签发的《协助冻结存款通知书》及本人工作证。《协助冻结存款通知书》应填写被冻结单位开户银行名称、户名和账号、大小写金额。

6. 犯罪嫌疑人的存款、汇款、债券、股票、基金份额等财产已冻结的，人民检察院不得重复冻结，但是应当要求有关银行或者其他金融机构、邮电部门在解除冻结或者作出处理前通知人民检察院。

7. 对于冻结的存款、汇款、债券、股票、基金份额等财产，经查明确实与案件无关的，应当在 3 日以内解除冻结，并通知被冻结存款、汇款、债券、股票、基金份额等财产的所有人。

8. 冻结单位存款的期限不超过 6 个月。有特殊原因需要延长的，应当在冻结期满前办理继续冻结手续。每次续冻期限最长不超过 6 个月。逾期不办理继续冻结手续的，将视为自动撤销冻结。

9. 人民检察院可以依照规定查询、冻结犯罪嫌疑人的存款、汇款、债券、股票、基金份额等财产，但是不能扣划存款、汇款、债券、股票、基金份额等财产。对于犯罪嫌疑人、被告人死亡，依照刑法规定应当追缴其违法所得及其他涉案财产的，适用刑事诉讼法第五编第三章规定的程序，由人民检察院向人民法院提出没收违法所得的申请。

10. 最高人民检察院发现地方各级人民检察院冻结、解冻、扣划有关单位在银行、非银行金融机构存款有错误时，上级人民检察院发现下级人民检察院冻结、解冻、扣划有关单位在银行、非银行金融机构存款有错误时，可以依照法定程序作出决定或者裁定，送达本系统地方各级或下级有关检察院限期纠正。有关检察院应当立即执行。有关检察院认为上级机关的决定或者裁定有错误时，可在收到该决定或者裁定之日起 5 日以内向作出决定或者裁定的人民检察院请求复议。

七、鉴定

司法鉴定是指在诉讼活动中鉴定人运用科学技术或者专门知识对诉讼涉及的专门性问题进行鉴别和判断并提供鉴定意见的活动。司法鉴定一般包括法医类鉴定、物证类鉴定、声像资料鉴定、会计鉴定以及其他鉴定等。法医类鉴定包括法医病理鉴定、法医临床鉴定、法医精神病鉴定、法医物证鉴定、法医毒物鉴定等；物证类鉴定包括文书鉴定、痕迹鉴定、微量物质鉴定等；声像资料鉴定包括对录音、录像资料、磁盘、光盘等多媒体存储介质、图片、图像信息等进行的鉴定。随着科技的发展，鉴定在刑事诉讼中的适用越来越广泛，鉴定在侦查阶段作用也越来越大，成为一种重要的侦查措施。鉴定意见也是认定犯罪行为的重要证据。

职务犯罪侦查中，鉴定能够为侦查工作提供有力的技术支持，为正确审查判断证据提供科学的依据。鉴定可以通过鉴定人员的专业知识来弥补侦查人员知识水平的不足，鉴定的科学性和客观性可以帮助检察人员判明证据的真伪，从而确定侦查方向。

1. 鉴定由检察长批准，由人民检察院技术部门有鉴定资格的人员进行。必要的时候，也可以聘请其他有鉴定资格的人员进行，但是应当征得鉴定人所在单位的同意。

2. 检察机关侦查人员根据案情需要，提出委托或聘请鉴定的意见，制作《委托鉴定书》或《聘请书》，列明鉴定的具体要求，经部门负责人审核后报请检察长批准。

3. 具有刑事诉讼法第 28 条、第 29 条规定的应当回避的情形的，不能担任鉴定人。

4. 检察机关内部委托的鉴定，仍实行逐级委托制度。人民检察院各业务部门向上级人民检察院或者对外委托鉴定时，应当通过本院或者上级人民检察院检察技术部门统一协助办理。

5. 人民检察院应当为鉴定人进行鉴定提供必要条件，及时向鉴定人送交有关检材和对比样本等原始材料，介绍与鉴定有关的情况，并明确提出要求鉴定解决的问题，但是不得暗示或者强迫鉴定人作出某种鉴定意见。

6. 鉴定人进行鉴定后，应当出具鉴定意见、检验报告，同时附上鉴定机构和鉴定人的资质证明，并且签名或者盖章。多个鉴定人的鉴定意见不一致的，应当在鉴定意见上写明分歧的内容和理由，并且分别签名或者盖章。

7. 鉴定人故意作虚假鉴定的，应当承担法律责任。

8. 对于鉴定意见，检察人员应当进行审查，必要的时候，可以提出补充鉴定或者重新鉴定的意见，报检察长批准后进行补充鉴定或者重新鉴定。检察长也可以直接决定进行补充鉴定或者重新鉴定。

9. 用作证据的鉴定意见，人民检察院办案部门应当告知犯罪嫌疑人、被害人；被害人死亡或者没有诉讼行为能力的，应当告知其法定代理人、近亲属或诉讼代理人。

犯罪嫌疑人、被害人或被害人的法定代理人、近亲属、诉讼代理人提出申请，经检察长批准，可以补充鉴定或者重新鉴定，鉴定费用由请求方承担，但原鉴定违反法定程序的，由人民检察院承担。

犯罪嫌疑人的辩护人或者近亲属以犯罪嫌疑人有患精神病可能而申请对犯罪嫌疑人进行鉴定的，鉴定费用由请求方承担。

10. 具有下列情形之一的，可以委托进行重新鉴定，重新鉴定时，应当另行指派或者聘请鉴定人。

（1）鉴定意见与案件中其他证据相矛盾的；

（2）有证据证明鉴定意见确有错误的；

（3）送检材料不真实的；

（4）鉴定程序不符合法律规定的；

（5）鉴定人应当回避而未回避的；

（6）鉴定人或者鉴定机构不具备鉴定资格的；

（7）其他可能影响鉴定客观、公正情形的。

11. 鉴定事项有遗漏或者发现新的相关重要鉴定材料的，鉴定机构可以接受委托，进行补充鉴定。

12. 遇有重大、疑难、复杂的专门性问题时，经检察长批准，鉴定机构可以组织会检鉴定。

13. 对犯罪嫌疑人作精神病鉴定的期间不计入羁押期限和办案期限。

八、辨认

辨认是查证犯罪嫌疑人，核实案件证据的一种侦查措施。辨认有利于确定侦查方向，核实有关线索和证据，对查明案件事实具有重要的意义。辨认主要包括三种情形：一是让被害人、证人和犯罪嫌疑人对于犯罪有关的物品、文件、尸体进行辨别确认；二是让被害人、证人对犯罪嫌疑人进行辨别确认；三是让犯罪嫌疑人对其他犯罪嫌疑人进行辨别确认。

刑事诉讼法没有对辨认进行明确的规定，但把辨认笔录作为证据的种类。《刑诉规则》和《公安机关办理刑事案件程序规定》对辨认进行了规定。

1. 为了查明案情，在必要的时候，检察人员可以让被害人、证人和犯罪嫌疑人对与犯罪有关的物品、文件、尸体或场所进行辨认；也可以让被害人、证人对犯罪嫌疑人进行辨认，或者让犯罪嫌疑人对其他犯罪嫌疑人进行辨认。

2. 辨认应当在检察人员的主持下进行，主持辨认的检察人员不得少于2人。在辨认前，应当向辨认人详细询问被辨认对象的具体特征，避免辨认人见到被辨认对象，并应当告知辨认人有意作虚假辨认应负的法律责任。

3. 对犯罪嫌疑人进行辨认，应当经检察长批准。

4. 几名辨认人对同一被辨认对象进行辨认时，应当由每名辨认人单独进行。必要的时候，可以有见证人在场。

5. 辨认时，应当将辨认对象混杂在其他对象中，不得给辨认人任何暗示。辨认犯罪嫌疑人、被害人时，被辨认的人数为5到10人，照片5到10张。辨认物品时，同类物品不得少于5件，照片不得少于5张。

6. 对犯罪嫌疑人的辨认，辨认人不愿公开进行时，可以在不暴露辨认人的情况下进行，并应当为其保守秘密。

7. 辨认的情况，应当制作笔录，由检察人员、辨认人、见证人签字。对辨认对象应当拍照，必要时可以对辨认过程进行录音、录像。

8. 人民检察院主持进行辨认，可以商请公安机关参加或者协助。

九、技术侦查措施

技术侦查措施对于转变职务犯罪侦查模式，提高检察机关证据收集的能力和水平至关重要。在职务犯罪中采用技术侦查措施经历了从无到有、从于法无据到立法正当化、从不规范到逐步规范化的发展过程。2012年3月14日修订的刑事诉讼法为检察机关在职务犯罪侦查中采用技术侦查措施提供了正式的法律依据。

（一）准确把握技术侦查措施的适用范围

1. 只有对于涉案数额在 10 万元以上、采取其他方法难以收集证据的重大贪污、贿赂犯罪案件以及利用职权实施的严重侵犯公民人身权利的重大犯罪案件，经过严格的批准手续，检察机关才能采取技术侦查措施。贪污、贿赂犯罪包括刑法分则第八章规定的贪污罪、受贿罪、单位受贿罪、行贿罪、对单位行贿罪、介绍贿赂罪、单位行贿罪、利用影响力受贿罪。利用职权实施的严重侵犯公民人身权利的重大犯罪案件包括有重大社会影响的、造成严重后果的或者情节特别严重的非法拘禁、非法搜查、刑讯逼供、暴力取证、虐待被监管人、报复陷害等案件。

2. 人民检察院办理直接受理立案侦查的案件，需要追捕被通缉或者批准、决定逮捕的在逃的犯罪嫌疑人、被告人的，经过批准，可以采取追捕所必需的技术侦查措施，不受上述案件范围的限制。

3. 技术侦查措施的适用对象是犯罪嫌疑人、被告人以及与犯罪活动直接关联的人员。

（二）采取技术侦查措施的注意事项

1. 在初查过程中，不得对初查对象采取技术侦查措施。检察机关采取技术侦查措施必须在立案之后，且要经过严格的批准手续，并交有关机关执行。

2. 采取技术侦查措施应当根据侦查犯罪的需要，确定采取技术侦查措施的种类和适用对象，按照有关规定报请批准。

3. 批准决定自签发之日起 3 个月以内有效。对于不需要继续采取技术侦查措施的，应当及时解除；对于复杂、疑难案件，期限届满仍有必要继续采取技术侦查措施的，应当在期限届满前 10 日以内制作呈请延长技术侦查措施期限报告书，写明延长的期限及理由，经过原批准机关批准，有效期可以延长，每次不得超过 3 个月。

4. 采取技术侦查措施，必须严格按照批准的措施种类、适用对象和期限执行。在有效期限内，需要变更技术侦查措施种类或者适用对象的，应当按照规定重新办理批准手续。

5. 对采取技术侦查措施过程中知悉的国家秘密、商业秘密和个人隐私，应当保密；对采取技术侦查措施获取的与案件无关的材料，应当及时销毁，并对销毁情况制作记录。

6. 采取技术侦查措施收集的物证、书证及其他证据材料，侦查人员应当制作相应的说明材料，写明获取证据的时间、地点、数量、特征以及采取技术侦查措施的批准机关、种类等，并签名和盖章。

7. 采取技术侦查措施获取的证据、线索及其他有关材料，只能用于对犯罪的侦查、起诉和审判，不得用于其他用途。

8. 采取技术侦查措施收集的材料作为证据使用的，批准采取技术侦查措施的法律决定文书应当附卷，辩护律师可以依法查阅、摘抄、复制。

9. 对于使用技术侦查措施获取的证据材料，如果可能危及特定人员的人身安全、涉及国家秘密或者公开后可能暴露侦查秘密或者严重损害商业秘密、个人隐私的，应当采取不暴露有关人员身份、技术方法等保护措施。在必要的时候，可以建议不在法庭上质证，由审判人员在庭外对证据进行核实。

十、通缉、上网追逃、边控

通缉、上网追逃、边控是针对在逃的犯罪嫌疑人采取的侦查措施。通缉是公安机关通令缉拿应当逮捕而在逃的犯罪嫌疑人的一种侦查措施。检察机关自侦案件中，应当逮捕的犯罪嫌疑人如果在逃或者已被逮捕的犯罪嫌疑人脱逃，经检察长批准，可以决定通缉，送达公安机关发布通缉令进行通缉。上网追逃则是利用公安系统计算机网络进行追逃。边控则是防止犯罪嫌疑人逃往境外而在边防口岸阻止出境的措施。随着通信技术的发展和职务犯罪的变化，以上措施在职务犯罪侦查中的作用也越来越重要。

（一）通缉

1. 人民检察院侦查直接受理的案件，应当逮捕的犯罪嫌疑人如果在逃，或者已被逮捕的犯罪嫌疑人脱逃的，承办人员可以制作《通缉通知书》，报经检察长批准，作出通缉的决定。

2. 需要在本辖区内通缉犯罪嫌疑人的，可以直接决定通缉；需要在本辖区外通缉犯罪嫌疑人的，由有决定权的上级人民检察院决定。

3. 人民检察院应当将《通缉通知书》和通缉犯的照片、身份、特征、案情简况送达公安机关，由公安机关发布通缉令，通令追捕归案。通缉令发出后，如果发现新的重要情况可以补发通报。通报必须注明原通缉令的编号和日期。

4. 需要在全国范围内通缉的，应填写《在逃人员登记表》，先在当地公安机关上网，然后将报请进行全国通缉的报告材料，由省级人民检察院呈报最高人民检察院批准后，商公安部办理。

5. 商请公安机关发布通缉令，应当提供的材料包括：《通缉通知书》、《逮捕证》复印件、《在逃人员登记/撤销表》、《立案决定书》以及犯罪嫌疑人的近期1至2寸清晰照片2张、身份证号码、指纹、体貌特征、携带物品和注意事项以及简要案情。

6. 通缉过程中，人民检察院应当与公安机关积极配合，及时检查监督通缉的执行情况。

（二）上网追逃

承办案件的人民检察院发现犯罪嫌疑人潜逃后，应逐步上报，可以制作《在逃人员登记/撤销表》，经检察长审批后，商公安机关纳入追捕逃犯信息系统，有选择地在因特网和其他新闻媒体上发布。上网追逃还应当向公安机关提供犯罪嫌疑人1寸照片2张。对于案情重大、情况紧急来不及办理逮捕手续的在逃犯罪嫌疑人，经检察长批准，并与公安机关协商，可以先上网追逃，在7日内补办相关手续。

（三）边控

1. 为防止犯罪嫌疑人逃往境外，人民检察院对某些不准出境的外国人和中国公民，需要在边防口岸采取边控措施的，应当按照有关规定制作《边控对象通知书》，由申请边控的人民检察院领导审批。申请边控的人民检察院向省级人民检察院提交边控请求函，并提供被控对象的姓名、性别、出生年月日、出入境证件种类及号码等材料，连同申请边控的期限和起止时间呈报省级人民检察院批准后，由省级人民检察院出具公函向省公安厅交控。需要在全国范围采取边控措施的，应当层报最高人民检察院商公安部交控。

2. 对于需要进行边控的犯罪嫌疑人，应当根据公安部《关于公安机关办理边控有关问题的通知》要求，向公安机关明确对边控对象的控制办法和期限。对需要扣留的犯罪嫌疑人，人民检察院需要同时出具《逮捕证》或《拘留证》。交控的人民检察院应当提供24小时联系电话和联系人。

3. 对于没有办理出入境证件但需要限制其出境的犯罪嫌疑人和其他重要关系人，立案的人民检察院可以公函通报同级公安机关，不予为其办理出入境手续。

第五节 强制措施

在我国刑事诉讼法中，强制措施的主体特定（限于公安司法机关），对象唯一（只适用于犯罪嫌疑人、被告人），目的特殊（预防性），程序法定，在职务犯罪侦查中具有重要地位。

强制措施不具有惩罚性，其目的在于保证刑事诉讼的顺利进行，因此不能以惩罚为目的而采用强制措施。

虽然强制措施不具有惩罚性，但客观上会对犯罪嫌疑人的权利造成损害，因此必须严格依法进行。在适用时，综合考虑犯罪行为的社会危害性、犯罪嫌疑人逃避追诉的可能性、检察机关对案件事实和证据掌握的程度以及犯罪嫌疑人的个人情况等多种因素，以确定合适的强制措施。

一、拘传

拘传是指对未被羁押的犯罪嫌疑人、被告人强制到案接受讯问的一种强制措施。拘传的对象限于未被羁押的犯罪嫌疑人、被告人，对证人不得实施拘传。拘传的目的在于强制到案，没有羁押的效力，因此对犯罪嫌疑人、被告人讯问后，应当将其及时放回。

1. 对于需要拘传的犯罪嫌疑人，办案人员应当提出拘传意见，制作《采取拘传措施审批表》、《拘传证》，经检察长批准并签发《拘传证》。

2. 执行拘传的人员不得少于 2 人。拘传时，应当向被拘传的犯罪嫌疑人出示《拘传证》。对抗拒拘传的，可以使用械具，强制到案。

3. 人民检察院拘传犯罪嫌疑人，应当在犯罪嫌疑人所在市、县内的地点进行。犯罪嫌疑人的工作单位与居住地不在同一市、县的，拘传应当在犯罪嫌疑人的工作单位所在的市、县进行；特殊情况下，也可以在犯罪嫌疑人居住地所在的市、县内进行。

4. 拘传持续的时间从犯罪嫌疑人到案时开始计算。犯罪嫌疑人到案后，应当责令其在《拘传证》上填写到案时间，并在《拘传证》上签名、捺指印或者盖章，然后立即讯问。讯问结束后，应当责令犯罪嫌疑人在《拘传证》上填写讯问结束时间。犯罪嫌疑人拒绝填写的，检察人员应当在《拘传证》上注明。

5. 一次拘传持续的时间不得超过 12 小时；案情特别重大、复杂，需要采取拘留、逮捕措施的，拘传持续的时间不得超过 24 小时。两次拘传间隔的时间一般不得少于 12 小时，不得以连续拘传的方式变相拘禁犯罪嫌疑人。

6. 拘传犯罪嫌疑人，应当保证犯罪嫌疑人的饮食和必要的休息时间。

7. 需要对被拘传的犯罪嫌疑人变更强制措施的，应当经检察长或者检察委员会决定，在拘传期限内办理变更手续。在拘传期间内决定不采取其他强制措施的，拘传期限届满，应当结束拘传。

二、取保候审

取保候审是指在刑事诉讼过程中，公安机关、人民检察院、人民法院责令犯罪嫌疑人、被告人提出保证人或者交纳保证金，保证犯罪嫌疑人、被告人不逃避或妨碍侦查、起诉和审判，并随传随到的一种强制措施。取保候审是对犯罪嫌疑人、被告人人身自由的一种限制措施，分为保证人保证和保证金保证两种形式。

（一）适用范围

取保候审适用于有下列情形之一的犯罪嫌疑人：

1. 可能判处管制、拘役或者独立适用附加刑的；

2. 可能判处有期徒刑以上刑罚，采取取保候审不致发生社会危险性的；

3. 患有严重疾病、生活不能自理，怀孕或者正在哺乳自己婴儿的妇女，采取取保候审不致发生社会危险性的；

4. 羁押期限届满，案件尚未办结，需要采取取保候审的。

人民检察院对于严重危害社会治安的犯罪嫌疑人，以及其他犯罪性质恶劣、情节严重的犯罪嫌疑人不得取保候审。

（二）申请程序

被羁押或者监视居住的犯罪嫌疑人及其法定代理人、近亲属或者辩护人申请取保候审，经审查具有《刑诉规则》第83条规定情形之一的，经检察长决定，可以对犯罪嫌疑人取保候审。

申请一般应以书面的形式提出，特殊情况下也可以采用口头的形式。

（三）决定程序

1. 对犯罪嫌疑人取保候审，由承办人提出意见，制作《采取取保候审强制措施审批表》，对于已经被拘留、逮捕的犯罪嫌疑人，制作《变更强制措施审批表》，经部门负责人审核，报请检察长决定。

2. 被羁押或者监视居住的犯罪嫌疑人及其法定代理人、近亲属或者辩护人向人民检察院申请取保候审，人民检察院应当在3日以内作出是否同意的答复。经审查符合《刑诉规则》第83条规定情形之一的，对被羁押或者监视居住的犯罪嫌疑人依法办理取保候审手续；经审查不符合取保候审条件的，应当告知申请人，并说明不同意取保候审的理由。

3. 人民检察院决定对犯罪嫌疑人取保候审，应当责令犯罪嫌疑人提出保证人或者交纳保证金。对同一犯罪嫌疑人决定取保候审，不得同时使用保证人保证和保证金保证方式。

4. 对符合取保候审条件，具有下列情形之一的犯罪嫌疑人，人民检察院决定取保候审时，可以责令其提供1至2名保证人：

（1）无力交纳保证金的；

（2）系未成年人或者已满75周岁的人；

（3）其他不宜收取保证金的。

5. 人民检察院作出取保候审决定时，可以根据犯罪嫌疑人涉嫌犯罪性质、危害后果、社会影响，犯罪嫌疑人、被害人的具体情况等，有针对性地责令其遵守以下一项或者多项规定：

（1）不得进入特定的场所；

（2）不得与特定的人员会见或者通信；

（3）不得从事特定的活动；

（4）将护照等出入境证件、驾驶证件交执行机关保存。

（四）保证人保证的办理

1. 保证人必须符合下列条件，并经人民检察院审查同意：（1）与本案无牵连；（2）有能力履行保证义务；（3）享有政治权利，人身自由未受到限制；（4）有固定的住处和收入。

2. 承办人员应当告知保证人应履行以下义务：（1）监督被保证人遵守刑事诉讼法第69条的规定；（2）发现被保证人可能发生或者已经发生违反刑事诉讼法第69条规定的行为的，及时向执行机关报告。

3. 保证人保证承担上述义务后，应当在《取保候审保证书》上签名或者盖章。

4. 人民检察院应当向取保候审的犯罪嫌疑人宣读《取保候审决定书》，由犯罪嫌疑人签名、捺指印或者盖章，并责令犯罪嫌疑人遵守刑事诉讼法第69条的规定，告知其违反规定应负的法律责任。

（五）保证金保证的办理

1. 采取保证金担保方式的，人民检察院可以根据犯罪嫌疑人的社会危险性、案件的性质、情节、危害后果，可能判处刑罚的轻重，犯罪嫌疑人的经济状况等，责令犯罪嫌疑人交纳1000元以上的保证金，对于未成年犯罪嫌疑人可以责令交纳500元以上的保证金。

2. 人民检察院应当向取保候审的犯罪嫌疑人宣读《取保候审决定书》，由犯罪嫌疑人签名、捺指印或者盖章，并责令犯罪嫌疑人遵守刑事诉讼法第69条的规定，告知其违反规定应负的法律责任；以保证金方式担保的，应当同时告知犯罪嫌疑人一次性将保证金存入公安机关指定银行的专门账户。

（六）执行

1. 取保候审由公安机关执行。

2. 人民检察院决定对犯罪嫌疑人取保候审的，应当制作《取保候审决定书》，载明取保候审的期间、担保方式、被取保候审人应当履行的义务和应当遵守的规定。

3. 向犯罪嫌疑人宣布取保候审决定后，人民检察院应当将《执行取保候审通知书》送达公安机关执行，并告知公安机关在执行期间拟批准犯罪嫌疑人离开所居住的市、县的，应当征得人民检察院同意。以保证人方式担保的，应当将取保候审保证书同时送达公安机关。

人民检察院核实保证金已经交纳到公安机关指定银行的凭证后，应当将银行出具的凭证及其他有关材料与《执行取保候审通知书》一并送交公安机关。

4. 采取保证人保证方式的，如果保证人在取保候审期间不愿继续担保或者丧失担保条件的，人民检察院应当在收到保证人不愿继续担保的申请或者发现其丧失担保条件后的 3 日以内，责令犯罪嫌疑人重新提出保证人或者交纳保证金，并将变更情况通知公安机关。

5. 采取保证金担保方式的，被取保候审人拒绝交纳保证金或者交纳保证金不足决定数额时，人民检察院应当作出变更取保候审措施、变更保证方式或者变更保证金数额的决定，并将变更情况通知公安机关。

6. 公安机关在执行取保候审期间向人民检察院征询是否同意批准犯罪嫌疑人离开所居住的市、县时，人民检察院应当根据案件的具体情况及时作出决定，并通知公安机关。

7. 人民检察院发现保证人没有履行刑事诉讼法第 68 条规定的义务，应当通知公安机关，要求公安机关对保证人作出罚款决定。构成犯罪的，依法追究保证人的刑事责任。

8. 人民检察院发现犯罪嫌疑人违反刑事诉讼法第 69 条的规定，已交纳保证金的，应当书面通知公安机关没收部分或者全部保证金，并且根据案件的具体情况，责令犯罪嫌疑人具结悔过，重新交纳保证金、提出保证人或者决定监视居住、予以逮捕。

公安机关发现犯罪嫌疑人违反刑事诉讼法第 69 条的规定，提出没收保证金或者变更强制措施意见的，人民检察院应当在收到意见后 5 日以内作出决定，并通知公安机关。

9. 重新交纳保证金的程序适用《刑诉规则》第 90 条、第 91 条的规定；提出保证人的程序适用《刑诉规则》第 88 条、第 89 条的规定。对犯罪嫌疑人继续取保候审的，取保候审的时间应当累计计算。

10. 对犯罪嫌疑人决定监视居住的，应当办理监视居住手续，监视居住的期限应当重新计算并告知犯罪嫌疑人。

11. 犯罪嫌疑人有下列违反取保候审规定的行为，人民检察院应当对犯罪嫌疑人予以逮捕：

（1）故意实施新的犯罪的；

（2）企图自杀、逃跑，逃避侦查、审查起诉的；

（3）实施毁灭、伪造证据，串供或者干扰证人作证，足以影响侦查、审查起诉工作正常进行的；

（4）对被害人、证人、举报人、控告人及其他人员实施打击报复的。

12. 犯罪嫌疑人有下列违反取保候审规定的行为，人民检察院可以对犯罪嫌疑人予以逮捕：

（1）未经批准，擅自离开所居住的市、县，造成严重后果，或者两次未经批准，擅自离开所居住的市、县的；

（2）经传讯不到案，造成严重后果，或者经两次传讯不到案的；

（3）住址、工作单位和联系方式发生变动，未在24小时以内向公安机关报告，造成严重后果的；

（4）违反规定进入特定场所、与特定人员会见或者通信、从事特定活动，严重妨碍诉讼程序正常进行的。

13. 需要对上述犯罪嫌疑人予以逮捕的，可以先行拘留；已交纳保证金的，同时书面通知公安机关没收保证金。

14. 人民检察院决定对犯罪嫌疑人取保候审，最长不得超过12个月。

15. 公安机关决定对犯罪嫌疑人取保候审，案件移送人民检察院审查起诉后，对于需要继续取保候审的，人民检察院应当依法重新作出取保候审决定，并对犯罪嫌疑人办理取保候审手续。取保候审的期限应当重新计算并告知犯罪嫌疑人。对继续采取保证金方式取保候审的，被取保候审人没有违反刑事诉讼法第69条规定的，不变更保证金数额，不再重新收取保证金。

16. 在取保候审期间，不得中断对案件的侦查、审查起诉。

（七）解除

1. 取保候审期限届满或者发现不应当追究犯罪嫌疑人的刑事责任的，应当及时解除或者撤销取保候审。

2. 解除或者撤销取保候审，应当由办案人员提出意见，部门负责人审核，检察长决定。

3. 解除或者撤销取保候审的决定，应当及时通知执行机关，并将解除或者撤销取保候审的决定书送达犯罪嫌疑人；有保证人的，应当通知保证人解除保证义务。

4. 犯罪嫌疑人在取保候审期间没有违反刑事诉讼法第69条的规定，或者发现不应当追究犯罪嫌疑人刑事责任的，变更、解除或者撤销取保候审时，应当告知犯罪嫌疑人可以凭变更、解除或者撤销取保候审的通知或者有关法律文书到银行领取退还的保证金。

5. 犯罪嫌疑人及其法定代理人、近亲属或者辩护人认为取保候审期限届满，向人民检察院提出解除取保候审要求的，人民检察院应当在3日以内审查决定。经审查认为法定期限届满的，经检察长批准后，解除取保候审；经审查未超过法定期限的，书面答复申请人。

三、监视居住

监视居住是指公安机关、人民检察院、人民法院在刑事诉讼过程中责令犯罪嫌疑人、被告人在一定期限内不得离开指定的区域，并对其活动予以监视和控制的一种强制措施。修改后的刑事诉讼法对监视居住措施进行了变更，将其调整为逮捕的替代措施，以降低羁押率。修改后的刑事诉讼法对监视居住的适用条件、执行方式、执行监督、权利保障等进行了重新规定。可以采取监视居住的犯罪嫌疑人，必须先符合逮捕条件，这与以往的规定明显不同。同时，修改后的刑事诉讼法增加规定了指定居所监视居住，进一步增强了监视居住的可操作性。

（一）监视居住的适用条件

人民检察院对于符合逮捕条件，有下列情形之一的犯罪嫌疑人，可以监视居住：

1. 患有严重疾病、生活不能自理的；

2. 怀孕或者正在哺乳自己婴儿的妇女；

3. 系生活不能自理的人的唯一扶养人；扶养包括父母、祖父母、外祖父母对子女、孙子女、外孙子女的抚养和子女、孙子女、外孙子女对父母、祖父母、外祖父母的赡养以及配偶、兄弟姐妹之间的相互扶养；

4. 因为案件的特殊情况或者办理案件的需要，采取监视居住措施更为适宜的；

5. 羁押期限届满，案件尚未办结，需要采取监视居住措施的；

6. 对符合取保候审条件，但犯罪嫌疑人不能提出保证人，也不交纳保证金的，可以监视居住。

（二）执行场所

监视居住应当在犯罪嫌疑人的住处执行。对于犯罪嫌疑人无固定住处或者涉嫌特别重大贿赂犯罪在住处执行可能有碍侦查的，可以在指定居所执行。固定住处是指犯罪嫌疑人在办案机关所在地的市、县内工作、生活的合法居所。

（三）可以指定居所监视居住的特别重大贿赂犯罪案件范围

1. 涉嫌贿赂犯罪数额在 50 万元以上，犯罪情节恶劣的；

2. 有重大社会影响的；

3. 涉及国家重大利益的。

（四）有碍侦查的情形

1. 可能毁灭、伪造证据，干扰证人作证或者串供的；

2. 可能自杀或者逃跑的；

3. 可能导致同案犯逃避侦查的；

4. 在住处执行监视居住可能导致犯罪嫌疑人面临人身危险的；

5. 犯罪嫌疑人的家属或者其所在单位的人员与犯罪有牵连的；

6. 可能对举报人、控告人、证人及其他人员等实施打击报复的。

（五）指定的居所应当符合的条件

1. 具备正常的生活、休息条件；

2. 便于监视、管理；

3. 能够保证办案安全。

采取指定居所监视居住的，不得在看守所、拘留所、监狱等羁押、监管场所以及留置室、讯问室等专门的办案场所、办公区域执行。

（六）监视居住决定程序

1. 对犯罪嫌疑人采取监视居住，应当由办案人员提出意见，部门负责人审核，检察长决定。

2. 需要对涉嫌特别重大贿赂犯罪的犯罪嫌疑人采取指定居所监视居住的，由办案人员提出意见，经部门负责人审核，报检察长审批后，连同案卷材料一并报上一级人民检察院侦查部门审查。

3. 对于下级人民检察院报请指定居所监视居住的案件，上一级人民检察院应当在收到案卷材料后及时作出是否批准的决定。

4. 上一级人民检察院批准指定居所监视居住的，应当将指定居所监视居住决定书连同案卷材料一并交由下级人民检察院通知同级公安机关执行。下级人民检察院应当将执行回执报上一级人民检察院。

5. 上一级人民检察院不予批准指定居所监视居住的，应当将不予批准指定监视居住决定书送达下级人民检察院，并说明不予批准的理由。

（七）指定居所监视居住的变更和解除

对于特别重大贿赂犯罪案件决定指定居所监视居住的，人民检察院侦查部门应当自决定指定居所监视居住之日起每 2 个月对指定居所监视居住的必要性进行审查，没有必要继续指定居所监视居住或者案件已经办结的，应当解除指定居所监视居住或者变更强制措施。

犯罪嫌疑人及其法定代理人、近亲属或者辩护人认为不再具备指定居所监视居住条件的，有权向人民检察院申请变更强制措施。人民检察院应当在 3 日以内作出决定，经审查认为不需要继续指定居所监视居住的，应当解除指定居所监视居住或者变更强制措施；认为需要继续指定居所监视居住的，应当答复申请人并说明理由。

解除指定居所监视居住或者变更强制措施的，下级人民检察院侦查部门应当报送上一级人民检察院备案。

（八）犯罪嫌疑人监视居住期间应遵守的规定及法律责任

1. 人民检察院应当向监视居住的犯罪嫌疑人宣读《监视居住决定书》，由犯罪嫌疑人签名、捺指印或者盖章，并责令犯罪嫌疑人遵守刑事诉讼法第75条的规定，告知其违反规定应负的法律责任。

2. 指定居所监视居住的，不得要求被监视居住人支付费用。

3. 被监视居住的犯罪嫌疑人、被告人应当遵守以下规定：

（1）未经执行机关批准不得离开执行监视居住的处所；

（2）未经执行机关批准不得会见他人或者通信；

（3）在传讯的时候及时到案；

（4）不得以任何形式干扰证人作证；

（5）不得毁灭、伪造证据或者串供；

（6）将护照等出入境证件、身份证件、驾驶证件交执行机关保存。

4. 被监视居住的犯罪嫌疑人、被告人违反上述规定，情节严重的，可以予以逮捕；需要予以逮捕的，可以对犯罪嫌疑人、被告人先行拘留。

（九）通知家属

1. 对犯罪嫌疑人决定在指定的居所执行监视居住，除无法通知的以外，人民检察院应当在执行监视居住后24小时以内，将指定居所监视居住的原因通知被监视居住人的家属。无法通知的，应当向检察长报告，并将原因写明附卷。无法通知的情形消除后，应当立即通知其家属。

2. 无法通知包括以下情形：

（1）被监视居住人无家属的；

（2）与其家属无法取得联系的；

（3）受自然灾害等不可抗力阻碍的。

（十）监视居住的执行

1. 人民检察院核实犯罪嫌疑人住处或者为其指定居所后，应当制作《监视居住执行通知书》，将有关法律文书和案由、犯罪嫌疑人基本情况材料，送交监视居住地的公安机关执行，必要时人民检察院可以协助公安机关执行。

2. 人民检察院应当告知公安机关在执行期间拟批准犯罪嫌疑人离开执行监视居住的处所、会见他人或者通信的，批准前应当征得人民检察院同意。

3. 公安机关在执行监视居住期间向人民检察院征询是否同意批准犯罪嫌

疑人离开执行监视居住的处所、会见他人或者通信时，人民检察院应当根据案件的具体情况决定是否同意。

4. 人民检察院可以根据案件的具体情况，商请公安机关对被监视居住的犯罪嫌疑人采取电子监控、不定期检查等监视方法，对其遵守监视居住规定的情况进行监督。

5. 人民检察院办理直接受理立案侦查的案件对犯罪嫌疑人采取监视居住的，在侦查期间可以商请公安机关对其通信进行监控。

（十一）监视居住的法律监督

1. 人民检察院应当依法对指定居所监视居住的决定是否合法实行监督。

2. 对于下级人民检察院报请指定居所监视居住的案件，由上一级人民检察院侦查监督部门依法对决定是否合法进行监督。

3. 对于公安机关决定指定居所监视居住的案件，由作出批准决定公安机关的同级人民检察院侦查监督部门依法对决定是否合法进行监督。

4. 对于人民法院因被告人无固定住处而指定居所监视居住的，由同级人民检察院公诉部门依法对决定是否合法进行监督。

5. 被指定居所监视居住人及其法定代理人、近亲属或者辩护人认为侦查机关、人民法院的指定居所监视居住决定存在违法情形，提出控告或者举报的，人民检察院应当受理，并报送或者移送最高人民检察院《刑诉规则》第118条规定的承担监督职责的部门办理。

6. 人民检察院可以要求侦查机关、人民法院提供指定居所监视居住决定书和相关案件材料。经审查，发现存在下列违法情形的，应当及时通知有关机关纠正：

（1）不符合指定居所监视居住的适用条件的；

（2）未按法定程序履行批准手续的；

（3）在决定过程中有其他违反刑事诉讼法规定的行为的。

7. 人民检察院监所检察部门依法对指定居所监视居住的执行活动是否合法实行监督。发现下列违法情形的，应当及时提出纠正意见：

（1）在执行指定居所监视居住后24小时以内没有通知被监视居住人的家属的；

（2）在羁押场所、专门的办案场所执行监视居住的；

（3）为被监视居住人通风报信、私自传递信件、物品的；

（4）对被监视居住人刑讯逼供、体罚、虐待或者变相体罚、虐待的；

（5）有其他侵犯被监视居住人合法权利或者其他违法行为的。

被监视居住人及其法定代理人、近亲属或者辩护人对于公安机关、本院侦查部门或者侦查人员存在上述违法情形提出控告的，人民检察院控告检察部门应当受理并及时移送监所检察部门处理。

（十二）监视居住变更为逮捕的情形

1. 犯罪嫌疑人有下列违反监视居住规定的行为，人民检察院应当对犯罪嫌疑人予以逮捕：

（1）故意实施新的犯罪行为的；

（2）企图自杀、逃跑，逃避侦查、审查起诉的；

（3）实施毁灭、伪造证据或者串供、干扰证人作证行为，足以影响侦查、审查起诉工作正常进行的；

（4）对被害人、证人、举报人、控告人及其他人员实施打击报复的。

2. 犯罪嫌疑人有下列违反监视居住规定的行为，人民检察院可以对犯罪嫌疑人予以逮捕：

（1）未经批准，擅自离开执行监视居住的处所，造成严重后果，或者2次未经批准，擅自离开执行监视居住的处所的；

（2）未经批准，擅自会见他人或者通信，造成严重后果，或者2次未经批准，擅自会见他人或者通信的；

（3）经传讯不到案，造成严重后果，或者经2次传讯不到案的。

需要对上述犯罪嫌疑人予以逮捕的，可以先行拘留。

（十三）监视居住的期限

1. 人民检察院决定对犯罪嫌疑人监视居住，最长不得超过6个月。

2. 公安机关决定对犯罪嫌疑人监视居住，案件移送人民检察院审查起诉后，对于需要继续监视居住的，人民检察院应当依法重新作出监视居住决定，并对犯罪嫌疑人办理监视居住手续。监视居住的期限应当重新计算并告知犯罪嫌疑人。

3. 在监视居住期间，不得中断对案件的侦查、审查起诉。

4. 指定居所监视居住的期限应当折抵刑期。被判处管制的，监视居住1日折抵刑期1日；被判处拘役、有期徒刑的，监视居住2日折抵刑期1日。

（十四）监视居住的解除

1. 监视居住期限届满或者发现不应当追究犯罪嫌疑人刑事责任的，应当解除或者撤销监视居住。

2. 解除或者撤销监视居住，应当由办案人员提出意见，部门负责人审核，检察长决定。

3. 解除或者撤销监视居住的决定应当通知执行机关，并将解除或者撤销监视居住的决定书送达犯罪嫌疑人。

4. 犯罪嫌疑人及其法定代理人、近亲属或者辩护人认为监视居住法定期限届满，向人民检察院提出解除监视居住要求的，人民检察院应当在 3 日以内审查决定。经审查认为法定期限届满的，经检察长批准后，解除监视居住；经审查未超过法定期限的，书面答复申请人。

（十五） 监视居住期间的权利保护

1. 人民检察院收到在押或者被指定居所监视居住的犯罪嫌疑人提出的法律援助申请，应当在 3 日以内将其申请材料转交法律援助机构，并通知犯罪嫌疑人的监护人、近亲属或者其委托的其他人员协助提供有关证件、证明等相关材料。

2. 对于特别重大贿赂犯罪案件，犯罪嫌疑人被羁押或者监视居住的，人民检察院侦查部门应当在将犯罪嫌疑人送交看守所或者送交公安机关执行时书面通知看守所或者公安机关，在侦查期间辩护律师会见犯罪嫌疑人的，应当经人民检察院许可。

有下列情形之一的，属于特别重大贿赂犯罪：

（1） 涉嫌贿赂犯罪数额在 50 万元以上，犯罪情节恶劣的；

（2） 有重大社会影响的；

（3） 涉及国家重大利益的。

3. 对于特别重大贿赂犯罪案件，辩护律师在侦查期间提出会见在押或者被监视居住的犯罪嫌疑人的，人民检察院侦查部门应当提出是否许可的意见，在 3 日以内报检察长决定并答复辩护律师。

4. 人民检察院办理特别重大贿赂犯罪案件，在有碍侦查的情形消失后，应当通知看守所或者执行监视居住的公安机关和辩护律师，辩护律师可以不经许可会见犯罪嫌疑人。

5. 对于特别重大贿赂犯罪案件，人民检察院在侦查终结前应当许可辩护律师会见犯罪嫌疑人。

四、拘留

在刑事强制措施中，拘留是指公安机关、人民检察院等侦查机关对直接受理的案件，在侦查过程中遇有紧急情况，依法临时剥夺某些现行犯或重大嫌疑分子的人身自由的一种强制措施。在检察机关自侦案件中，对于犯罪后企图自杀、逃跑或者在逃的以及有毁灭、伪造证据或者串供可能的，有权决定拘留。拘留是在紧急情况下适用的一种强制措施，期限较短。人民检察院拘留犯罪嫌疑人的羁押期限为 14 日，特殊情况下可以延长 1 日至 3 日。拘留到期后应当进行强制措施的变更，对被拘留人予以释放、取保候审、监视居住或者转为逮捕。

（一）拘留前的准备工作

1. 在自侦案件中，人民检察院对于有下列情形之一的犯罪嫌疑人，可以决定拘留：

（1）犯罪后企图自杀、逃跑或者在逃的；

（2）有毁灭、伪造证据或者串供可能的。

2. 拘留犯罪嫌疑人，应当由办案人员提出意见，部门负责人审核，检察长决定。

3. 人民检察院作出拘留决定后，应当将有关法律文书和案由、犯罪嫌疑人基本情况的材料送交同级公安机关执行。必要时人民检察院可以协助公安机关执行。

（二）拘留的注意事项

1. 人民检察院拘留犯罪嫌疑人的时候，必须出示《拘留证》。

2. 拘留后，应当立即将被拘留人送看守所羁押，至迟不得超过24小时。

3. 犯罪嫌疑人是人大代表的，对其拘留需要履行如下手续：

（1）担任县级以上人民代表大会代表的犯罪嫌疑人因现行犯被拘留的，人民检察院应当立即向该代表所属的人民代表大会主席团或者常务委员会报告；因为其他情形需要拘留的，人民检察院应当报请该代表所属的人民代表大会主席团或者常务委员会许可。

（2）人民检察院拘留担任本级人民代表大会代表的犯罪嫌疑人，直接向本级人民代表大会主席团或常务委员会报告或者报请许可。

（3）拘留担任上级人民代表大会代表的犯罪嫌疑人，应当立即层报该代表所属的人民代表大会同级的人民检察院报告或者报请许可。

（4）拘留担任下级人民代表大会代表的犯罪嫌疑人，可以直接向该代表所属的人民代表大会主席团或者常务委员会报告或者报请许可，也可以委托该代表所属的人民代表大会同级的人民检察院报告或者报请许可；拘留担任乡、民族乡、镇的人民代表大会代表的犯罪嫌疑人，由基层人民检察院报告乡、民族乡、镇的人民代表大会。

（5）拘留担任两级以上人民代表大会代表的犯罪嫌疑人，分别按照以上（2）、（3）、（4）的规定报告或者报请许可。

（6）拘留担任办案单位所在省、市、县（区）以外的其他地区人民代表大会代表的犯罪嫌疑人，应当委托该代表所属的人民代表大会同级的人民检察院报告或者报请许可；担任两级以上人民代表大会代表的，应当分别委托该代表所属的人民代表大会同级的人民检察院报告或者报请许可。

4. 对犯罪嫌疑人拘留后，除无法通知的以外，人民检察院应当在 24 小时以内，通知被拘留人的家属。无法通知的，应当向检察长报告，并将原因写明附卷。无法通知的情形消除后，应当立即通知其家属。

无法通知包括以下情形：

（1）被拘留人无家属的；

（2）与其家属无法取得联系的；

（3）受自然灾害等不可抗力阻碍的。

5. 对被拘留的犯罪嫌疑人，应当在拘留后的 24 小时以内进行讯问。

6. 对被拘留的犯罪嫌疑人，发现不应当拘留的，应当立即释放；依法可以取保候审或者监视居住的，按照《刑诉规则》的有关规定办理取保候审或者监视居住手续。对被拘留的犯罪嫌疑人，需要逮捕的，按照《刑诉规则》的有关规定办理逮捕手续；决定不予逮捕的，应当及时变更强制措施。

7. 人民检察院拘留犯罪嫌疑人的羁押期限为 14 日，特殊情况下可以延长 1 日至 3 日。

8. 公民将正在实行犯罪或者在犯罪后即被发觉的、通缉在案的、越狱逃跑的、正在被追捕的犯罪嫌疑人或者犯罪人扭送到人民检察院的，人民检察院应当予以接受，并且根据具体情况决定是否采取相应的紧急措施。对于不属于自己管辖的，应当移送主管机关处理。

9. 犯罪嫌疑人及其法定代理人、近亲属或者辩护人认为人民检察院对拘留的犯罪嫌疑人法定羁押期限届满，向人民检察院提出释放犯罪嫌疑人或者变更拘留措施要求的，人民检察院侦查部门应当在 3 日以内审查完毕。侦查部门经审查认为法定期限届满的，应当提出释放犯罪嫌疑人或者变更强制措施的意见，经检察长批准后，通知公安机关执行；经审查认为未满法定期限的，书面答复申诉人。侦查部门应当将审查结果同时书面通知本院监所检察部门。

10. 犯罪嫌疑人有违反取保候审、监视居住规定的行为，需要对其予以逮捕的，可以先行拘留。取保候审、监视居住变更为拘留的，在变更的同时原强制措施自动解除，不再办理解除法律手续。

11. 在执行拘留的时候，遇有下列紧急情况之一，不另用《搜查证》也可以进行搜查：（1）可能随身携带凶器的；（2）可能隐藏爆炸、剧毒等危险物品的；（3）可能隐匿、毁弃、转移犯罪证据的；（4）可能隐匿其他犯罪嫌疑人的；（5）其他紧急情况。搜查结束后，搜查人员应当在 24 小时内向检察长报告，及时补办有关手续。

五、逮捕

逮捕是公安机关、人民检察院、人民法院为防止犯罪嫌疑人、被告人逃避侦查、起诉和审判,进行妨碍刑事诉讼的行为,或者发生社会危险,而依法剥夺其人身自由,并将其羁押的一种强制措施。

在职务犯罪侦查过程中,正确、及时、有效地使用逮捕能有效地防止犯罪嫌疑人串供、毁灭或伪造证据,有助于全面收集证据、查明案件事实,保证侦查的顺利进行。但由于逮捕是一种最为严厉的侦查措施,剥夺了犯罪嫌疑人的人身自由,而且持续的时间相对较长,因此必须慎重,坚持"少捕"、"慎捕"的原则,防止错捕和滥捕。

（一）不同案件的逮捕程序

1. 省级以下（不含省级）人民检察院直接受理立案侦查案件的逮捕程序

（1）省级以下（不含省级）人民检察院直接受理立案侦查的案件,需要逮捕犯罪嫌疑人的,应当报请上一级人民检察院审查决定。监所、林业等派出人民检察院立案侦查的案件,需要逮捕犯罪嫌疑人的,应当报请上一级人民检察院审查决定。

（2）下级人民检察院报请审查逮捕的案件,由侦查部门制作《报请逮捕书》,报检察长或者检察委员会审批后,连同案卷材料、讯问犯罪嫌疑人录音、录像一并报上一级人民检察院审查,报请逮捕时应当说明犯罪嫌疑人的社会危险性并附相关证据材料。

侦查部门报请审查逮捕时,应当同时将报请情况告知犯罪嫌疑人及其辩护律师。

（3）犯罪嫌疑人已被拘留的,下级人民检察院侦查部门应当在拘留后7日以内报上一级人民检察院审查逮捕。上一级人民检察院应当在收到《报请逮捕书》后7日以内作出是否逮捕的决定,特殊情况下,决定逮捕的时间可以延长1日至3日。犯罪嫌疑人未被拘留的,上一级人民检察院应当在收到《报请逮捕书》后15日以内作出是否逮捕决定,重大、复杂的案件,不得超过20日。

报送案卷材料、送达法律文书的路途时间计算在上一级人民检察院审查逮捕期限以内。

（4）对于重大、疑难、复杂的案件,下级人民检察院侦查部门可以提请上一级人民检察院侦查监督部门和本院侦查监督部门派员介入侦查,参加案件讨论。上一级人民检察院侦查监督部门和下级人民检察院侦查监督部门认为必要时,可以报经检察长批准,派员介入侦查,对收集证据、适用法律提出意见，监督侦查活动是否合法。

（5）上一级人民检察院经审查，对符合《刑诉规则》第305条规定情形的，应当讯问犯罪嫌疑人。讯问时，按照《刑诉规则》第307条的规定进行。

对未被拘留的犯罪嫌疑人，讯问前应当征求下级人民检察院侦查部门的意见。

讯问犯罪嫌疑人，可以当面讯问，也可以通过视频讯问。通过视频讯问的，上一级人民检察院应当制作笔录附卷。下级人民检察院应当协助做好提押、讯问笔录核对、签字等工作。

因交通、通讯不便等原因，不能当面讯问或者视频讯问的，上一级人民检察院可以拟定讯问提纲，委托下级人民检察院侦查监督部门进行讯问。下级人民检察院应当及时将讯问笔录报送上一级人民检察院。

（6）对已被拘留的犯罪嫌疑人，上一级人民检察院拟不讯问的，应当向犯罪嫌疑人送达《听取犯罪嫌疑人意见书》。因交通不便等原因不能及时送达的，可以委托下级人民检察院侦查监督部门代为送达。下级人民检察院应当及时回收意见书，并报上一级人民检察院。经审查发现应当讯问犯罪嫌疑人的，应当及时讯问。

（7）上一级人民检察院决定逮捕的，应当将《逮捕决定书》连同案卷材料一并交下级人民检察院，由下级人民检察院通知同级公安机关执行。必要时，下级人民检察院可以协助执行。

下级人民检察院应当在公安机关执行逮捕3日以内，将执行回执报上一级人民检察院。

上一级人民检察院作出逮捕决定的，可以对收集证据、适用法律提出意见。

（8）上一级人民检察院决定不予逮捕的，应当将《不予逮捕决定书》连同案卷材料一并交下级人民检察院，同时书面说明不予逮捕的理由。犯罪嫌疑人已被拘留的，下级人民检察院应当通知公安机关立即释放，并报上一级人民检察院；案件需要继续侦查，犯罪嫌疑人符合取保候审、监视居住条件的，由下级人民检察院依法决定取保候审或者监视居住。

上一级人民检察院作出不予逮捕决定，认为需要补充侦查的，应当制作补充侦查提纲，送达下级人民检察院侦查部门。

（9）对应当逮捕而下级人民检察院未报请逮捕的犯罪嫌疑人，上一级人民检察院应当通知下级人民检察院报请逮捕犯罪嫌疑人。下级人民检察院不同意报请逮捕犯罪嫌疑人的，应当说明理由。经审查理由不成立的，上一级人民检察院可以依法作出逮捕决定。

（10）决定逮捕后，应当立即将被逮捕人送看守所羁押。除无法通知的以外，下级人民检察院侦查部门应当把逮捕的原因和羁押的处所，在24小时以内通知被逮捕人的家属。对于无法通知的，在无法通知的情形消除后，应当立即通知其家属。

（11）对被逮捕的犯罪嫌疑人，下级人民检察院侦查部门应当在逮捕后24小时以内进行讯问。

下级人民检察院在发现不应当逮捕的时候，应当立即释放犯罪嫌疑人或者变更强制措施，并向上一级人民检察院报告。

对已被释放或者变更为其他强制措施的犯罪嫌疑人，又发现需要逮捕的，应当重新报请审查逮捕。

（12）对被逮捕的犯罪嫌疑人，作出逮捕决定的人民检察院发现不应当逮捕的，应当撤销逮捕决定，并通知下级人民检察院送达同级公安机关执行，同时向下级人民检察院说明撤销逮捕的理由。

（13）下级人民检察院认为上一级人民检察院作出的不予逮捕决定有错误的，应当在收到《不予逮捕决定书》后5日以内报请上一级人民检察院重新审查，但是必须将已被拘留的犯罪嫌疑人立即释放或者变更为其他强制措施。

上一级人民检察院侦查监督部门在收到报请重新审查逮捕意见书和案卷材料后，应当另行指派办案人员审查，在7日以内作出是否变更的决定。

（14）基层人民检察院，分、州、市人民检察院对直接受理立案侦查的案件进行审查起诉时，发现需要逮捕犯罪嫌疑人的，应当报请上一级人民检察院审查决定逮捕。

报请工作由公诉部门负责。

（15）需要逮捕担任各级人民代表大会代表的犯罪嫌疑人的，下级人民检察院侦查部门应当按照《刑诉规则》第146条的规定报请许可，在获得许可后，向上一级人民检察院报请逮捕。

2. 最高人民检察院、省级人民检察院直接受理立案侦查案件的逮捕程序

（1）最高人民检察院、省级人民检察院办理直接受理立案侦查的案件，需要逮捕犯罪嫌疑人的，由侦查部门填写《逮捕犯罪嫌疑人意见书》，连同案卷材料、讯问犯罪嫌疑人录音、录像一并移送本院侦查监督部门审查。犯罪嫌疑人已被拘留的，侦查部门应当在拘留后7日以内将案件移送本院侦查监督部门审查。

（2）对本院侦查部门移送审查逮捕的案件，犯罪嫌疑人已被拘留的，应

当在侦查监督部门收到逮捕犯罪嫌疑人意见书后的 7 日以内，由检察长或者检察委员会决定是否逮捕，特殊情况下，决定逮捕的时间可以延长 1 日至 3 日；犯罪嫌疑人未被拘留的，应当在侦查监督部门收到《逮捕犯罪嫌疑人意见书》后的 15 日以内由检察长或者检察委员会决定是否逮捕，重大、复杂的案件，不得超过 20 日。

（3）对本院侦查部门移送审查逮捕的犯罪嫌疑人，经检察长或者检察委员会决定逮捕的，侦查监督部门应当将《逮捕决定书》连同案卷材料、讯问犯罪嫌疑人录音、录像送交侦查部门，由侦查部门通知公安机关执行，必要时人民检察院可以协助执行，并可以对收集证据、适用法律提出意见。

（4）对本院侦查部门移送审查逮捕的犯罪嫌疑人，经检察长或者检察委员会决定不予逮捕的，侦查监督部门应当将不予逮捕的决定连同案卷材料、讯问犯罪嫌疑人录音、录像移交侦查部门。犯罪嫌疑人已被拘留的，侦查部门应当通知公安机关立即释放。

（5）对应当逮捕而本院侦查部门未移送审查逮捕的犯罪嫌疑人，侦查监督部门应当向侦查部门提出移送审查逮捕犯罪嫌疑人的建议。如果建议不被采纳，侦查监督部门可以报请检察长提交检察委员会决定。

（6）最高人民检察院、省级人民检察院办理直接受理立案侦查的案件，逮捕犯罪嫌疑人后，应当立即将被逮捕人送看守所羁押。除无法通知的以外，侦查部门应当把逮捕的原因和羁押的处所，在 24 小时以内通知被逮捕人的家属。对于无法通知的，在无法通知的情形消除后，应当立即通知其家属。

（7）最高人民检察院、省级人民检察院办理直接受理立案侦查的案件，对被逮捕的犯罪嫌疑人，侦查部门应当在逮捕后 24 小时以内进行讯问。

发现不应当逮捕的，应当经检察长批准，撤销逮捕决定或者变更为其他强制措施，并通知公安机关执行，同时通知侦查监督部门。

对按照前述规定被释放或者被变更逮捕措施的犯罪嫌疑人，又发现需要逮捕的，应当重新移送审查逮捕。

（8）最高人民检察院、省级人民检察院办理直接受理立案侦查的案件，已经作出不予逮捕的决定，又发现需要逮捕犯罪嫌疑人的，应当重新办理逮捕手续。

3. 逮捕担任人大代表的犯罪嫌疑人的报请程序

（1）人民检察院对担任本级人民代表大会代表的犯罪嫌疑人批准或者决定逮捕，应当报请本级人民代表大会主席团或者常务委员会许可。报请许可手续的办理由侦查机关负责。

（2）对担任上级人民代表大会代表的犯罪嫌疑人批准或者决定逮捕，应当层报该代表所属的人民代表大会同级的人民检察院报请许可。

（3）对担任下级人民代表大会代表的犯罪嫌疑人批准或者决定逮捕，可以直接报请该代表所属的人民代表大会主席团或者常务委员会许可，也可以委托该代表所属的人民代表大会同级的人民检察院报请许可；对担任乡、民族乡、镇的人民代表大会代表的犯罪嫌疑人批准或者决定逮捕，由县级人民检察院报告乡、民族乡、镇的人民代表大会。

（4）对担任两级以上的人民代表大会代表的犯罪嫌疑人批准或者决定逮捕，分别依照最高人民检察院《刑诉规则》第146条第1款、第2款、第3款的规定报请许可。

（5）对担任办案单位所在省、市、县（区）以外的其他地区人民代表大会代表的犯罪嫌疑人批准或者决定逮捕，应当委托该代表所属的人民代表大会同级的人民检察院报请许可；担任两级以上人民代表大会代表的，应当分别委托该代表所属的人民代表大会同级的人民检察院报请许可。

（二）逮捕条件

1. 人民检察院对有证据证明有犯罪事实，可能判处徒刑以上刑罚的犯罪嫌疑人，采取取保候审尚不足以防止发生下列社会危险性的，应当予以逮捕：

（1）可能实施新的犯罪的，即犯罪嫌疑人多次作案、连续作案、流窜作案，其主观恶性、犯罪习性表明其可能实施新的犯罪，以及有一定证据证明犯罪嫌疑人已经开始策划、预备实施犯罪的；

（2）有危害国家安全、公共安全或者社会秩序的现实危险的，即有一定证据证明或者有迹象表明犯罪嫌疑人在案发前或者案发后正在积极策划、组织或者预备实施危害国家安全、公共安全或者社会秩序的重大违法犯罪行为的；

（3）可能毁灭、伪造证据，干扰证人作证或者串供的，即有一定证据证明或者有迹象表明犯罪嫌疑人在归案前或者归案后已经着手实施或者企图实施毁灭、伪造证据，干扰证人作证或者串供行为的；

（4）有一定证据证明或者有迹象表明犯罪嫌疑人可能对被害人、举报人、控告人实施打击报复的；

（5）企图自杀或者逃跑的，即犯罪嫌疑人归案前或者归案后曾经自杀，或者有一定证据证明或者有迹象表明犯罪嫌疑人试图自杀或者逃跑的。

2. 有证据证明有犯罪事实是指同时具备下列情形：

（1）有证据证明发生了犯罪事实；

（2）有证据证明该犯罪事实是犯罪嫌疑人实施的；

（3）证明犯罪嫌疑人实施犯罪行为的证据已经查证属实的。

犯罪事实既可以是单一犯罪行为的事实，也可以是数个犯罪行为中任何一个犯罪行为的事实。

3. 对有证据证明有犯罪事实，可能判处10年有期徒刑以上刑罚的犯罪嫌疑人，应当批准或者决定逮捕。对有证据证明有犯罪事实，可能判处徒刑以上刑罚，犯罪嫌疑人曾经故意犯罪或者不讲真实姓名、住址，身份不明的，应当批准或者决定逮捕。

4. 人民检察院经审查认为被取保候审、监视居住的犯罪嫌疑人违反取保候审、监视居住规定的，依照《刑诉规则》第100条、第121条的规定办理。

5. 对实施多个犯罪行为或者共同犯罪案件的犯罪嫌疑人，符合《刑诉规则》第139条的规定，具有下列情形之一的，应当批准或者决定逮捕：

（1）有证据证明犯有数罪中的一罪的；

（2）有证据证明实施多次犯罪中的一次犯罪的；

（3）共同犯罪中，已有证据证明有犯罪事实的犯罪嫌疑人。

6. 对具有下列情形之一的犯罪嫌疑人，人民检察院应当作出不批准逮捕的决定或者不予逮捕：

（1）不符合《刑诉规则》第139条至第142条规定的逮捕条件的；

（2）具有刑事诉讼法第15条规定的情形之一的。

7. 犯罪嫌疑人涉嫌的罪行较轻，且没有其他重大犯罪嫌疑，具有以下情形之一的，可以作出不批准逮捕的决定或者不予逮捕：

（1）属于预备犯、中止犯，或者防卫过当、避险过当的；

（2）主观恶性较小的初犯，共同犯罪中的从犯、胁从犯，犯罪后自首、有立功表现或者积极退赃、赔偿损失、确有悔罪表现的；

（3）过失犯罪的犯罪嫌疑人，犯罪后有悔罪表现，有效控制损失或者积极赔偿损失的；

（4）犯罪嫌疑人与被害人双方根据刑事诉讼法的有关规定达成和解协议，经审查，认为和解系自愿、合法且已经履行或者提供担保的；

（5）犯罪嫌疑人系已满14周岁未满18周岁的未成年人或者在校学生，本人有悔罪表现，其家庭、学校或者所在社区、居民委员会、村民委员会具备监护、帮教条件的；

（6）年满75周岁以上的老年人。

8. 对符合刑事诉讼法第72条第1款规定的犯罪嫌疑人，人民检察院经审查认为不需要逮捕的，可以在作出不批准逮捕或者不予逮捕决定的同时，向侦查机关提出监视居住的建议。

（三）逮捕期限的延长和计算

1. 对犯罪嫌疑人逮捕后的侦查羁押期限不得超过 2 个月。基层人民检察院，分、州、市人民检察院和省级人民检察院直接受理立案侦查的案件，案情复杂、期限届满不能终结的案件，可以经上一级人民检察院批准延长 1 个月。

2. 基层人民检察院和分、州、市人民检察院直接受理立案侦查的案件，属于交通十分不便的边远地区的重大复杂案件、重大的犯罪集团案件、流窜作案的重大复杂案件和犯罪涉及面广、取证困难的重大复杂案件，在依照《刑诉规则》第 274 条规定的期限届满前不能侦查终结的，经省、自治区、直辖市人民检察院批准，可以延长 2 个月。

省级人民检察院直接受理立案侦查的案件，属于上述情形的，可以直接决定延长 2 个月。

3. 基层人民检察院和分、州、市人民检察院直接受理立案侦查的案件，对犯罪嫌疑人可能判处 10 年有期徒刑以上刑罚，依照《刑诉规则》第 275 条的规定依法延长羁押期限届满，仍不能侦查终结的，经省、自治区、直辖市人民检察院批准，可以再延长 2 个月。

省级人民检察院直接受理立案侦查的案件，属于上述情形的，可以直接决定再延长 2 个月。

4. 最高人民检察院直接受理立案侦查的案件，依照刑事诉讼法的规定需要延长侦查羁押期限的，直接决定延长侦查羁押期限。

5. 人民检察院直接立案侦查的案件，侦查部门认为需要延长侦查羁押期限的，应当按照《刑诉规则》第 278 条第 1 款的规定向本院侦查监督部门移送延长侦查羁押期限的意见及有关材料。

6. 人民检察院审查批准或者决定延长侦查羁押期限，由侦查监督部门办理。

受理案件的人民检察院侦查监督部门对延长侦查羁押期限的意见审查后，应当提出是否同意延长侦查羁押期限的意见，报检察长决定后，将侦查机关延长侦查羁押期限的意见和本院的审查意见层报有决定权的人民检察院审查决定。有决定权的人民检察院应当在侦查羁押期限届满前作出是否批准延长侦查羁押期限的决定，并交由受理案件的人民检察院侦查监督部门送达公安机关或者本院侦查部门。

7. 因为特殊原因，在较长时间内不宜交付审判的特别重大复杂的案件，由最高人民检察院报请全国人民代表大会常务委员会批准延期审理。

8. 人民检察院在侦查期间发现犯罪嫌疑人另有重要罪行的，自发现之日起依照《刑诉规则》第 274 条的规定重新计算侦查羁押期限。

另有重要罪行是指与逮捕时的罪行不同种的重大犯罪和同种的影响罪名认定、量刑档次的重大犯罪。

9. 人民检察院重新计算侦查羁押期限，应当由侦查部门提出重新计算侦查羁押期限的意见，移送本院侦查监督部门审查。侦查监督部门审查后应当提出是否同意重新计算侦查羁押期限的意见，报检察长决定。

10. 人民检察院直接受理立案侦查的案件，不能在法定侦查羁押期限内侦查终结的，应当依法释放犯罪嫌疑人或者变更强制措施。

（四）逮捕程序中的侦查监督

1. 人民检察院直接受理立案侦查的案件，侦查部门在移送或者报请审查逮捕时，应当向侦查监督部门移送全部讯问犯罪嫌疑人的录音、录像，未移送或移送不全的，侦查监督部门应当要求侦查部门补充移送。经要求仍未移送或者未全部移送的，应当将案件退回侦查部门。侦查监督部门审查逮捕时对取证合法性或者讯问笔录真实性等产生疑问的，可以审查相关的录音、录像；对于重大、疑难、复杂的案件，必要时可以审查全部录音、录像。

2. 经审查讯问犯罪嫌疑人录音、录像，发现侦查机关讯问不规范，讯问过程存在违法行为，录音、录像内容与讯问笔录不一致等情形的，应当逐一列明并向侦查机关书面提出，要求侦查机关予以纠正、补正或者书面作出合理解释。发现讯问笔录与讯问犯罪嫌疑人录音、录像内容有重大实质性差异的，或者侦查机关不能补正或者作出合理解释的，该讯问笔录不能作为批准逮捕或者决定逮捕的依据。

3. 人民检察院办理直接受理立案侦查的案件，侦查部门应当将决定、变更、撤销逮捕措施的情况书面通知本院监所检察部门。

第六节　侦查终结

一、侦查终结报告

侦查终结是指人民检察院对于立案侦查的职务犯罪案件，经过一系列的侦查活动，根据已查明的事实和证据，足以认定犯罪嫌疑人是否有罪和应否对其追究刑事责任而不需要继续进行侦查，或者不具备继续进行侦查的条件时，决定结束侦查，而对案件提出处理意见或者处理决定的一种诉讼活动。侦查终结是侦查程序中的最后一道工序，标志着侦查活动的结束，同时又是侦查阶段与起诉阶段的联结点。侦查终结需要制作《侦查终结报告》，说明侦查的结果、案件事实、证据、处理意见等。

（一）侦查终结前对不同情况的处理

1. 在案件侦查过程中，犯罪嫌疑人委托辩护律师的，检察人员可以听取辩护律师的意见。辩护律师要求当面提出意见的，检察人员应当听取意见，并制作笔录附卷。辩护律师提出书面意见的，应当附卷。案件侦查终结移送审查起诉时，人民检察院应当同时将案件移送情况告知犯罪嫌疑人及其辩护律师。

2. 对重大复杂案件侦查终结前，可以报经检察长批准，通知公诉部门派员提前介入侦查。公诉部门介入侦查后，应当对案件证据进行审查，并就证据收集和法律适用等问题向侦查部门提出意见。

3. 人民检察院直接立案侦查的共同犯罪案件，如果同案犯罪嫌疑人在逃，但在案犯罪嫌疑人犯罪事实清楚，证据确实、充分的，对本案犯罪嫌疑人应当分别移送审查起诉或者移送审查不起诉。

由于同案犯罪嫌疑人在逃，在案犯罪嫌疑人的犯罪事实无法查清的，对在案犯罪嫌疑人应当根据案件的不同情况分别报请延长侦查羁押期限、变更强制措施或者解除强制措施。

4. 人民检察院直接立案侦查的案件，对犯罪嫌疑人没有采取取保候审、监视居住、拘留或者逮捕措施的，侦查部门应当在立案后 2 年以内提出移送审查起诉、移送审查不起诉或者撤销案件的意见；对犯罪嫌疑人采取取保候审、监视居住、拘留或者逮捕措施的，侦查部门应当在解除或者撤销强制措施后 1 年以内提出移送审查起诉、移送审查不起诉或者撤销案件的意见。

5. 要案侦查终结时，案情发生重大变化的要向党委报告。其他重要案件，在查办的同时也要主动争取党委的领导和支持。大案要案侦查终结要及时向上级检察院报送备案材料。不得有案不备，备而不查。上级检察院对备案案件要及时进行审查，发现错误的，应当及时通知报送备案的下级检察院，下级检察院应将办理情况及时报告。

（二）侦查终结后，制作《侦查终结报告》

1. 《侦查终结报告》由案件承办人制作，部门负责人审核，报检察长批准。报告内容应当包括：

（1）犯罪嫌疑人基本情况。包括姓名、曾用名、性别、出生年月日、身份证件种类及号码、民族、籍贯、文化程度、有无党派、是否是人大代表或者政协委员、工作单位、职务级别或者职业、住址、有无前科等。

（2）案件来源。写明案由和案件来源，具体为单位或者公民举报、上级交办、有关部门移送、本院其他部门移交以及办案中发现等。简要写明案件侦查过程中的各个法律程序开始的时间，如初查、立案、侦查终结的时间。具体写明采取的强制措施种类、采取的时间、强制措施变更情况及延长侦查羁押期限的情况等。

（3）主要案件事实。叙写经检察机关侦查查明的涉嫌犯罪事实，包括犯罪时间、地点、人物、因果、手段、目的、动机、危害后果等与事实认定和定罪量刑有关的要素。应当根据具体案件情况，围绕刑法规定的犯罪构成要件，准确叙写。

（4）主要证据，针对上述事实，逐一列举证据。

（5）需要说明的问题。具体说明案件中可能有争议的或者承办人认为有必要加以说明的事实和问题，并陈述理由。

（6）定性、处理意见和法律依据。具体写明应当终止追究刑事责任，或者犯罪情节轻微，依照刑法规定不需要判处刑罚或者免除刑罚的情形。

2. 重大、典型职务犯罪案件侦查终结后，侦查部门应将《侦查终结报告》送本院职务犯罪预防部门。

二、移送审查起诉或不起诉

1. 人民检察院经过侦查，认为犯罪事实清楚，证据确实、充分，依法应当追究刑事责任的案件，应当写出《侦查终结报告》，并且制作《起诉意见书》。对于犯罪情节轻微，依照刑法规定不需要判处刑罚或者免除刑罚的案件，应当写出《侦查终结报告》，并且制作《不起诉意见书》。

2.《侦查终结报告》和《起诉意见书》或者《不起诉意见书》由侦查部门负责人审核，检察长批准。

3. 提出起诉意见或者不起诉意见的，侦查部门应当将《起诉意见书》或者《不起诉意见书》，查封、扣押、冻结的犯罪嫌疑人的财物及其孳息、文件清单以及对查封、扣押、冻结的涉案款物的处理意见和其他案卷材料，一并移送本院公诉部门审查。国家或者集体财产遭受损失的，在提出提起公诉意见的同时，可以提出提起附带民事诉讼的意见。

4. 在案件侦查过程中，犯罪嫌疑人委托辩护律师的，检察人员可以听取辩护律师的意见。辩护律师要求当面提出意见的，检察人员应当听取意见，并制作笔录附卷。辩护律师提出书面意见的，应当附卷。案件侦查终结移送审查起诉时，人民检察院应当同时将案件移送情况告知犯罪嫌疑人及其辩护律师。

5. 上级人民检察院侦查终结的案件，依照刑事诉讼法的规定应当由下级人民检察院提起公诉或者不起诉的，应当将有关决定、侦查终结报告连同案卷材料、证据移送下级人民检察院，由下级人民检察院按照上级人民检察院有关决定交侦查部门制作《起诉意见书》或者《不起诉意见书》，移送本院公诉部门审查。

下级人民检察院公诉部门认为应当对案件补充侦查的，可以退回本院侦查部门补充侦查，上级人民检察院侦查部门应当协助。

下级人民检察院认为上级人民检察院的决定有错误的，可以向上级人民检察院提请复议，上级人民检察院维持原决定的，下级人民检察院应当执行。

6. 人民检察院直接受理立案侦查的共同犯罪案件，如果同案犯罪嫌疑人在逃，但在案犯罪嫌疑人犯罪事实清楚、证据确实、充分的，对在案犯罪嫌疑人应当根据《刑诉规则》第286条的规定分别移送审查起诉或者移送审查不起诉。

由于同案犯罪嫌疑人在逃，在案犯罪嫌疑人的犯罪事实无法查清的，对在案犯罪嫌疑人应当根据案件的不同情况分别报请延长侦查羁押期限、变更强制措施或者解除强制措施。

7. 人民检察院直接受理立案侦查的案件，对犯罪嫌疑人没有采取取保候审、监视居住、拘留或者逮捕措施的，侦查部门应当在立案后2年以内提出移送审查起诉、移送审查不起诉或者撤销案件的意见；对犯罪嫌疑人采取取保候审、监视居住、拘留或者逮捕措施的，侦查部门应当在解除或者撤销强制措施后1年以内提出移送审查起诉、移送审查不起诉或者撤销案件的意见。

8. 公诉部门发现应当起诉而未移送审查起诉的，应当报经分管检察长同意，建议侦查部门移送审查起诉。侦查部门采纳的，应当及时移送审查起诉；不采纳的，应当书面说明理由，报经分管检察长同意后回复公诉部门。公诉部门仍坚持移送审查逮捕、审查起诉意见的，应当报检察长或者检察委员会决定。

9. 公诉部门应当将人民法院开庭审理人民检察院直接受理立案侦查案件的时间、地点在开庭2日以前通知侦查部门。侦查部门可以派员旁听法庭审理。公诉部门收到人民法院的裁判文书后，应当在7日以内将裁判文书的副本或者复印件送交侦查部门。

三、补充侦查

补充侦查是指公安机关或者人民检察院根据法定程序，在原有侦查工作的基础上，对案件进行进一步调查、补充证据的侦查活动。补充侦查是侦查工作的深入和继续，同时也是对原来侦查工作的一种补救。在自侦案件中，补充侦查并不是必经程序，一般情况下是根据公诉部门的补充侦查意见而进行。

1. 人民检察院公诉部门对本院侦查部门移送审查起诉的案件审查后，认为犯罪事实不清、证据不足或者遗漏罪行、遗漏同案犯罪嫌疑人等情形需要补充侦查的，应当向侦查部门提出补充侦查的书面意见，连同案卷材料一并退回侦查部门补充侦查；必要时也可以自行侦查，可以要求侦查部门予以协助。

2. 侦查部门应当在法定期限内及时补充侦查。补充侦查应根据公诉部门提供的补充侦查要求制作补充侦查计划，经批准后实施。补充证据后，办案人应制作《补充侦查报告》，经部门负责人审核后报检察长批准，将补充侦查的情况说明和补充的证据一并移送审查起诉部门审查。

3. 对于退回补充侦查的案件，应当在 1 个月以内补充侦查完毕。补充侦查以 2 次为限。补充侦查完毕移送审查起诉后，公诉部门重新计算审查起诉期限。

4. 人民检察院对侦查机关移送的案件进行审查后，在法院作出生效判决之前，认为需要补充提供法庭审判所必需的证据的，可以书面要求侦查机关提供。

5. 人民检察院在审查起诉中，发现可能存在刑事诉讼法第 54 条规定的以非法方法收集证据情形的，可以要求侦查机关对证据收集的合法性作出书面说明或者提供相关证明材料。

6. 人民检察院公诉部门在审查中发现侦查人员以非法方法收集犯罪嫌疑人供述、被害人陈述、证人证言等证据材料的，应当依法排除非法证据并提出纠正意见，同时可以要求侦查机关另行指派侦查人员重新调查取证，必要时人民检察院也可以自行调查取证。

7. 人民检察院在审查起诉中决定自行侦查的，应当在审查起诉期限内侦查完毕。

8. 人民检察院对已经退回侦查机关 2 次补充侦查的案件，在审查起诉中又发现新的犯罪事实的，应当移送侦查机关立案侦查；对已经查清的犯罪事实，应当依法提起公诉。

9. 对于在审查起诉期间改变管辖的案件，改变后的人民检察院对于符合刑事诉讼法第 171 条第 2 款规定的案件，可以通过原受理案件的人民检察院退回原侦查的公安机关补充侦查，也可以自行侦查。改变管辖前后退回补充侦查的次数总共不得超过 2 次。

10. 对于证据确实难以补充的案件，应当作出书面说明，报经分管检察长同意后移送公诉部门。

11. 在补充侦查中发现新的同案犯罪嫌疑人或新的罪行，需要追究刑事责任的，应当重新制作《起诉意见书》，移送审查起诉部门审查。

发现原认定犯罪事实有重大变化，或不应当追究刑事责任的，应当重新提出处理意见。

四、撤销案件、中止侦查

撤销案件是指人民检察院在侦查过程中发现不应当追究犯罪嫌疑人的刑事责任时，将案件撤销，终结诉讼的行为。

职务犯罪侦查中，撤销案件应当符合下列条件：（1）具有刑事诉讼法第15条规定情形之一的；（2）没有犯罪事实的，或者依照刑法规定不负刑事责任和不是犯罪的；（3）虽有犯罪事实，但不是犯罪嫌疑人所为的。对于共同犯罪的案件，如有符合本条规定情形的犯罪嫌疑人，应当撤销对该犯罪嫌疑人的立案。

中止侦查则是在侦查过程中由于发生某种情况或出现某种障碍影响诉讼正常进行时，将侦查暂时中止，待有关情况消失后再行恢复侦查的行为。与撤案不同，中止侦查是侦查行为暂时的、不定期的停止。

（一）撤销案件

1. 人民检察院在侦查过程中或者侦查终结后，发现具有下列情形之一的，侦查部门应当制作《拟撤销案件意见书》，报请检察长或者检察委员会决定：

第一，具有刑事诉讼法第15条规定情形之一的；

第二，没有犯罪事实的，或者依照刑法规定不负刑事责任或者不是犯罪的；

第三，虽有犯罪事实，但不是犯罪嫌疑人所为的。

对于共同犯罪的案件，如有符合本条规定情形的犯罪嫌疑人，应当撤销对该犯罪嫌疑人的立案。

2. 检察长或者检察委员会决定撤销案件的，侦查部门应当将撤销案件意见书连同本案全部案卷材料，在法定期限届满7日前报上一级人民检察院审查；重大、复杂案件在法定期限届满10日前报上一级人民检察院审查。

对于共同犯罪案件，应当将处理同案犯罪嫌疑人的有关法律文书以及案件事实、证据材料复印件等，一并报送上一级人民检察院。

3. 上一级人民检察院侦查部门应当对案件事实、证据和适用法律进行全面审查，必要时可以讯问犯罪嫌疑人。

上一级人民检察院侦查部门经审查后，应当提出是否同意撤销案件的意见，报请检察长或者检察委员会决定。

4. 人民检察院决定撤销案件的，应当告知控告人、举报人，听取其意见并记明笔录。

5. 上一级人民检察院审查下级人民检察院报送的拟撤销案件，应当于收到案件后 7 日以内批复；重大、复杂案件，应当于收到案件后 10 日以内批复下级人民检察院。情况紧急或者因其他特殊原因不能按时送达的，可以先行通知下级人民检察院执行。

6. 上一级人民检察院同意撤销案件的，下级人民检察院应当作出撤销案件决定，并制作撤销案件决定书。上一级人民检察院不同意撤销案件的，下级人民检察院应当执行上一级人民检察院的决定。

报请上一级人民检察院审查期间，犯罪嫌疑人羁押期限届满的，应当依法释放犯罪嫌疑人或者变更强制措施。

7. 撤销案件的决定，应当分别送达犯罪嫌疑人所在单位和犯罪嫌疑人。犯罪嫌疑人死亡的，应当送达犯罪嫌疑人原所在单位。如果犯罪嫌疑人在押，应当制作《决定释放通知书》，通知公安机关依法释放。

8. 人民检察院作出撤销案件决定的，侦查部门应当在 30 日以内对犯罪嫌疑人的违法所得作出处理，并制作查封、扣押、冻结款物的处理报告，详细列明每一项款物的来源、去向并附有关法律文书复印件，报检察长审核后存入案卷，并在撤销案件决定书中写明对查封、扣押、冻结的涉案款物的处理结果。情况特殊的，经检察长决定，可以延长 30 日。

9. 人民检察院撤销案件时，对犯罪嫌疑人的违法所得应当区分不同情形，作出相应处理：

（1）因犯罪嫌疑人死亡而撤销案件，依照刑法规定应当追缴其违法所得及其他涉案财产的，按照《刑诉规则》第十三章第三节的规定办理。

（2）因其他原因撤销案件，对于查封、扣押、冻结的犯罪嫌疑人违法所得及其他涉案财产需要没收的，应当提出检察建议，移送有关主管机关处理。

（3）对于冻结的犯罪嫌疑人存款、汇款、债券、股票、基金份额等财产需要返还被害人的，可以通知金融机构返还被害人；对于查封、扣押的犯罪嫌疑人的违法所得及其他涉案财产需要返还被害人的，直接决定返还被害人。

人民检察院申请人民法院裁定处理犯罪嫌疑人涉案财产的，应当向人民法院移送有关案件材料。

10. 人民检察院撤销案件时，对查封、扣押、冻结的犯罪嫌疑人的涉案财产需要返还犯罪嫌疑人的，应当解除查封、扣押或者书面通知有关金融机构解除冻结，返还犯罪嫌疑人或者其合法继承人。

11. 人民检察院直接受理立案侦查的案件，撤销案件以后，又发现新的事实或者证据，认为有犯罪事实需要追究刑事责任的，可以重新立案侦查。

（二）中止侦查

1. 侦查过程中，犯罪嫌疑人长期潜逃，采取有效追捕措施仍不能缉拿归案的，或者犯罪嫌疑人患有精神病及其他严重疾病不能接受讯问，丧失诉讼行为能力的，可以中止侦查。

2. 对符合中止侦查的案件，承办人应制作《提请中止侦查报告》，经部门负责人审核，报经检察长决定。

3. 中止侦查的理由和条件消失后，承办人制作《提请恢复侦查报告》经部门负责人审核，报经检察长决定恢复侦查。

4. 中止侦查期间，如果犯罪嫌疑人在押，对符合延长侦查羁押期限条件的，应当依法延长侦查羁押期限；对侦查羁押期限届满的，应当依法变更为取保候审或者监视居住措施。

思考题

1. 反渎职侵权办案中，讯问犯罪嫌疑人需要哪些技巧？

2. 搜查中如何做到安全、有序？

3. 反渎职侵权办案中，扣押、冻结款物如何处理？

第三章　渎职侵权犯罪案件侦查机制

第一节　渎职侵权犯罪案件侦查一体化机制

一、侦查工作一体化机制

所谓侦查工作一体化，是指人民检察院在查办渎职侵权犯罪案件中，发挥检察机关上下级领导体制的优势，实行在案件线索统一管理的基础上，上级人民检察院对组织集中查办案情重大复杂的、社会反映强烈的、跨区域的、下级人民检察院查办确有困难的以及上级人民检察院认为确有必要的案件，实施侦查活动统一指挥、侦查人员统一调配、侦查资源统一使用的侦查工作机制。因此，侦查工作一体化是检察机关"上下一体、上令下从"领导体制在职务犯罪侦查工作中的具体化，其核心内容在于重大案件线索统一管理、重大侦查活动和重大复杂案件的侦查工作统一组织指挥、侦查力量和侦查装备统一调度和检察机关间密切侦查协作。

渎职侵权等职务犯罪案件侦查特点、经验和实践证明，健全、贯彻并实行侦查工作一体化机制，是十分必要的：一是落实检察机关上下级领导体制的客观需要，也是防止检察权地方化、上级院对下级院缺乏有效领导和监督制约、检察政令不畅通的必要手段；二是检察机关侦查工作性质的内在要求，充分发挥检察机关作为国家法律监督机关的职能作用，使检察机关通过查办贪污贿赂、渎职侵权等职务犯罪案件，有效地监督制约执法、司法等国家权力的正常运行，防止吏治腐败和司法不公，保障国家法律得到统一正确实施；三是解决侦查工作突出问题的重要途径，保障办案质量、办案效率和办案安全，是检察机关侦查能力实现整体飞跃的重要手段；四是应对渎职侵权等职务犯罪滋生蔓延新趋势、新特点、新规律的必然选择。

二、贯彻侦查工作一体化应遵循的原则

贯彻渎职侵权犯罪侦查工作一体化机制，应遵循以下原则：

1. 统一指挥原则，即在反渎职侵权侦查工作中，最高人民检察院领导地方各级人民检察院，上级人民检察院领导下级人民检察院，保证检令畅通，令行禁止。

2. 严格依法原则，即实现实体法和程序法相统一，确保反渎职侵权活动依法进行。

3. 各司其职原则，即依法律和最高人民检察院的相关规定，对渎职侵权犯罪案件的立案、侦查实行分级负责，做到权责一致、明晰。

4. 办案质量与效率相统一原则，即坚持办案质量和效率的统一，加大科技投入，整合侦查资源，形成纵向指挥有力、横向协作紧密的侦查指挥体系，提高办案效率。

5. 立足并服务基层原则，即坚持以办案为中心，服务基层、服务办案、鼓励基层检察院办案积极性，支持基层院依法办案。

三、把握侦查工作一体化的注意事项

（一）正确、全面领会并把握渎职侵权犯罪案件侦查工作一体化的基本架构

反渎职侵权侦查工作一体化的基本架构是：以最高人民检察院为统领，省级人民检察院为龙头，分、州、市人民检察院为主体，基层人民检察院为基础，形成上下一体、区域联动、指挥有力、协调高效的侦查办案一体化机制。

1. 最高人民检察院的统领作用体现在：确定总体思路，明确工作重点，制定政策，决定方向；统一领导全国的反渎职侵权侦查工作，办理省部级以上国家机关工作人员渎职侵权犯罪要案以及确有必要办理的案件；指挥协调跨省域案件、涉外及涉港澳台司法协助的案件；交办、参办、督办省以下检察院查办的案件；研究侦查理论，总结侦查规律，制定侦查规范，推广侦查经验。

2. 省级人民检察院的龙头作用体现在：落实最高人民检察院反渎职侵权工作部署，宏观把握、掌控全省的工作局势，统一领导本省的反渎职侵权侦查工作，办理省级院管辖的渎职侵权犯罪案件；指挥协调跨地区案件；带头查办复杂疑难或典型案件；交办、参办、督办省内案件；主动帮助下级检察院分析办案形势，排查案件线索，排除干扰阻力，支持查办案件；统一掌握全省反渎职侵权侦查工作信息，建立信息情报系统；统一调度全省查办案件工作，综合评估督导办案工作力度、质量和效率；及时发现、分析反渎职侵权工作中遇到的新情况、新问题，研究提出新对策。

3. 分、州、市人民检察院的主体作用体现在：全面落实上级检察机关的工作部署，对所辖区域反渎职侵权侦查工作统一领导，负责掌控、调度所辖区内的所有案件查办工作，形成区域联动，发挥整体效能；对辖区内的案件线索统一管理，统一审查，统筹分流；统一调度、分类布置初查工作；直接办理县处级国家机关工作人员渎职侵权犯罪要案以及确有必要办理的案件；统一指挥

查办上级检察院交办的、案情重大复杂的、社会反映强烈的、跨县区的、基层人民检察院查办确有困难的案件，办案中统一组织侦查活动，统一调动侦查力量，统一调配侦查资源；指导、督促、检查、评估基层检察院查办案件工作。

4. 基层人民检察院的基础作用体现在：在上级人民检察院的领导下，广泛收集信息，主动摸排案件线索，积极认真查办案件，根据上级检察院的要求参与、承办案件，协助相关检察院查办案件。

分、州、市以上人民检察院设立反渎职侵权侦查指挥中心，具体落实侦查办案一体化机制的相关工作。

（二）全面、正确把握侦查工作一体化机制的内容和运行方式

1. 案件线索管理机制及其运行方式。（1）明确线索分级备案管理。对省级院管辖的厅局级干部犯罪线索，应当报最高人民检察院备案；对分、州、市院管辖的县处级干部犯罪线索，应当报省级院备案。其中，如果涉嫌犯罪数额特别巨大或者犯罪情节特别严重的，应当层报最高人民检察院备案。对基层院管辖的科级干部犯罪线索，应当报分、州、市院备案。（2）明确报备时间。对应当由上级院备案管理的犯罪线索，下级院应当自受理之日起10日内，将有关线索材料复印件和办理意见报上一级检察院备案。（3）明确审查处理程序。上级院对备案的线索材料及办理意见，应当及时审查，如有不同意见，应当及时通知下级检察院，下级人民检察院应当按照上级指示办理。在相关备案制度的基础上，对渎职侵权案件线索的管理要做好线索层报、分类管理制、线索评估、线索分流的科学化管理工作，保证侦查一体化机制的实施。各级院要对各自受理的案件线索指定专人按照涉案部门、涉案人员级别和案件性质等分类别进行管理，并规定时间整理汇报。案件线索均要确定专人负责，对成案可能性、初查时机、案件性质和侦查方式等组织相应人员进行集中研究、评估、确定工作意见。根据线索评估后形成的工作意见，对于其中需要提办、交办、异地办、交叉办的案件，按照有关报请制度和指定管辖的规定办理。

2. 立案、逮捕决定质量保障机制及其运行方式。（1）省级以下检察院办理直接受理侦查案件，决定立案、逮捕的，应当报上一级检察院备案审查。（2）检察机关对直接受理侦查的案件决定立案的，应当在决定立案侦查之日起3日以内，由承办案件的部门填写《立案备案登记表》，连同《提请立案报告》和《立案决定书》，一并报送上一级院备案；对直接受理侦查案件的犯罪嫌疑人决定逮捕的，应当在决定逮捕之日起3日以内，由侦查监督部门填写《逮捕备案登记表》，连同《逮捕犯罪嫌疑人意见书》、《审查逮捕案件意见书》和《逮捕决定书》，一并报送上一级院备案。（3）上一级检察院相对应的部门应当指定专人审查下级院报送的备案材料，对案件是否属于作出立案或者

逮捕决定的检察机关管辖、是否符合立案或者逮捕条件、是否有其他应当立案或者逮捕的犯罪嫌疑人等事项进行审查。对于需要补报有关案件材料的，上一级检察院应当在收到备案材料之日起3日以内责成下级人民检察院补报。下级院应当在收到上一级院通知之日起3日以内，按要求报送。（4）上一级院在审查备案材料过程中，可以向下级院了解案件事实、证据和适用法律等情况。（5）上一级院应当在收到备案材料之日起10日以内，由承办人填写《备案审查表》，提出是否同意下级院立案或者逮捕决定的审查意见，报部门负责人审批。认为下级人民检察院的立案或者逮捕决定错误的，或者发现下级院有应当立案而未立案或者应当逮捕犯罪嫌疑人而未决定逮捕情形的，应当在报经检察长或者检察委员会决定后，书面通知下级院纠正，或者由上一级院直接作出相关决定，通知下级院执行。（6）下级院应当执行上一级院的决定，并在收到上一级院的书面通知或者决定之日起5日以内，将执行情况向上一级院报告。下级院对上一级院的决定有异议的，可以在执行的同时向上一级院报告。

3. 撤销、不起诉决定上报批准机制及其运行方式。（1）省级以下院办理直接受理侦查的案件，拟作撤销案件、不起诉决定的，应当报请上一级检察院批准。（2）对于直接受理侦查的案件，反渎职侵权部门经过侦查认为应当撤销案件的，应当制作《拟撤销案件意见书》。公诉部门经过对反渎职侵权部门移送的案件进行审查，认为应当不起诉的，应当制作《拟不起诉意见书》。反渎职侵权部门、公诉部门应当及时将《拟撤销案件意见书》或者《拟不起诉意见书》以及相关材料移送本院人民监督员办公室，接受人民监督员监督。（3）拟撤销案件或者拟不起诉的，经人民监督员履行监督程序，提出表决意见后，反渎职侵权部门或者公诉部门应当报请检察长或者检察委员会决定。报送案件时，应当将人民监督员的表决意见一并报送。按规定报请检察长决定的，检察长如果不同意人民监督员的表决意见，应当提请检察委员会讨论决定。检察长同意人民监督员表决意见的，由检察长决定。（4）检察长或者检察委员会同意拟撤销案件意见或者拟不起诉意见的，应当由反渎职侵权部门或者公诉部门将《拟撤销案件意见书》或者《拟不起诉意见书》，以及人民监督员的表决意见，连同本案全部卷宗材料，在法定期限届满7日之前报上一级检察院审查；重大、复杂案件，在法定期限届满10日之前报上一级检察院审查。对于共同犯罪案件，应当将处理同案犯罪嫌疑人的有关法律文书以及案件事实、证据材料复印件等，一并报送上一级检察院。（5）对于下级院报请审批的拟撤销案件或者拟不起诉案件，由上一级检察院相应反渎职侵权部门或者公诉部门承办。上一级检察院反渎职侵权部门或者公诉部门应当指定专人办理，对案件事实、证据和适用法律进行全面审查，必要时可以讯问犯罪嫌疑人。

（6）上一级检察院反渎职侵权部门或者公诉部门审查下级院报送的拟撤销案件或者拟不起诉案件，应当提出是否同意撤销案件或者不起诉的意见，连同下级院人民监督员的表决意见，报请检察长或者检察委员会决定。（7）上一级检察院审查下级院报送的拟撤销案件或者拟不起诉案件，应当于收到案件7日内书面批复下级院；重大、复杂案件，应当于收到案件10日内书面批复下级院。情况紧急或者因其他特殊原因不能按时送达的，可以先电话通知下级院执行，随后送达书面批复。（8）上一级检察院批准撤销案件或者不起诉的，下级院应当作出撤销案件或者不起诉的决定，并制作《撤销案件决定书》或者《不起诉决定书》。上一级检察院不批准撤销案件或者不起诉的，下级院应当执行上一级检察院的决定。（9）拟撤销的案件或者拟不起诉的案件，犯罪嫌疑人在押的，不得因报上一级检察院审批而超期羁押。羁押期限届满，应当依法变更强制措施。

4. 案件管理机制及其运行方式。（1）实事求是地做好统计月报工作。地方各级检察院要按月向上级检察机关报送检察业务工作的统计资料，提出统计分析报告，强化统计咨询和监督功能。（2）完善重大典型案件专报制度。地方各级检察院在办理重大典型案件时，应将办理情况和结果及时向上级检察院报告。对于下列5类案件，省级人民检察院要向最高人民检察院报告办理进展情况或结果：有关案件备案和报告制度中规定的需要向最高人民检察院备案和报告的案件；最高人民检察院列为重点督办的案件；在全国或本地区有重大影响、新闻媒体关注的案件；检察院直接受理立案侦查的县处级以上干部犯罪案件中，作出撤销案件、不起诉决定的案件，以及人民法院判决无罪的案件；最高人民检察院要求报告的其他案件。（3）建立办案情况定期分析和上报制度，包括办案的一般情况、办案质量分析、发案特点和规律分析、办案机制和执法问题分析、对办案中倾向性问题的对策和建议。（4）完善办案信息审查和对下指导工作机制。（5）加强重大案件督办工作。省级检察院对最高人民检察院列为重点督办的案件，一般要每2个月专报一次办理进展情况或结果，重要案件的进展情况和结果要随时报告。（6）进一步加强案例编纂工作，积极推行办案流程管理，加强案件管理工作的信息网络建设，进一步完善办案工作考核办法，加强对案件管理工作的领导。

5. 侦查协作机制及其运行方式。侦查协作通常包含两种方式：（1）代为执行有关职能，如应其他检察院的请求，代为调查取证、代为传唤证人等；（2）协助其他检察院在本辖区执行有关职能，如协助采取强制措施，协助查询、冻结存款、汇款，协助搜查、扣押涉案款物等。实践证明，加强侦查协作，对于发挥检察机关整体作用，最大限度地节约司法资源，提高侦查效率具有重要意义。侦查协作原则上应当在共同的上级院指挥或领导下进行。

6. 侦查活动的监督配合机制和运行方式。反渎职侵权部门对重大复杂案件的犯罪嫌疑人移送审查逮捕前，可以报经检察长批准，通知侦查监督部门派员提前介入侦查；对于重大复杂案件，侦查终结前，可以报经检察长批准，通知公诉部门派员提前介入侦查。侦查监督、公诉部门介入侦查后，应当对案件证据进行审查，并就证据收集和法律适用等问题向反渎职侵权部门提出意见。侦查监督部门或者公诉部门发现本院反渎职侵权部门对应当立案的渎职侵权犯罪案件不报请立案侦查的，应当提出报请立案侦查的建议。监所检察部门对反渎职侵权部门在办案中违反法定羁押期限的情况，应当提出纠正意见。在被逮捕犯罪嫌疑人的羁押期限届满前 7 日，监所检察部门应当向反渎职侵权部门发出提示通知。监所检察部门发现超过法定羁押期限而没有变更、撤销逮捕措施的，应当立即向反渎职侵权部门提出纠正意见，并将有关情况及时报告分管副检察长和检察长。公诉部门在审查起诉中，发现犯罪嫌疑人、证人推翻原供述、证言或者其他证据发生重大变化，应当及时报告分管检察长，同时书面通知反渎职侵权部门，对于足以影响对案件主要事实的认定及定罪量刑的，应立即采取必要措施，防止案件发生变化。公诉部门应当将人民法院开庭审查人民检察院直接受理立案侦查案件的时间、地点于开庭以前通知反渎职侵权部门。反渎职侵权部门可以派员旁听法庭审理。公诉部门收到人民法院的裁判文书后，应当立即将裁判文书的副本或者复印件送交反渎职侵权部门。对于实施纵向侦查一体化的，在注意上述问题的同时，还要办理侦查、审判的指定管辖，从立案开始就要统一使用法律文书，避免出现多个院组成专案组查办案件在法律文书上形成"打乱仗"的情况。

7. 侦查保障机制及其运行方式。侦查保障是侦查工作一体化的重要内容，是一体化机制下的侦查资源的统一配置使用，是保证侦查工作一体化机制良好运行的基础。鉴于目前中央与地方财政"分灶吃饭"、地方各级检察机关的经费主要由地方各级财政负担的实际情况，检察机关应建立以下侦查保障制度：（1）办案经费补助制度，即上级院对下级院办理交办、指定管辖案件以及提供侦查协作、帮助追逃等所需经费，可以给予适当补助。（2）侦查装备共享机制，即根据侦查工作的需要，上级可以调用下级院的侦查装备，下级院也可以向上级院或者其他院申请借用侦查装备。（3）对交办、提办、指定管辖案件查封、扣押、冻结涉案款物的处理制度。（4）检察人员依法履行职务的保障机制。配备司法警察，保证公务用车等，为侦查工作一体化的实现提供人、财、物保障。

（三）正确把握侦查工作一体化的实现形式

1. 协同侦查。（1）对渎职侵权犯罪涉及多省、多地区的，在最高人民检察院或省级检察院反渎职侵权部门统一领导下，组织指挥案件所涉省或地区检察院协同侦查。（2）协同侦查的案件由负有组织指挥职责的检察院反渎职侵权部门以召开会议部署或下达命令的形式，启动协同侦查行动。各参与协同侦查的检察院反渎职侵权部门要组织专门办案组，按照上级检察院的统一部署和命令，依法开展侦查活动。作出部署、下达命令的上级检察院要全面掌握办案进展情况，适时指挥协调；参与协同侦查的检察院每3日报告一次侦查办案进展情况，取得重大进展、发现重要线索、出现重大情况必须当日报告。（3）对有影响、有震动或重大复杂案件，经检察长批准，组织专案组进行侦查。组织专案侦查的检察院反渎职侵权部门报经检察长批准，可以从本级侦查人才库、辖区内检察院抽调侦查骨干，或者调集若干下级检察院反渎职侵权部门的侦查力量，开展侦查工作。（4）对协同侦查中发现的新的案件线索，由组织协同侦查的检察院反渎职侵权部门提出审查意见，报经本院检察长批准后，按照有关规定办理。具体情况，可参见本书"渎职侵权犯罪案件侦查协作机制"一节的相关内容。

2. 交办。（1）上级检察院反渎职侵权部门对应当由本院管辖的案件或者案件线索，报经本院检察长批准后，可以交由下级检察院反渎职侵权部门查办；对重大、复杂或者下级检察院初查确有困难的案件线索，经本院检察长批准，本院反渎职侵权部门可以先进行初查，获取一定证据材料后，再交由下级检察院立案侦查。（2）上级检察院决定交办的案件或案件线索，由反渎职侵权侦查指挥中心下达《交办决定书》。必要时，上级人民检察院派员督促查办。（3）对交办的案件或者案件线索，接受交办任务的检察院应当直接组织办理，并及时报告进展情况，查处结果应当在3个月内报告。未及时报告的，上级检察院应当进行督促。必要时，可以依法参办、督办、提办或者指定异地办理。（4）上级检察院受理的属于下级检察院管辖的案件线索，以批办的形式下达。下级检察院应当在3个月内报告查处结果。

3. 指定管辖。（1）有下列情形之一的，上级检察院经本院检察长批准，可以指定其他检察院办理：上级检察院认为不宜由有管辖权的下级检察院查办的案件或者案件线索；有管辖权的检察院难以查办的案件或者案件线索；两个或者两个以上检察院对案件或案件线索的管辖产生争议，需要交由其他检察院办理的；上级人民检察院发现下级检察院正在查办的案件或者案件线索查办明显不力或者难以继续查办的。（2）上级检察院决定指定管辖的，应当向被指定的检察院下达指定管辖决定书，同时抄送原管辖检察院。上级检察院反渎职侵权侦查指挥中心负责指定管辖案件的协调工作。原管辖人民检察院应当及时将全部案件材料上报上级检察院反渎职侵权侦查指挥中心，由上级检察院反渎职侵权侦查指挥中心移交被指定承办的检察院。原管辖检察院在案件的办理过程中,应当做好协助配合工作。原管辖的检察院又发现与被指定管辖的案件相关的线索和有关材料,应及时移送被指定承办案件的检察院并报告上级检察院。(3)上级检察院反渎职侵权部门对指定管辖的案件或案件线索的查办,视情况指派专人进行督导。承办案件的检察院应当及时上报查处结果或者进展情况。(4)下级检察院在办理指定管辖案件中,不得越权办理其他非指定的案件或追缴与本案无关的非法所得,发现了新的案件线索,应当及时报告上级检察院,非经批准不得擅自处理。

4. 参办。(1)有下列情形之一的,上级检察院反渎职侵权部门可以派员参与下级检察院的办案工作:下级检察院反渎职侵权部门认为情况复杂、查办难度大,请求上级检察院参办的;上级检察院反渎职侵权部门认为需要参办的。(2)下级检察院请求上级检察院参办的,由下级检察院反渎职侵权部门提出书面报告。(3)上级检察院参办案件的人员,应当加强对办案工作的指导,帮助解决侦查工作中的难点问题。下级检察院决定重大问题前,应当听取上级检察院参办人员的意见。

5. 督办。(1)上级检察院反渎职侵权部门对下级检察院正在办理的案件或者案件线索,有下列情形之一的,可以进行督办:群众反映强烈,具有重大社会影响,公众和媒体普遍关注的;上级检察院交办、指定管辖的;下级检察院查办有干扰、有阻力,需要上级人民检察院督办的;其他需要督办的。(2)上级检察院反渎职侵权部门可以采取发函、派员等方式对案件或案件线索进行督办,对重大、典型案件可以采取挂牌督办。(3)下级检察院反渎职侵权部门对督办的案件或案件线索,应当每半个月向上级检察院报告一次进展情况,重大情况随时报告,3个月以内报告查处结果。必要时,上级检察院反渎职侵权部门可以依法参办、提办或者指定管辖。

6. 提办。(1)有下列情形之一的,上级检察院反渎职侵权部门经本院检察长批准,可以直接查办下级检察院管辖的案件或案件线索:下级检察院在办案中遇到复杂情况,查办确有困难的;下级检察院压案不查或者查处不力的;案件线索反映出可能涉嫌重大犯罪的;上级检察院认为不宜由下级人民检察院查办的;其他需要提办的。(2)上级检察院反渎职侵权部门需要提办案件或者案件线索的,报经检察长批准后向下级检察院下达《提办决定书》。(3)下级检察院请求上级检察院提办的,应当向上级检察院书面报告并附送相关材料。上级检察院反渎职侵权部门经审查认为需要提办的,报经检察长批准后下达《提办决定书》;认为不需要提办的,报经检察长批准后,书面回复下级检察院。(4)下级检察院收到《提办决定书》后,应当于5日内向上级检察院报送案件或者案件线索材料，并按照上级检察院的要求，协助做好相关工作。

第二节 渎职侵权犯罪案件侦查协作机制

一、侦查协作机制概述

渎职侵权犯罪案件侦查协作（协查）机制，是指检察机关在侦查涉及外地、外国渎职侵权犯罪案件时，有关地区、国家侦查机关予以配合的活动机制。有广义和狭义之分：狭义的侦查协作机制，是指检察机关及其内部侦查职能部门之间，在侦查渎职侵权犯罪案件适用侦查措施时，所进行的协调、配合和合作。而广义的侦查协作机制，是指检察机关及其内部职能部门之间，检察机关与其他国家机关（如行政执法机关）、单位（如商业银行）、个人（如证人）之间，以及内地检察机关与我国港澳台之间、我国检察机关与国外司法机关以及国际组织之间，在侦查渎职侵权犯罪案件适用侦查措施时，所进行的协调、配合和合作。因此，侦查协作机制具有以下特点：一是侦查协作的请求方必须是检察机关，而协作方既可以是侦查机关，也可以不是，甚至可以是个人或者我国港澳台、国外有关侦查司法机关。二是侦查协作发生于检察机关依法适用侦查措施的过程之中。三是侦查协作的目的，既包括通过适用询问、讯问、勘验、检查、查询、鉴定、通缉等专门调查工作查清犯罪事实，也包括通过适用拘传、取保候审、监视居住、拘留、逮捕等强制性措施查获、控制犯罪嫌疑人。根本一点就是围绕侦查目的的实现而展开。

渎职侵权犯罪案件的侦查协作机制主要包括：检察机关之间侦查协作机制、检察机关与其他执法执纪机关之间侦查协作机制，以及大陆检察机关与我国港澳台执法机关之间的侦查协作机制，我国检察机关与外国执法机关、国际组织之间侦查协作机制等。

二、检察机关之间的侦查协作机制及其运行方式

1. 检察机关须坚持并体现以下侦查协作原则：分工负责、互相配合、互相制约原则；依法配合、快速有效、保守秘密、各负其责原则；侦查协作义务原则，即依法提供侦查协作是协作方的一项任务和义不容辞的义务、责任；责任自负原则，即协作方依照侦查协作请求履行侦查协作事宜，其引起的法律后果由请求方承担，协作方实施超越侦查协作请求范围的行为所产生的法律后果，由协作方承担；侦查协作及时原则；有利大局原则；侦查协作该当原则，即协作方应当对请求方的侦查协作请求是否合法进行审查，以决定是否提供侦

查协作的原则；争议请示原则。

2. 把握检察机关之间侦查协作的内容。一是协助举报、受理渎职侵权犯罪案件线索；二是协助收集、调取证据材料；三是协助采取强制措施；四是协助采取侦查措施；五是进行司法协助等。

3. 把握检察机关之间侦查协作的具体运作方式。一是办理渎职侵权犯罪案件的检察院，遇有与侦查相关的事宜，确有必要请求有关检察院予以协助的，可以请求侦查协作。但应当具备以下条件：法律手续完备，包括《立案决定书》、请求侦查协作函件及法律规定采取强制性措施等必需的法律文书和手续；侦查协作事项具体明确，包括侦查协作目的、侦查协作要求、侦查协作对象、侦查协作内容等。二是需要进行侦查协作的案件，应由案件承办人书面提出侦查协作请求，层报主管检察长批准，并加盖院章。三是侦查协作一般由办理案件的检察院（即请求方）直接向负有侦查协作义务的检察院（即协作方）提出请求函件，并填写请求侦查协作表。涉及厅级以上领导干部、省级以上人大代表（政协委员）的侦查协作事项，应当通过省级以上检察院予以安排；涉及担任实职的县（处）级领导干部的侦查协作事项，应当通过分、州、市以上检察院进行安排。四是协作方收到侦查协作请求后，应当依据法律和有关规定进行程序审查，并分别作出以下处理：符合侦查协作条件，法律手续及有关材料完备的，应当予以侦查协作；法律手续及有关材料不完备的，应当告知请求方予以补充；对不符合侦查协作条件的，应当说明理由，不予侦查协作，并将有关材料退回请求方。五是请求方办理案件遇有紧急事项需要请求侦查协作，无法及时办理有关请求侦查协作手续的，可以商请协作方紧急侦查协作，但是有关请求侦查协作手续必须及时予以补办。六是请求方派员到异地协助公安机关执行拘留、逮捕的，原则上应由请求方检察机关与当地公安机关取得联系后，通过公安协作渠道办理。必要时，协作方检察机关也要予以配合。请求方到异地执行搜查、扣押、追缴涉案款物等，应当请当地检察机关协作，协作方应当予以配合。七是最高人民检察院、上级院交办侦查协作事项，下级院必须按要求执行。八是提供侦查协作一般应当在收到侦查协作请求后10日内完成。情况紧急的，应当及时完成并反馈结果；情况复杂的，可以适当予以延长。由于客观原因无法提供侦查协作的，应当在10日内通知请求协作方。九是请求侦查协作事项办理完毕后，协作方应当将情况和材料及时向请求方反馈。侦查协作事项属上级院交办的，协作方和请求方均应向各自的上级院报告。十是侦查协作中的争议，由有关各方协商解决。协商不成的，报各自上级人民检察院或者共同的上级人民检察院协调。经上级院协调确定的意见，有关人民检察院应当执行，不得拖延。十一是协作方依照侦查协作请求履行侦查协作事宜，其引起的法律后果由请求方承担；协作方实施超越协作请求范围的行为所产生的法律后果，由协作方承担。对不履行侦查协作职责或者阻碍侦查协作进行，给办案工作造成严重影响或者其他严重后果的，应当对有关单位予以通报批评，并责令改正；对直接负责的主管人员和其他直接责任人员，应当依照有关规定给予党纪政纪处分；玩忽职守、滥用职权、泄露秘密、通风报信，构成犯罪的，依法追究其刑事责任。

4. 把握检察机关之间侦查协作的方法。一是信函协作，异地取证，即请求方以向协作方以发送信函的形式，请求协助调查取证的一种侦查协作方法。二是委托协作，专项取证，即请求方就某项涉案线索委托协作方协助取证的一种侦查协作方法，它分为电话委托或书面委托等。三是派员协作，直接取证，即请求方就查办的重大案件涉案线索直接派员和协作方配合异地取证的侦查协作方法。四是统一指挥，异地联侦。五是秘密侦查协作，突破难点。六是发布通缉，重点布控。七是利用科技，网上侦查协作。八是协同指挥，提级侦查协作。九是并案侦查，扩大战果。十是建立联合侦查协作区，探索区域合作，即数省、市检察机关职务犯罪侦查部门（包括反渎职侵权犯罪）之间的侦查协作。

5. 把握不同检察机关的侦查职能部门之间的侦查协作关系。一是强化上级院对下级院渎职侵权犯罪侦查工作的领导，建立健全侦查指挥体系，逐步形成上下一体、信息畅通、指挥有力、协调高效的侦查工作运行机制。二是充分发挥最高人民检察院和省级院在侦查工作中的指挥协调作用。对于需要若干个检察院共同侦查或者需要统一部署侦查的重大案件，可以成立专案组，由最高人民检察院或者省院统一指挥。三是发挥全国检察机关在查办职务犯罪（包括渎职侵权犯罪）案件中的整体优势，提高办案效率。四是最高人民检察院和省级院应加强对渎职侵权犯罪侦查工作的指导，解决带有全局意义的倾向性问题；抓典型及时总结推广先进经验，实行分类指导；加强理论研究，探索新的侦查对策，提高解决疑难问题的能力；做好办案的组织指挥、协调、参办、督办工作；及时答复下级检察院的请示。五是坚持要案分级办理的制度。六是坚持查办要案的党内请示报告制度。七是进一步落实内部制约制度。八是加强案件督办工作，落实督办责任制。

6. 做好检察机关之间的侦查协作工作，还应注意以下问题：一要提高侦查协作意识，增强侦查协作自觉性。二要依照管辖，分级负责。三要认真履行审查手续。四要严格依法开展侦查协作工作。五要确保侦查协作工作取得良好的效果。六要正确把握和处理侦查协作所涉及的问题。七要正确处理好请求方与协作方的关系。八要正确把握检察机关对内侦查协作函、协作令的效力。九要正确认识侦查协作成果的法律效力。

三、检察机关与其他执法执纪机关之间的侦查协作机制及其运行方式

1. 检察机关与行政执法机关之间进行侦查协作时，一方面，行政执法机关在查处违法行为过程中，发现违法事实涉及的金额、违法事实的情节、违法事实造成的后果等，涉嫌构成渎职侵权犯罪，依法需要追究刑事责任的，必须向有关检察机关移送。行政执法机关在查处违法行为过程中，必须妥善保存所收集的与违法行为有关的证据。另一方面，对于行政执法机关移送检察机关的涉嫌渎职侵权犯罪案件，人民检察院经审查，认为符合立案条件的，应当及时作出立案决定，并通知移送的行政执法机关；认为不符合立案条件的，可以作出不立案决定；对于需要给予有关责任人员行政处分、行政处罚或者没收违法所得的，可以提出检察意见，移送有关主管部门处理，并通知移送的行政执法机关。

2. 检察机关与其他侦查机关（包括公安机关、国家安全机关、军队保卫部门等）进行侦查协作时，应本着分工负责、互相配合、互相制约的原则进行，对于报案、控告、举报、自首，都应当接受。不属于自己管辖的，应当移送主管机关处理，并且通知报案人、控告人、举报人；不属于自己管辖而又必须采取紧急措施的，应当先采取紧急措施，然后移送主管机关。主罪属于谁管辖就由谁负责立案侦查，从罪管辖者配合。

3. 人民检察院办案中要求公安机关予以协助的，公安机关应当积极地予以配合，严格依照刑法、刑事诉讼法等法律的规定认真办理。公安机关已经立案侦查的案件，如果犯罪嫌疑人涉及人民检察院所办案件的，应当将有关情况通报相关单位。各级公安机关对需要采取技术侦查措施的案件，要依照法律规定，严格按照规定的审批程序进行审批，经过办理有关审批手续后方可使用技术侦查措施。对尚未依照刑事诉讼法的规定立案侦查的人员，不得采取任何技术侦查措施。各级检察机关对需要采取技术侦查措施的案件，要依照法律规定，严格按照规定的审批程序进行审批，经过办理有关审批手续后方可交由有权部门使用技术侦查措施。

4. 检察机关与纪检监察机关进行侦查协作时，应当遵循以下规则：一是党员涉嫌犯罪的，应当移送司法机关。二是党的纪检机关和检察机关应加强工作联系，及时交流信息，建立案件移送制度。三是纪检监察机关在办理纪检监察事项中，发现涉嫌犯罪的，应当移送司法机关依法处理。接受移送的单位或者机关应当将处理结果告知纪检监察机关。四是对于查处有阻力或涉及党纪、政纪、渎职侵权犯罪交叉的大案要案，经纪检监察机关和检察机关协商，可由

一个部门为主调查，另一个部门进行配合，必要时由联席例会决定由纪检监察机关和检察机关联合调查，对触犯刑律的，由检察机关依照法律程序办理。

四、检察机关与我国港澳台执法机关之间的侦查协作机制及其运行方式

1. 在处理我国内地与港澳台之间的区际法律冲突问题时，应当遵循维护国家主权统一原则、坚持平等对待原则、保障内地和港澳人民正常交往与合作原则、维护司法独立原则、平等互利原则、相互尊重历史和现实原则。而为解决内地与港澳台之间的刑事管辖权冲突，还应遵循"有利于打击犯罪、维护社会秩序原则"、"犯罪地管辖为主、居住地管辖为辅原则"和"先理优先原则"。

2. 通过国际刑警组织和区际刑事司法协助等途径进行合作。国际刑警组织在香港和台北均设有中心局；大陆专门设立了国际刑警组织中国国家中心局广东联络处，处理涉及港、澳的刑事案件。广东省人民检察院与香港廉政公署长期以来一直积极合作，在相互提供证据、传唤证人等方面保持着密切的合作关系。澳门警察机关和广东省公安机关定期举行粤澳两地治安会晤，在互通情报、遣返逃犯等方面建立了良好的互助关系。大陆与台湾之间也曾在移交案犯上进行过合作。

3. 开展并拓宽区际刑事司法协助范围。一是协助刑事案件管辖移交。二是协助调查取证，包括讯问罪犯、犯罪嫌疑人、被告人，询问当事人、证人、被害人、鉴定人及其他诉讼参与人（包括在请求地当地作证和到请求地出庭作证），进行鉴定、检查、勘验、搜查、查封，提供有关物证、书证及可供作证明的资料、文件，如银行、财务、公司或商务记录等。三是协助送达刑事诉讼文书。四是协助通知证人或鉴定人出庭作证。五是协助执行刑事判决，包括相互承认和执行刑事判决，如代为执行有期徒刑、缓刑期监督、假释期监督以及财产刑等。六是协助赃款赃物的追还和移交。七是协助遣返刑满释放者。

4. 正确把握检察机关区际刑事司法协助机制的运行方式。一是在警方、廉政公署、审判等各机关之间建立直接对口的协助制度。二是协助运作在业务层面上开展。就每一个需要协助的案件来说，协助前的联系协商和具体协助活动的开展，都是由最高人民检察院个案协作办公室主任和香港廉政公署执行处处长、澳门反贪公署个案协作首长负责协调，并由各自指定的一名代表办理具体事宜。三是按照被请求方的法律和惯例实施。四是调查活动以官方渠道公开进行。五是可以依法向知情人作出承诺。这一承诺是：知情人只要向调查当局讲清案件的真实情况，就应受到法律的保护，不得因此事而受到当局的刑事追究。即使是某些知情人在案件中有牵连或有某些罪错，也是法律认可的"劣

迹证人",只要说实话,就会受到法律的宽容和赦免。对知情人这种承诺是宽大的,但具有约束力,使知情人的法律地位得到协作机关的确认和保护。

5. 正确把握检察机关区际刑事司法协助机制方法。一是约请法。即大陆检察机关用电话、电报、信函等方式,约请居住在港澳台有关的当事人、证人入境,然后向他们调查取证的一种方法。二是导引法。即通过一定的渠道以一定的名义将港澳台当事人、证人导引入境,进行调查取证的方法。三是边控法。即对那些有意回避我们,或拒绝约请的重大职务犯罪案件的港澳台当事人、重要证人,经过一定的审批手续,通过公安、国家安全机关、边防检查站、海关等部门的协助、配合,在其可能入、出境的时间、口岸实行查控,发现其入境后,即选择适当时机、地点、场合,依法向其调查取证。

6. 正确把握检察机关区际刑事司法协助机制的具体步骤。第一步:委托。需有区际刑事司法协助委托书及其附件。协助委托书内容包括:委托协助机关、被委托协助机关的名称和住址;委托协助内容、委托协助方式;委托协助的法律依据;协助委托书所涉及的诉讼有关人员的基本情况,包括姓名、性别、年龄、职业、住所或居住地及法人名称和所在地等。而委托书附件指支持协助请求的法律文件,如拘留证、逮捕证、刑事起诉书、答辩书、出庭通知书、判决书、裁定书、调查取证函等。第二步:审查委托。被委托协助单位根据协助委托书及其支持协助请求的法律文件的附件,进行实质和形式的双重审查。第三步:接受委托。经实质和形式审查后,认为符合条件的,被委托协助机关作出接受委托的决定,并向对方发出接受委托协助的答复函,答复函将执行区际刑事司法协助的时间、地点和方式通知委托方。对不符合条件的协助委托书,被委托协助方应书面答复并通知委托方。第四步:执行委托。经审查对方协助委托书及支持的法律文件的实质、形式均符合双方法域达成的刑事司法协助协议的要求后,予以执行。

五、检察机关与外国执法机关、国际组织之间的侦查协作机制及其运行方式

我国检察机关与外国执法机关、国际组织之间进行侦查协作的方式,主要是国际刑事司法协助。既包括诉讼文书的委托送达,委托勘验、检查、鉴定、搜查和扣押,代为询问证人、鉴定人、传唤证人和鉴定人出庭等初级合作,也包括引渡、诉讼移管、承认与执行外国的刑事判决等高级合作。

检察机关开展国际刑事司法协助时,应注意以下事项:

1. 要严格遵循刑事司法协助程序。一方面,就请求司法协助而言,地方各级检察机关需要外国相应机构提供司法协助的,应当按照有关条约或者合作协议的规定提出司法协助请求书、调查提纲、所附文件及相应译文，经省级院审核后，报送最高人民检察院。最高人民检察院在收到地方各级人民检察院的请求书及相关材料后，应当依照有关条约进行审查，对符合有关条约规定、所附材料齐全的，应当连同上述材料一并转递接受委托国的相应中央机关，或者交由我国其他中央机关办理。对不符合条约规定或材料不齐全的，应当退回提出请求的人民检察院补充或者修正。另一方面，就提供司法协助而言，外国有关机关请求我国检察机关提供刑事司法协助的，应当按照有关条约或者合作协议的规定提供司法协助请求书及所附文件，并附有中文译本或国际条约规定的其他文字文本。最高人民检察院收到外国的刑事司法请求书后，应根据我国法律和有关司法协助条约的规定进行审查。对于符合有关条约、协议规定的，交有关省级检察机关办理，或者移交其他有关中央主管机关办理；对不符合条约或者协议规定的，不予执行，并通过接受请求的途径退回请求方。负责执行刑事司法协助的检察机关收到刑事司法协助请求书及所附材料后，应立即安排执行，执行完毕，应当按照条约或者协定规定的格式和语言，将执行结果及有关材料经省级检察机关审核后报送最高人民检察院。对于犯罪嫌疑人死亡或者具有应当拒绝协助、合作的情形而不能执行的，应将司法协助请求书及所附材料，连同不能执行的理由通过省级检察机关报送最高人民检察院。对于因请求书提供的地址不详或材料不齐全而难以执行的，应当通过省级检察机关报送最高人民检察院，要求请求方补充材料。

2. 检察机关进行司法协助，有我国参加或者缔结的国际条约规定的，适用该条约规定，但我国声明保留的条款除外。

3. 办理引渡案件时，要按照《中华人民共和国引渡法》、最高人民检察院《关于办理引渡案件若干问题的规定》等法律、规定执行。

4. 检察机关对外进行司法协助，应当根据我国有关法律规定的程序向外国提供司法协助和办理司法协助事务。

5. 最高人民检察院是检察机关办理司法协助事务的最高主管机关，依照国际条约规定是人民检察院司法协助的中方中央机关。地方各级人民检察院是执行司法协助的主管机关，依照职责分工办理司法协助事务。

6. 检察机关与有关国家相互提供司法协助，应当按照我国与有关国家缔结的司法协助条约规定的联系途径或者外交途径进行。有关司法协助条约规定最高人民检察院为司法协助的中方中央机关的，由最高人民检察院直接与有关国家对应的中央机关联系和转递司法协助文件及其他材料。有关司法协助条约规定其他机关为中方中央机关（如司法部、最高人民法院）的，地方各级检察机关通过最高人民检察院与中方中央机关联系和转递司法协助文件。对尚未与我国缔结司法协助条约的国家，相互之间需要提供司法协助的，应当根据互惠原则，通过外交途径办理，也可以按惯例进行。

7. 检察机关需要通过国际刑警组织缉捕人犯、查询资料的，由有关检察机关提出申请，层报最高人民检察院审查后与有关部门联系办理。我国边境地区检察机关与相邻国家的司法机关相互进行司法合作，在不违背有关条约、协议和我国法律的前提下，可以按惯例或者遵照有关规定进行，但应当报最高人民检察院备案。

第三节　渎职侵权犯罪案件侦查监督机制

渎职侵权犯罪案件侦查监督是指对人民检察院侦查的渎职侵权犯罪案件，在认定事实、适用法律上是否正确、合法和在立案侦查活动中有无违法行为所实行的监督。内容主要包括审查逮捕、审查起诉、刑事立案监督和侦查活动监督，形式主要包括外部监督和内部监督。

一、渎职侵权犯罪案件侦查工作的外部监督制约机制

对渎职侵权犯罪侦查活动外部监督制约机制的内容，主要体现在三个方面：一是党的领导监督机制；二是人大、政协监督机制；三是人民监督员监督机制。其他的如新闻媒体、社会公众的监督等在此不展开叙述。人民监督员制度自2014年10月起展开改革试点工作，相关内容尚待确定，此处亦不展开叙述。

（一）党的领导监督制约机制

1. 根据中共中央纪律检查委员会、最高人民法院、最高人民检察院、公安部《关于纪律检查机关与法院、检察院、公安机关在查处案件过程中互相提供有关案件材料的通知》的规定，（1）由县级以上纪律检查机关或党委（党组）立案检查的案件，在检查过程中发现需由检察院依法查处的违法犯罪案件，或在党纪处理之后还需追究刑事责任的，应与所在地的检察机关取得联系，把立案材料（正在检查的案件，提供主要证据；已处理的案件，提供处分决定、调查报告、主要证据和本人交代材料）移送检察院。（2）检察院在接到纪律检查机关或党委（党组）的案件材料和建议后，应及时进行审查。对应立案侦查的，应及时立案，并通知原送案单位；经过审查，不予立案的，应说明不立案的理由，并将材料退回原送案单位。（3）检察院查处的党员违法犯罪案件，在依法处理前，有关纪律检查机关或党委决定要作党纪处分，需要检察院提供有关材料的，检察院应积极配合。（4）检察院对违法犯罪党员的不起诉的决定书副本应送有关纪律检查机关或党委（党组）；需要作出党纪

处分的，有关纪律检查机关或党委可以到检察院摘抄或复制主要证据和本人交代等材料，检察院应予协助、支持。（5）纪律检查机关与检察院互相交接案件的有关材料时，必须正式办理手续。

2. 根据中共中央纪委、最高人民检察院、监察部《关于纪检监察机关和检察机关在反腐败斗争中加强协作的通知》的规定，（1）中央纪委、最高人民检察院、监察部建立联席例会制度，地方各级纪检监察机关和检察机关也应建立相应的联席例会制度，加强在反腐败斗争中的协作与配合。（2）检察机关在案件侦结后，要将案件的处理结论（起诉、不起诉、撤案情况）及时通报移送案件的纪检监察机关。（3）对于查处有阻力或涉及党纪、政纪、法纪交叉的大案要案，经纪检监察机关和检察机关协商，可由一个部门为主调查，另一个部门进行配合，必要时由联席例会决定由纪检监察机关和检察机关联合调查，对触犯刑律的，由检察机关依照法律程序办理。（4）遇到问题不能协调一致时，提交联席例会协商，协商仍不能一致的，分别报告上一级纪检监察机关和检察机关。

3. 根据《关于加强渎职侵权检察工作的决定》规定，（1）渎职侵权检察工作必须坚持党的领导，在思想上、行动上同党中央保持高度一致，紧紧围绕党和国家的工作大局开展渎职侵权检察工作。（2）各级检察院要积极支持纪委对有关案件的协调。（3）坚持查办要案的党内请示报告制度。要案初查，需要接触被查对象或者进行必要调查前，要向党委主要领导同志报告，立案要向党委请示。报告、请示的同时要向上一级检察院备案。侦查终结时，案情发生重大变化的要向党委报告。其他重要案件，在查办的同时也要主动争取党委的领导和支持。

4. 从检察机关查办领导干部职务犯罪大要案的实践看，要依法规范检察机关与纪检监察机关在查办渎职侵权犯罪案件中的关系。（1）检察机关要主动接受纪检机关的组织协调。办案中需要纪检机关出面协调的，要主动商请纪检机关协调；案件涉及党员领导干部的，要向纪检监察机关通报或者移送有关材料，便于纪检监察机关立案处理。（2）要明确分工，健全案件移送制度。检察机关对涉嫌犯罪的线索，要依法进行初查并决定是否立案。纪检监察机关查办的案件，涉及构成职务犯罪的，要按照刑事先理的原则，及时移送检察机关立案侦查。（3）根据纪检监察机关要求，检察机关可以提前介入纪检监察机关正在审查的案件，但不搞"联合办案"，更不能在立案侦查前对涉案人员采取强制措施。

（二）各级人大及其常委会（包括政协）对渎职侵权犯罪案件侦查活动的监督制约机制

监督的主要方式包括：一是听取和审议检察机关的工作报告；二是执法检

查和代表视察；三是工作评议和执法评议；四是对重大违法案件实施监督；五是督促执法责任制和错案追究制的落实；六是质询、特定问题调查、罢免等监督手段；七是决定检察机关提交的重要事项等。

二、渎职侵权犯罪案件侦查工作的内部监督制约机制

检察机关对渎职侵权犯罪案件的受理、立案侦查、审查逮捕、审查起诉等工作由不同内设机构承办，实行分工负责、互相配合、互相制约；分管侦查工作的检察长不能同时分管侦查监督和公诉工作。

这种内部监督制约机制主要体现在反渎职侵权部门与检察机关内设其他业务部门的监督制约关系上。一是举报中心通过对渎职侵权案件举报线索的管理和审查来进行监督制约；二是侦查监督部门通过对反渎职侵权部门及其侦查人员在侦查活动中的违法行为的监督、对反渎职侵权部门指定居所监视居住的决定是否合法的监督等来进行监督制约；三是公诉部门通过对渎职侵权犯罪案件侦查活动的监督和审查起诉来体现监督制约关系；四是案件管理部门通过对渎职侵权案件的受理、办案流程的管理来进行监督制约。另外，监所检察部门、财务部门等也与反渎职侵权部门之间存在内部监督制约关系。

思考题

1. 如何在查办渎职侵权案件犯罪过程中运用侦查一体化机制？
2. 如何开展渎职侵权犯罪案件的侦查协作？
3. 渎职侵权犯罪案件侦查监督的意义。

第四章 渎职侵权犯罪案件侦查方法

第一节 滥用职权犯罪案件的侦查

一、滥用职权案件的特点

滥用职权罪，是指国家机关工作人员超越职权，违法决定、处理其无权决定、处理的事项，或者违反规定处理公务，致使公共财产、国家和人民利益遭受重大损失的行为。因此，根据刑法第397条第1款规定，国家机关工作人员滥用职权，致使公共财产、国家和人民利益遭受重大损失的，处3年以下有期徒刑或者拘役；情节特别严重的，处3年以上7年以下有期徒刑；该法另有规定的，依照规定。

作为一般渎职犯罪案件的一种常见形态，滥用职权案件具有以下特点：

1. 滥用职权的行为方式、手段多种多样。而实践中常见的有：一是不正确行使职权，违反规定处理公务，或者利用手中的权力随心所欲，滥施淫威，胡作非为，违法处理公务。二是超越职权，违法决定、处理其无权决定、处理的事项。三是使用其他方式违反规定或越权处理不应该或不能够由其决定、处理的事项，致使公共财产、国家和人民利益遭受重大损失。

2. 大要案时有发生，影响恶劣，危害后果严重，社会危害性大。一是妨害国家机关的正常职能活动，损害国家机关的形象和威信。二是使公共财产、国家和人民利益遭受重大损失。三是歪曲了人民授予权力的意志，甚至把人民赋予的权力作为个人徇私情、谋私利的工具，从而破坏社会主义民主政治。四是践踏社会主义法制，破坏法律的统一正确实施。

3. 犯罪故意与过失兼而有之。一方面，行为人对自己滥用职权的行为是故意而为之。如明知不应将职权运用于某一事件而故意适用，或者在适用某一职权时不正确运用。另一方面，行为人对其滥用职权造成的重大损失的后果往往出于过失或者间接故意的心理状态，即应当预见到或者已经预见到而轻信能够避免；或者明知滥用职权会造成公共财产、国家、人民利益重大损失，而放任这一危害结果的发生。

4. 多与其他犯罪交织。滥用职权犯罪常常与贪污、贿赂、诈骗、走私、徇私舞弊等犯罪案件交织在一起。

5. 犯罪行为既有一定的隐蔽性，也有一定的欺骗性，共同犯罪增多。因此，在侦查中，既要倾听群众意见，又要重证据、重事实、重调查研究。

二、滥用职权犯罪的立案条件

实践中，滥用职权类案件既可采取"由人找事"立案方式，也可采取"由事找人"立案方式。自 2013 年 1 月 9 日起施行的最高人民法院、最高人民检察院《关于办理渎职刑事案件适用法律若干问题的解释（一）》规定，反渎职侵权局经初查，认为国家机关工作人员滥用职权，具有下列情形之一的，应当认定为刑法第 397 条规定的"致使公共财产、国家和人民利益遭受重大损失"，应由侦查人员填写《立案请示报告》，经局负责人（局长）审核后，交检察长或检察委员会批准或决定，然后再制作《立案决定书》报上级检察院备案："（一）造成死亡 1 人以上，或者重伤 3 人以上，或者轻伤 9 人以上，或者重伤 2 人、轻伤 3 人以上，或者重伤 1 人、轻伤 6 人以上的；（二）造成经济损失 30 万元以上的；（三）造成恶劣社会影响的；（四）其他致使公共财产、国家和人民利益遭受重大损失的情形。"具有下列情形之一的，应当认定为刑法第 397 条规定的"情节特别严重"："（一）造成伤亡达到前款第 1 项规定人数 3 倍以上的；（二）造成经济损失 150 万元以上的；（三）造成前款规定的损失后果，不报、迟报、谎报或者授意、指使、强令他人不报、迟报、谎报事故情况，致使损失后果持续、扩大或者抢救工作延误的；（四）造成特别恶劣社会影响的；（五）其他特别严重的情节。"

根据最高人民检察院《关于渎职侵权犯罪案件立案标准的规定》（以下简称《立案标准》）附则规定，上述所称："以上"包括本数；"不满"，是指已达到该数额 80% 以上的；"国家机关工作人员"，是指在国家机关中从事公务的人员，包括在各级国家权力机关、行政机关、司法机关和军事机关中从事公务的人员。在依照法律、法规规定行使国家行政管理职权的组织中从事公务的人员，或者在受国家机关委托代表国家行使职权的组织中从事公务的人员，或者虽未列入国家机关人员编制但在国家机关中从事公务的人员，在代表国家机关行使职权时，视为国家机关工作人员。在乡（镇）以上中国共产党机关、人民政协机关中从事公务的人员，视为国家机关工作人员；"直接经济损失"，是指与行为有直接因果关系而造成的财产毁损、减少的实际价值；"间接经济损失"，是指由直接经济损失引起和牵连的其他损失，包括失去的在正常情况下可以获得的利益和为恢复正常的管理活动或者挽回所造成的损失所支付的各种开支、费用等。"直接经济损失和间接经济损失"，是指立案时确已造成的经济损失。移送审查起诉前，犯罪嫌疑人及其亲友自行挽回的经济损失，以及由司法机关或者犯罪嫌疑人所在单位及其上级主管部门挽回的经济损失，不予扣减，但可作为对犯罪嫌疑人从轻处理的情节考虑；"徇私舞弊"，是指国家机关工作人员为徇私情、私利，故意违背事实和法律，伪造材料，隐瞒情况，弄虚作假的行为。

三、滥用职权案件的侦查重点、难点及途径

在实践中，侦查工作要根据滥用职权案件的特点，围绕本罪的犯罪构成要件，以获取与本案有关的各种证据为目的，依法适用强制措施和侦查措施，因案制宜地选择恰当的侦查谋略、对策和方法，及时、准确、全面地开展侦查工作。

成功组织查办滥用职权类犯罪案件，必须要掌握渎职犯罪案件的侦查重点及途径：

1. 要依法查明犯罪嫌疑人的主体资格是否属于国家机关工作人员。一般只要调查行为人所在单位的性质、行为人的身份、所任职务或所从事的工作，即能明确。

2. 要依法调查或确定损失或危害后果。一是全面调查和确定损失或危害后果，不仅要调查和确定滥用职权行为所造成的人员伤亡、经济损失等物质性损失，而且要调查对社会政治稳定、民主法制建设和国家机关正常的职能活动所造成的非物质性危害。二是滥用职权的损失（主要是指经济损失）是指已造成且确已无法挽回的损失。三是经济损失分为直接经济损失和间接经济损失，由于二者的立案标准不同，故计算时要加以区分。

3. 要依法查明行为人滥用职权的事实。（1）查明行为人的职责权限及所违反的法律、政策及有关规定。然后，确定其是属于超越职权，还是属于不正当行使职权。而调查过程中，一要注意行为人的职务既包括书面文件任命的职务，也包括口头委托或指定的职务；既包括正式职务，也包括临时职务。二要注意许多职务的职责权限并无明确规定，因而凡有明确规定的依规定，没有明确规定的可根据该系统、单位约定俗成的惯例。三要注意从其行为有无违反法律、政策及有关规定的角度来界定有无滥用职权。而查明途径主要有：调查询问，调取、查阅有关书证等。（2）查明行为人的主观故意，是否属于"明知故犯"。（3）查明行为人滥用职权的行为表现。可通过查阅有关文件、会议记录，调查领导班子成员或有关知情人等方式查明。

4. 要依法查明行为人滥用职权行为与危害后果之间的因果关系。一是要把造成这一危害后果的各种因素，如人为因素、市场因素、自然因素等逐一排出。二是在排出的各种因素中，区分哪些是原因，哪些是条件，并把条件加以排除。三是在找出的原因中，看有无行为人滥用职权行为，如有，则还要进一

步查明其行为是主要原因还是次要原因。

5. 要依法查明行为人的犯罪动机。犯罪动机是出于亲情、友情，还是出于贪图贿赂或其他利益，或是出于局部或小团体利益。为此，侦查人员可根据犯罪行为与促使实施该行为的动力相对称的原则，分析犯罪嫌疑人滥用职权的原因。

四、滥用职权案件的侦查方法

1. 依法及时勘验、检查犯罪现场，并做好现场访问工作。实践中，对于责任事故案件中存在国家机关工作人员滥用职权、玩忽职守可能的，检察机关宜一并参与现场勘查，以便掌握事故基本情况，获取有关证据。为此，一要拍照录像，准确记录现场状况。二要仔细发现和收集能证明事故原因的证据。三要查明事故所造成的损失，包括伤亡情况、经济损失情况及其他危害情况。四要做好现场调查访问，重点问明事故的起因、经过，并做好调查访问笔录等。

2. 依法详细询问举报人、证人。一般而言，举报人是案件的知情人亦即证人，即使不是直接知情，也是间接知情者。同时，他对犯罪嫌疑人不会包庇、同情。因此，根据举报材料，应先询问举报人，从中进一步了解案件的有关情况。一要问清举报的犯罪嫌疑人是谁，是否是国家机关工作人员。二要问清被举报人所任职务、分管工作，具体从事何种业务，其职权范围、工作职责是什么。三要问清举报的事实、事情的经过、采取的手段等。四要问清犯罪嫌疑人的文化程度，工作年限，法律、政策水平，业务知识，工作能力等。五要问清举报人与被举报人的关系：有无利害关系，了解所举报事实的可靠程度，是否有借机报复、伪造事实等问题。六要问清犯罪嫌疑人滥用职权的手段，是不正确行使职权，还是超越职权。七要问清所造成的后果，是否符合《立案标准》规定。而询问可采取以下方法：一是对于与犯罪嫌疑人关系密切并同情犯罪嫌疑人的，要注意选择询问时机，尽量与讯问犯罪嫌疑人同时或犯罪嫌疑人被采取强制措施后询问，且要对数名有关联的证人同步询问，以加大思想压力，促使其形成唯恐迟作证而陷入被动的心理。二是对于怕得罪犯罪嫌疑人、怕遭到打击报复的证人，要注意选择证人容易接受的时间、地点、方式进行询问，并为其严格保密，提供必要的安全保护措施。三是对于参与过集体决策或与案件有某些瓜葛，怕"引火烧身"的证人，要讲清政策，晓以利害，指明出路，必要时也可通知其到检察机关作证，以促使其如实作证。四是对于因犯罪嫌疑人的行为得到了利益的证人，则要进行突击审讯，并运用引而不发、以虚对实、制造错觉等谋略，迫使其交代犯罪嫌疑人的滥用职权犯罪事实及他与犯罪嫌疑人之间的交易。与此同时，要依法做好询问笔录。

3. 依法讯问犯罪嫌疑人。讯问的主要内容有：一要讯问有无滥用职权犯罪的行为。二要讯问滥用职权的动机、目的,如不正确行使职权是为何目的,是否为了徇私情、私利,贪财,是否为图报复他人等;超越职权违法决定、处理其无权决定、处理的事项,其动机、目的何在等。三要讯问滥用职权行为实施过程中所采取的手段。四要讯问实施犯罪行为的时间、地点、场合等。五要讯问实施犯罪行为中所涉及的人员和这些人员在犯罪嫌疑人实施犯罪的过程中所处的地位和行为、心理状态。六要讯问滥用职权所涉及的事和物。七要讯问滥用职权的具体过程和情节;致使公共财产、国家和人民利益遭受重大损失的具体数额、数据等。八要讯问滥用职权,不正确行使职权或超越职权违法及决定、处理公务所涉及的有关的其他人、事、物的有关情况。与此同时,要依法做好讯问笔录。

4. 依法进行科学鉴定。实践中,常用的鉴定有法医鉴定、物品价值鉴定、会计鉴定、物证痕迹鉴定、文件笔迹鉴定、技术质量鉴定等。

5. 依法全面收集、固定书证。一要收集、固定证明犯罪嫌疑人职务、职责范围的书证,如有关职务的任命文件、有关职责范围的规定或职责分工的文件、会议记录等。二要收集、固定犯罪嫌疑人所违反的法律、政策及有关规定的具体内容或条文。三要收集、固定证明犯罪嫌疑人滥用职权行为的书证,如领导班子的会议记录,班子成员记录会议情况的笔记本。四要收集、固定证明犯罪嫌疑人对有关情况"明知"的书证,如犯罪嫌疑人在有关文件上的阅读签名等。五要收集、固定证明犯罪嫌疑人犯罪动机的书证,如给予或收受礼品、贿赂的有关记载等。

五、侦查滥用职权案件应注意的问题

1. 要注意收集、固定本罪罪与非罪、此罪与彼罪界限的本证和反证。一要注意罪与非罪的界限,区别的关键在于,应从立案标准上把好关,严格掌握本罪犯罪构成要件。二要注意区分本罪与一般滥用职权行为的界限,区分的关键在于结果,即是否致使公共财产、国家和人民利益遭受重大损失。三要注意区分本罪与工作失误的界限,区分的关键在于,行为人在主观上是否有罪过。四要注意区分本罪与工作技术事故的界限,区别的关键在于,工作技术事故行为人主观上对损失结果的发生没有间接故意,客观上没有滥用职权而导致的重大损害及因果关系。五要注意区分本罪与玩忽职守罪、重大责任事故罪、铁路运营安全事故罪、重大飞行事故罪、重大劳动安全事故罪、工程重大安全事故罪、教育设施重大安全事故罪、消防责任事故罪、受贿罪的界限,区别的关键在于,犯罪主体、主观罪过的形式、客观行为表现等不尽相同。

2. 依法科学选择侦查突破口。一从搜索调取书面材料入手;二从询问证

人、被害人入手；三从现场勘查入手；四从讯问犯罪嫌疑人入手。

3. 依法调查核实案情。一是通过对所有知情人员进行调查取证，特别注意行为人滥用职权的具体行为、方式、手段，是不正确行使职权，还是超越职权违反规定处理公务，或者利用手中职权违法处理公务。二是通过调查核实行为人滥用职权所造成的严重后果，包括有无人员伤亡、伤亡人数；所造成的直接经济损失、间接经济损失；公司、企业等单位停产、严重亏损、破产；严重损害国家声誉或者造成恶劣的社会影响等。三是利用查询、冻结、扣押、勘验、检查、鉴定、侦查实验等侦查措施及其方法，收集、固定有关案情的物证、书证、视听资料等，包括与案件有关的会议记录、文件资料、处理决定、批示、报告、会计报表、注账凭证、报销单据、录音、录像、照片等。而后，通过证据证实其犯罪经过、手段、后果。

4. 因案制宜，确定切实可行的立案方式。即以人立案或以事立案，哪种方式先具备立案条件，就应以哪种方式立案，以便及时启动侦查程序，运用侦查措施。

5. 因案制宜，确定切实可行的侦查方法。与立案方式相适应，本案侦查方法有二：一是顺查法。适用于以人立案，其具体方法和顺序为：查明行为人的职责权限及超越职权的事实或所违反的法律、政策、有关规定的具体内容——→查明行为人滥用职权的具体行为表现——→查明案件的危害后果及滥用职权行为与危害后果间的因果关系——→查明行为人应负的责任。二是倒查法。适用于以事立案，其具体方法和顺序为：查明重大损失或犯罪后果——→查清事故或案件发生的原因——→从事故或案件的原因中找出行为人的行为——→根据行为确定犯罪嫌疑人。

6. 针对司法人员滥用职权案件的侦查，还应遵循最高人民检察院《检察机关发现和初查司法工作人员职务犯罪案件线索的若干意见》（2007 年 3 月 12 日）的有关规定。

第二节　玩忽职守犯罪案件的侦查

一、玩忽职守案件的特点

玩忽职守罪，是指国家机关工作人员严重不负责任，不履行或者不认真履行职责，致使公共财产、国家和人民利益遭受重大损失的行为。作为一般渎职犯罪案件，玩忽职守案件具有以下特点：

1. 案件发生的领域广泛，即凡国家机关职能所及的范围都有可能发生。

2. 案件多因危害后果的发生而案发。它首先呈现在侦查人员面前的是危害后果。至于犯罪嫌疑人是谁，有的案件明确，有的案件则一时不明确。因此，玩忽职守案件一般可以以事立案，即只要认为该危害后果是国家机关工作人员的玩忽职守行为所造成，即可立案侦查。与此相适应，侦查的程式一般是由事查人。

3. 由于玩忽职守罪的行为人不仅要求具有玩忽职守行为，而且要求其行为致使公共财产、国家和人民利益遭受重大损失。因此，一般情况下，玩忽职守罪的犯罪嫌疑人比较明显。

4. 客观行为表现方式、手段多种多样。而常见的作案手段包括：一是在工作过程中严重不负责任，即根据职责要求，应该做而不做；二是在工作中放弃职守，致使不应发生的后果发生了；三是在工作中擅离职守，导致问题出现；四是在工作过程中不认真履行职责，不认真负责，马马虎虎，使不该造成的损失出现；五是在履行职责过程中粗心大意；六是在履行职责过程中草率从事；七是在履行职责过程中敷衍塞责等。

5. 案件往往一果多因，责任比较分散。玩忽职守犯罪所造成的损失后果往往不是由一个人的行为所造成，而是由若干人在不同时间、不同环节上的行为所造成，这些行为与危害后果都有直接或间接的联系，每个人的行为都对危害后果负有各自的责任。

6. 危害结果严重。此类案件一是破坏了国家机关的正常活动，损害国家机关的形象和声誉。二是造成重大人身伤亡和财产损失的严重后果。有的一案就造成数十乃至上百人伤亡，有的造成经济损失数百万、数千万甚至上亿元。三是助长其他违法犯罪活动，成为犯罪的"助动器"或"庇护伞"。

7. 侦查工作干扰多、阻力大。一方面，由于给公共财产、国家和人民利益造成重大损失，因而人民群众特别是有人员伤亡的受害人及其亲属强烈要求依法惩处。另一方面，一些人往往以种种理由为犯罪分子开脱，如"个人未落腰包"、"动机是好的"、"是体制转轨中所交的学费"、"是失误而不是犯罪"、"一贯表现好，要看主流，不能因小错而斩大将"等。有些发案单位对侦查工作不仅不予配合，而且刁难阻挠。这些都给侦查工作造成诸多困难。

二、玩忽职守案件的立案条件

实践中，此类案件既可采取"由人找事"立案方式，也可采取"由事找人"立案方式，而实践中多采用后者。自 2013 年 1 月 9 日起施行的最高人民法院、最高人民检察院《关于办理渎职刑事案件适用法律若干问题的解释（一）》将滥用职权案件和玩忽职守案件的立案标准作了统一规定。（详细立案条件可参见滥用职权案件的立案条件。)

三、玩忽职守案件的侦查重点、难点及途径

玩忽职守案件的侦查重点和难点与滥用职权案件大致相同而又稍有区别，主要包括以下几个方面：

1. 要依法查明行为人的主体资格。由于本案主体必须是国家机关工作人员，因而在接受案件线索时，就要注意审查行为人是否符合玩忽职守罪的主体条件。

2. 要依法查明危害后果。既要查明人身伤亡、财产损失、在押人员脱逃、重大疫情发生与流行、珍贵文物损毁或者流失等物质性的损失，又要查明给国家机关的声誉、形象、威望以及政治影响等方面造成的非物质性损害；既要查明直接经济损失，又要查明间接经济损失。

3. 要依法查明玩忽职守行为。既要查明职责，也要查明对职责"玩忽"的行为。一是查明行为人的职责。既包括法律、法规或所在单位有关规章制度中明文规定的某一职务或岗位的职责，也包括无明文规定但根据约定俗成的惯例公认的某一职务或岗位的职责，还包括单位领导在布置行为人去完成某项具体工作时所明确的职责。二是查明行为人对职责"玩忽"的行为，包括：不履行职责，即对于自己应当履行也有条件履行的职责，不尽自己应尽的职责义务；不认真履行职责，即敷衍地履行了自己的职责。

4. 要依法查明玩忽职守行为与危害结果间的因果关系。一般可采取由果溯因的办法，其步骤为：查明导致危害后果发生的所有因素，从中找出人的因素，排除不可抗力和不可预测的因素——查明人的因素哪些是危害结果发生的原因，哪些仅是危害结果发生的条件，并进而找出与危害后果有因果关系的人的行为——查明人的行为中有无国家机关工作人员的行为——查明国家机关工作人员的行为的性质，即是玩忽职守还是滥用职权或者其他性质。而为了保证所查明的因果关系的准确性，有时可用由因及果的方法进行检验。

5. 要依法确定和划分行为人的责任。既要分清刑事责任与非刑事责任，也要分清在同样负刑事责任的情况下，各行为人所负责任的轻重和大小。具体说来，一要区分直接责任人员和间接责任人员。二要区分领导人员和具体实施人员的责任。三要区分集体研究和个人决定的界限。

6. 要依法查明行为人的犯罪动机。一方面，要增强侦查意识，注意分析行为人玩忽职守究竟是出于一般的不负责任还是另有所图。另一方面，要深挖细查。

四、玩忽职守案件的侦查方法

（一）玩忽职守案件的具体侦查方法

在侦查工作中，要根据玩忽职守案件的上述特点，立足职权发现和侦查法，围绕本罪的构成要件，以获取与本案有关的各种证据为目的，依法适用强制措施和侦查措施，因案制宜地选择恰当的侦查谋略、对策和方法，及时、准确、全面地开展侦查工作。具体来说：

1. 依法调查访问。即通过遭受损失的人或者单位负责人及有关人员、证人等，一是了解遭受经济损失的情况（直接和间接经济损失的数额）；二是致使财产损失的折价；三是致使人员伤残情况（包括重伤人数、伤残等级、对人员伤残赔偿数额等）；四是致使人员死亡情况（包括死亡人数、造成的直接和间接经济损失等）；五是造成有关公司、企业等单位停产、严重亏损、破产倒闭的情况；六是徇私舞弊造成其他方面遭受重大损失的详细情况；七是以上损失必须是犯罪嫌疑人之犯罪行为所导致的直接或者间接的经济损失；八是造成上述诸方面损失的时间、地点、事实、原因、后果应详细、明确，准确无误；九是造成上述重大损失，犯罪嫌疑人应承担的责任，包括直接责任和间接责任；十是当上述损失产生时，犯罪嫌疑人所处的地位、行为表现、心理状态、对问题的态度等。与此同时，要依法做好询问笔录。

2. 依法及时进行犯罪现场勘验、检查。

3. 依法查明责任人的特定职责范围，确认是否存在失职行为。一可根据国家法律法规、行政法规、地方法规关于国家工作人员的职责范围和行使职权的原则、程序、方法所作的有关规定，确认其特定职责的范围。二可根据本行业、本系统、本单位制定的有关法规的实施细则、岗位责任制及其他有关规章制度中关于不同岗位上的国家工作人员职责范围、工作制度的规定，确定其特定职责范围。三可根据本单位领导人在部署某项工作任务时，对行使职权的国家工作人员所确定的具体职权任务、工作方法所作的具体指示、部署，确定其职责范围。

4. 依法全面收集书证、物证。一方面，对造成重大人身伤亡和物质损坏的失职犯罪案件，要及时勘查现场，提取有关痕迹和物证，通过鉴定、分析，确定事故发生的原因及性质。勘查现场时要查清事故发生的原因和经过，人身伤亡和物质损失，各行为人在现场的活动及表现情况，并进一步确定有关人员的直接责任和间接责任。另一方面，要依法收集、固定与失职犯罪有关的书证，包括：一是证明犯罪嫌疑人职务、职责的文件；二是反映犯罪嫌疑人执行职务情况的各种书面材料，如工作岗位上的交接班记录、检测记录；三是能够反映业务往来情况的书信、电报、记录、合同等；四是证明犯罪动机的书证。

5. 要依法讯问犯罪嫌疑人，查明失职犯罪的经过；依法询问证人，获取证人证言。

6. 依法进行科学鉴定，确认失职造成的危害后果。一是造成人身伤亡的，要进行法医鉴定，确定伤亡人数及原因。二是造成经济损失的，要查明物质损失的数量及价值、损坏程度。三是造成传染病、疾病传播、流行的，要查明传染病流行的程度，造成人员伤亡、病变的范围、数量以及给人民的生产、生活造成的影响等。

（二）获取玩忽职守案件证据的方法

在侦查工作中，要侧重在以下几个方面获取证据：（1）要依法全面收集书证。而收集、固定书证的主要方法有：一是向发案单位或主管部门、有关知情人、犯罪嫌疑人调取；二是通过搜查扣押；三是通过邮检扣押。（2）可依法通过询问、讯问、勘验、检查、鉴定、调取、扣押、辨认、侦查实验等侦查措施及其方法收集、固定各种证据。

（三）获取玩忽职守案件证据的内容

1. 玩忽职守罪的主体证据，即证明行为人具有玩忽职守罪主体资格的证据，包括行为人自然情况证据和国家机关工作人员身份证据两部分组成。

2. 玩忽职守罪的行为证据，即借以证明行为人具有对工作严重不负责任，不履行或者不认真履行职责行为的证据，包括以下三部分：

（1）职责义务证据，即证明行为人负有并应当正确履行的职责、义务的证据。

（2）不履行职责证据，即证明行为人在应当正确履行其职责义务时违反职责规定不予履行职责义务的证据。

（3）不认真履行职责证据，即证明行为人在履行职责时具有敷衍、草率等不恪尽职责行为的事实证据。

3. 玩忽职守罪的结果证据，即证明由于行为人玩忽职守而导致公共财产、国家和人民利益遭受重大损失结果发生的证据，主要有以下四种：

（1）人员伤亡结果证据，即证明由于行为人玩忽职守而导致发生重大人员伤亡结果的证据。

（2）直接经济损失证据，即证明与行为人玩忽职守行为有直接因果关系而造成的财产损毁、减少的实际价值的证据。

（3）间接经济损失证据，即证明由直接经济损失引起和牵连的其他损失后果的证据。

（4）恶劣社会影响证据，即证明由于行为人玩忽职守对国家声誉造成严重损害或者造成恶劣社会影响的证据。

4. 玩忽职守罪的主观证据，即借以证明行为人对其玩忽职守行为所导致的损害结果，在主观上具有疏忽大意、过于自信或放任发生心理态度的事实证据，包括以下两种：

（1）疏忽大意的过失证据，即证明行为人在主观上具有疏忽大意的心理态度的事实证据，主要包括：一是应当预见的义务证据，即证明行为人对其玩忽职守行为的结果具有应当预见义务的证据；二是能够预见的条件证据，即证明行为人在责任能力上和结果发生的客观现象上，具有预见的能力和条件的事实证据；三是疏忽大意的心理证据，即证明行为人对其行为可能产生的危害结果，持疏忽大意心理态度的事实证据。

（2）过于自信的过失证据，即证明行为人在主观上具有过于自信的心理态度的事实证据，主要包括：一是应当预见的义务证据，即证明行为人对其玩忽职守行为的结果具有应当预见义务的证据；二是已经预见的事实证据，即证明行为人对其玩忽职守行为的结果已经预见的事实证据，如对结果可能发生的认识证据、获知证据等；三是过于自信的心理证据，即证明行为人对其行为可能产生的危害结果，持轻信能够避免心理态度的事实证据。

5. 玩忽职守罪的情节证据，即证明行为人具有某些影响定罪、量刑的法定情节、酌定情节事实证据，主要包括：

（1）重特大损失情节的证据，即证明行为人玩忽职守行为的后果具有重大、特大损失情节的证据，主要有人员伤亡数量证据和经济损失数额证据。

（2）徇私舞弊情节的证据，即证明行为人在其玩忽职守行为过程中具有徇私舞弊情节的事实证据。如证明行为人具有徇私动机和客观现象的各类证据等。

五、侦查玩忽职守案件应注意的问题

1. 要注意收集、固定本罪罪与非罪、此罪与彼罪界限的本证和反证。一要注意区分本罪与一般玩忽职守行为的界限，区别的关键在于后果，即玩忽职守罪的行为人不仅具备有玩忽职守行为，而且玩忽职守行为致使公共财产、国家和人民利益遭受重大损失；而一般玩忽职守行为，行为人只具有玩忽职守行为，其玩忽职守行为并没有致使公共财产、国家和人民利益遭受重大损失，或者虽然致使公共财产、国家和人民利益遭受损失但并未达到重大程度。二要注意区分本罪与工作失误的界限，区别的关键在于，本罪行为人不仅在客观上具有玩忽职守行为，而且在主观上具有过失，即存在疏忽大意的过失和过于自信的过失，在有的情况下还存在放任的间接故意，而工作失误的行为人在客观上

可能存在履行职责不正确的行为，但行为人履行职责不正确不是因为玩忽职守，而是履行了或者是认真履行了职责，但由于政策规定不明确，或者行为人业务水平不高、工作能力有限等原因，以致决策失误，行为偏差，致使公共财产、国家和人民利益遭受重大损失。

2. 要依法查明造成重大损失的原因。一类是人为的原因，即行为人在执行公务过程中不负责任而造成损失。另一类是环境、技术上的原因。

3. 要依法查明犯罪嫌疑人的职责范围。一要查明犯罪嫌疑人的法定职责范围。二要查明犯罪嫌疑人的实际职责。三要注意了解其任职时间、实际业务水平和工作能力，注意收集有关职责范围的证明文件。四要围绕行为与职责的关系认真收集证据。

4. 要依法查明犯罪嫌疑人的主观罪过。如果玩忽职守行为人在实施某一行为时，主观上不存在过失，而是客观上因为各种原因不能预见，即使是行为人的行为造成了严重的危害后果，行为人也不构成玩忽职守罪。

5. 要依法查明犯罪嫌疑人造成重大损失的具体行为，包括：一是不履行职守，即对工作不负责任，不履行其所担负的职责所要求履行的职务行为，从而导致了重大危害后果。二是擅离职守，即在特定的时间内，未按照职务要求，离开特定的岗位，从而导致事故的发生，并造成了重大损失。三是未尽职守，即在履行职责时，发生了本来不应当发生的错误，从而造成了严重的危害后果。四是超越职守，即在实施职务行为中，实施了其无权实施的职务行为。

6. 要注意挽回损失。为国家和人民挽回损失是玩忽职守案件侦查的一个重要任务，也是检察机关义不容辞的责任。

7. 要依法科学选择侦查突破口。一从书面材料入手；二从询问知情人入手；三从讯问犯罪嫌疑人入手；四从现场勘查入手；五从询问被害人入手。

8. 要依法采取有效措施，缉捕犯罪嫌疑人及时侦查终结。

9. 可依法适时采取取保候审、监视居住、逮捕等强制措施，控制犯罪嫌疑人，获取口供。

10. 针对司法人员玩忽职守案件的侦查，还应遵循最高人民检察院《检察机关发现和初查司法工作人员职务犯罪案件线索的若干意见》（2007 年 3 月 12 日）的相关规定。

第三节　司法人员徇私枉法犯罪案件的侦查

司法人员徇私枉法类渎职犯罪主要规定在刑法第 399 条、第 401 条等条文，涉及罪名有多个，如徇私枉法罪，民事、行政枉法裁判罪，徇私舞弊减刑、假释、暂予监外执行罪。本节重点介绍徇私枉法罪侦查的有关问题。徇私枉法罪，是指司法工作人员徇私枉法、徇情枉法，对明知是无罪的人而使他受追诉、对明知是有罪的人而故意包庇不使他受追诉，或者在刑事审判活动中故意违背事实和法律作枉法裁判的行为。

一、司法人员徇私枉法案件的特点

作为特殊渎职犯罪案件，此类犯罪有以下特点：

1. 犯罪主体是司法工作人员，即负有侦查、检察、审判、监管职责的工作人员，犯罪嫌疑人熟悉法律和司法业务，反侦查能力强，容易以此对抗侦查。而犯罪主观方面为直接故意，目的是徇私。非司法工作人员与司法工作人员勾结，共同实施徇私枉法行为，构成犯罪的，应当以徇私枉法罪的共犯追究刑事责任。

2. 此类案件主要发生在刑事、民事、行政诉讼活动之中，往往与司法人员办理的案件有直接联系，即存在司法实践中通常所说的相关连的原案、前案。

3. 犯罪行为方式、手段多种多样。而常见的作案手段包括：一是利用手中的职权，违背法律规定，采取伪造、隐匿、毁灭证据或者其他隐瞒事实、违背法律的手段，对明知是无罪的人，进行立案、侦查、采取强制措施、起诉、审判，使其受到刑事追诉；或者对明知是有罪的人，故意包庇使其不受刑事追诉。二是利用职权，故意违背法律和事实，对案件当事人或者涉案财物，采取不正确的诉讼措施。三是协助罪犯翻供串供，教唆他人制造伪证；故意伪造、篡改或销毁证据；隐瞒证据，谎报案情。四是利用职权，故意曲解或滥用法律条文，不公正采信证据，故意违反诉讼程序，作出枉法判决、裁定。五是违反法律规定，对不符合减刑、假释、暂予监外执行条件的罪犯，采取捏造事实、伪造材料等手段，报请有权批准裁定案件的机关对该罪犯给予减刑、假释、暂予监外执行；或者违法裁定、决定给予罪犯减刑、假释、暂予监外执行。

4. 作案行为隐蔽，知情人少；作案手段狡诈，行为日趋多样化。因此，在犯罪过程中订立攻守同盟，对抗侦查。加之行为主体的特殊身份，行为人作案时又没有固定现场，不易被识破。

5. 犯罪嫌疑人和被害人相对明确。例如，被枉法裁判的受害人对自己被枉法裁判的原因、经过、司法人员所采用的手段等是清楚的。因此，在侦破此类案件时，要及时询问被害人和讯问犯罪嫌疑人。

6. 常与其他案件交织在一起。犯罪嫌疑人进行此种犯罪的原因和动机是多方面的，此种犯罪往往与贿赂等犯罪相互交织，案中有案。

7. 实践中发现有关"枉法"的请托，多有中间人，中间人通常和司法人员关系密切。

8. 侦查、干扰阻力大。犯罪嫌疑人是从事司法工作的司法人员，他们由于职务上的便利，有条件接触原案的被告人、被害人或其他知情人并进行串供、统一口径、制定反侦查措施等活动，给侦查工作设置障碍，干扰侦查活动的顺利进行。同时，其职业特点给办案人员造成了很大的思想压力和实际困难，例如，有些侦查人员可能会因为碍于同行、熟人的情面影响了侦查活动的进行；有的可能会害怕影响关系，怕得罪人，怕担风险而不敢开展工作等。

二、司法人员徇私枉法案件的立案条件

根据刑事诉讼法有关规定，司法人员徇私枉法案件的立案条件是认为有徇私枉法的犯罪事实，需要追究刑事责任。犯罪构成要件包括，行为人是司法机关执法人员，主观方面是故意，犯罪客体是国家司法机关刑事司法活动。案件客观方面表现可以参考《立案标准》的规定。

徇私枉法案件的立案标准如下：对明知是没有犯罪事实或者其他依法不应当追究刑事责任的人，采取伪造、隐匿、毁灭证据或者其他隐瞒事实、违反法律的手段，以追究刑事责任为目的立案、侦查、起诉、审判的；对明知是有犯罪事实需要追究刑事责任的人，采取伪造、隐匿、毁灭证据或者其他隐瞒事实、违反法律的手段，故意包庇使其不受立案、侦查、起诉、审判的；采取伪造、隐匿、毁灭证据或者其他隐瞒事实、违反法律的手段，故意使罪重的人受较轻的追诉，或者使罪轻的人受较重的追诉的；在立案后，采取伪造、隐匿、毁灭证据或者其他隐瞒事实、违反法律的手段，应当采取强制措施而不采取强制措施，或者虽然采取强制措施，但中断侦查或者超过法定期限不采取任何措施，实际放任不管，以及违法撤销、变更强制措施，致使犯罪嫌疑人、被告人实际脱离司法机关侦控的；在刑事审判活动中故意违背事实和法律，作出枉法判决、裁定，即有罪判无罪、无罪判有罪，或者重罪轻判、轻罪重判的；其他徇私枉法应予追究刑事责任的情形。

三、司法人员徇私枉法案件的侦查重点、难点及途径

实践中，此类案件是职务犯罪侦查中难度最大的案件之一，根据此类案件特点，其侦查的重点、难点及其途径为：

1. 发现案件线索。（1）通过检察工作宣传，特别是通过对检察机关职能和此类案件的宣传，使有关案件受害人以及广大群众发现有关案件线索后能及时向检察机关举报。（2）侦查部门可以通过有关司法人员贿赂犯罪线索，深挖渎职犯罪；也应当关注新闻报道，留心街谈巷议，从中发现有关线索。（3）此类案件侦查部门主动发现的较少，但检察机关侦查监督、公诉和审判监督、监所检察、民事行政检察、控告申诉检察等部门履行职责中，常常会发现徇私舞弊案件线索。检察机关内部各部门之间的协调配合，建立案件线索移送制度，可以扩大案件线索来源和质量。

2. 要依法复查原案，查明原案的处理是否符合事实和法律，程序是否合法。侦查此类案件要循序犯罪嫌疑人在查办原案、前案的各个环节中的突出表现来取证。

（1）调查犯罪嫌疑人在办理前案的立案环节有无违法办案情形。包括有案不立、有罪不查、瞒案不报、以罚代刑或者不应立案的借故立案、将民事纠纷当刑事案件受理立案等后果严重的行为。侦查时要深入原发案单位、前案移送单位细致调查访问。尽可能地找到原举报人、报案人、控告人等了解详情。同时要调取前案案卷及有关材料认真审查，发现疑点，获取证据。

（2）全面核实犯罪嫌疑人在前案的侦查环节或民事行政案件的审查环节有无徇私枉法、徇情枉法、贪赃枉法等舞弊行为。

（3）认真审查犯罪嫌疑人在前案的批捕、起诉、抗诉、上诉等环节有无徇私舞弊行为。

（4）细致查明犯罪嫌疑人在前案的审判环节有无枉法裁判的行为。

3. 要依法查明行为人是否明知原案的性质。此类犯罪是故意犯罪，必须以行为人明知原案性质为前提。例如徇私枉法罪中，行为人对有罪的原案作无罪处理，有的可能由于工作不深入不细致，有的可能由于业务水平低，有的可能由于理解上的偏差，只有当行为人明知犯罪嫌疑人、被告人有罪而故意作无罪处理，或明知应重判却予轻判、明知应轻判却予重判时，才构成徇私枉法罪。对于"明知"的认定，不能仅凭行为人口供，而应根据案件的客观事实和行为特征作综合分析。只要根据案件事实和行为特征能够证明行为人知道或应当知道，即符合"明知"的要求。侦查的途径主要是：通过调阅原案的卷宗材料特别是内卷材料，询问原案当事人、证人，讯问行为人，调查原案性质是否明确，并结合考虑行为人一贯业务水平，即可以综合判断。

4. 要依法查明行为人的犯罪动机。徇私动机是构成此类犯罪的要件之一，否则只可能构成滥用职权或者玩忽职守罪。在调查中，要查明办案人与原案原告、被告是什么关系，他们之间包括亲属之间有何不正当来往。是出于亲情、友情，出于收受贿赂或其他利益，还是出于局部或小团体利益。

5. 要分清原案中有关人员的责任。司法机关对案件作出的决定，往往需要层层审批，有的还要经过集体讨论和论证，最后由领导批准。因此，要正确区分各人的责任。按照有关司法解释，以"集体研究"形式实施的渎职犯罪，应当依照刑法分则第九章的规定追究国家机关负有责任的人员的刑事责任。对于具体执行人员，应当在综合认定其行为性质、是否提出反对意见、危害结果大小等情节的基础上决定是否追究刑事责任和应当判处的刑罚。

具体而言，侦查的重点和途径如下：

1. 对明知是无罪的人而使他受追诉的案件，一是要及时询问受害人。通过受害人了解被枉法追诉的事实；了解被枉法追诉的情节；了解被枉法追诉的结果；了解被枉法追诉的原因，以及行为人伪造证据，捏造事实依据、违背法律枉法追诉的手段等。二是查证核实档案材料。通过查阅已形成的案卷档案材料，证实受害人的申诉、检举的事实依据的可靠程度；核实行为人伪造证据、捏造事实的具体情况；证实行为人徇私枉法的手段和具体情节。三是调查取证。通过知情人了解受害人的情况，即无罪受枉法追诉的本来面目；了解受害人被枉法追诉的具体过程；了解受害人被枉法追诉的原因及其后果（包括社会影响、群众反映等）；了解行为人枉法追诉受害人所采取的伪造证据等手段。四是讯问犯罪嫌疑人，了解行为人枉法追诉受害人的根源（是徇私情、私利，还是报复等）、手段（是伪造证据、捏造事实、歪曲事实真相等）、过程、后果（被枉法侦查、采取强制措施、起诉、审判、裁定）等。特别要讯问行为人是为徇私情，还是私利，具体事实如何；讯问行为人明知他人无罪而为徇私枉法追诉他人应负的法律责任和后果。

2. 对明知有罪的人而故意包庇不使他受追诉的案件，一是依法调查访问揭发检举人。通过揭发检举人了解揭发检举的事由；了解行为人与被包庇者的关系；了解行为人违法包庇明知有罪的人的手段（包括伪造证据、隐匿犯罪事实依据、隐瞒犯罪重要情节、隐瞒事实真相等）、情节、过程等；了解行为人徇私枉法的其他目的和情况。二是调查访问其他知情人，包括共同办案的其他司法人员、办案中所涉及的其他知情人员。调查了解行为人枉法包庇明知有罪的人使其不受追诉的目的、手段、情节、后果等。三是依法讯问行为人，了解并查清是否明知他人有罪而故意枉法包庇其不受追诉；明知他人有罪而包庇其不受法律追究的行为是为了徇私情，还是徇私利，具体情节如何；明知他人有罪而故意包庇使其不受追诉的行为是徇私枉法罪的犯罪行为；讯问了解其他与本案有关的情况。四是查证核实原案案卷材料，即通过已有现实材料与调查材料的对比、分析，从中找出证明行为人徇私枉法包庇有罪的人的证据，从而证明行为人的徇私枉法犯罪事实的存在。

3. 对司法工作人员在刑事审判活动中故意违背事实和法律作枉法裁判的

案件，要依法查清：司法工作人员徇私情、私利的证据；司法工作人员在审判活动中违背事实和法律作出枉法判决或裁定的证据；司法工作人员在刑事审判活动中违背事实和法律作枉法裁判在主观方面是故意而不是过失，故意作出与事实和法律相违背的裁判结果的证据。其关键在于：一要查清被枉法裁判的案件的客观的本来面目，即案件的事实、情节、后果等；二要查清枉法裁判的司法工作人员之所以要枉法裁判，其目的、手段等；三要查清司法工作人员故意错误适用法律的情况。

四、司法人员徇私枉法案件的侦查方法

1. 依法制订侦查计划，周密部署。检察机关在立案后要迅速指定专人熟悉案情，组织有力的侦查队伍，认真制订侦查计划，周密部署。根据此类案件的性质和特点，首先要明确侦查的重点，查清犯罪嫌疑人的详细情况，围绕重点去研究侦查方法和步骤。通常的侦查方法和步骤是：先内后外，先易后难，先近后远，远近结合，审调结合。同时要严格注意侦查纪律，在从初查开始到侦查终结前，对侦查目标、内容和方法，要严格保密，不准对外泄露，以保证侦查工作的顺利进行。

2. 科学选择侦查切入点。选择切入点，可以一从询问受害人入手；二从查证核实档案材料入手；三从调查知情人、检举人入手；四从讯问犯罪嫌疑人入手。常见的方法如从原案入手找切入点，即通过查阅已形成的案卷档案材料，证实受害人的申诉、检举的事实依据的可靠程度；通过查阅档案，核实行为人伪造证据、捏造事实的具体情况；通过查阅案卷档案证实行为人徇私枉法的手段和具体情节。抓住关键证据，选准突破口。复查原案时要调阅全部案件卷宗，讨论案件记录，有针对性地询问原案原告、被告、受害人和证人，重点审查下列情况：一是原案判决、裁定所认定的案件事实与案卷中的证据是否一致，有无遗漏或增添事实。二是涉及定案的主要证据，在全部诉讼过程中是否发生重大变化。三是讨论案件时，办案人员汇报的案情与卷内证据反映事实是否一致，有无缩小、夸大、增删等。四是原案原告、被告和证人所反映的事实、情节与认定是否一致。承办人所做的笔录是否真实，有无篡改、遗漏。五是减刑假释、暂予监外执行决定的做出，是否依据充分，程序得当。此外，还应当依法详细询问被害人、举报人、证人和有关知情者。只有对原案进行细致的复查，查明犯罪嫌疑人的作案手段，在侦查中才能有的放矢。

3. 依法进行科学鉴定。鉴定的目的是查明损失以及其他专门性问题。如果受害人在被枉法裁判过程中被非法拘禁、采取强制手段迫使其供述被歪曲的事实、被枉法裁判后因精神损伤等原因造成身体受损，应对其进行身体检查和

法医鉴定，并作出相应的检查笔录、法医鉴定意见。如有破坏、伪造、篡改物证、书证等行为，应当进行物证痕迹和文件笔迹鉴定。

4. 依法适时采取强制措施。针对犯罪嫌疑人的心理状态，果断适时地运用强制措施，是办好案件的一个重要手段。在进行初步侦查，获取了一定犯罪证据时，就要选择时机正面接触犯罪嫌疑人，依法讯问犯罪嫌疑人。同时也要做好采取强制措施的准备。适时地运用强制措施可以迫使犯罪嫌疑人放弃侥幸心理，感到法律的威慑力，防御犯罪嫌疑人的反侦查活动，促使其交代自己的问题。同时，对于原案的被告人，也要适时采取强制措施，保证侦查工作顺利进行。

5. 依法讯问犯罪嫌疑人。徇私枉法类犯罪嫌疑人多在隐蔽条件下进行，犯罪嫌疑人精通业务，熟悉法律，因而有较强的反侦查和对抗审讯的能力。但是，犯罪嫌疑人根据自己的行为、掌握的法律知识和经验，对定罪与量刑有一定的判断，在趋利避害的心理之下，其也可能会争取从轻机会。因此，在讯问时，侦查人员既要高度重视，充分准备，又要增强信心。讯问工作要注意以下几点：（1）事先掌握犯罪嫌疑人性格特点，工作经历，家庭情况，社会关系。（2）对其枉法行为要充分了解。比如原案的事实，应当适用的法律、法规、司法解释，以及实践中的惯例和掌握的标准。（3）讯问要在前期把书证和证人证言尽量收集齐全，基本具备在采取拘留强制措施的条件下进行。（4）讯问遇到对抗时，可以适时出示或者透露部分关键证据，打垮其心理防线。（5）在犯罪嫌疑人态度不好，而其他证据比较齐全的情况下，不必一一列举证据，也不一定用满法定讯问时间，果断采取拘留强制措施。由此可以使犯罪嫌疑人判断侦查人员获取证据的情况，并根据讯问人员态度、强制措施的采取，放弃侥幸心理，如实供述，配合侦查工作。

6. 综合运用好搜查、扣押、查询、冻结等侦查措施及其方法，收集与案件有关的各种证据。

五、侦查司法人员徇私枉法案件应注意的问题

1. 要注意收集、固定本罪罪与非罪、此罪与彼罪界限的本证和反证。一要注意区分犯罪与工作失误的界限，区分的关键在于，如果由于政策法律观念不强、工作不深入、不细致，调查研究不够，一般应认为属工作失误，不以犯罪论处。而对于个别工作失误情节严重，确因玩忽职守，滥用职权造成的错捕、错判案件，确实需要追究刑事责任的，如果符合滥用职权罪、玩忽职守罪的构成要件，可以滥用职权罪或玩忽职守罪定罪处罚。二要注意区分本罪与伪证罪，妨害作证罪，帮助毁灭、伪造证据罪，刑讯逼供罪，受贿罪的界限，区分的关键在于，犯罪构成要件、犯罪目的和动机、犯罪对象等不尽相同。

2. 依法选择恰当的侦查突破口，抓住战机，以快制胜。一是从徇私枉法犯罪嫌疑人的职务活动中发现破绽。二是查访知情人和当事者。三是善于发现案件的薄弱环节。例如，犯罪嫌疑人的心理弱点、违法受益者的矛盾心理、犯罪嫌疑人及原案或原违法受益者的心理状态等。侦查工作要做到"三快"：一是拟订侦查计划组织侦查班子快；二是采取强制措施快；三是侦查取证快。

3. 侦查部门加强协作，形成合力。对内要与民事行政检察部门、监所检察部门协调配合。对外与法院、公安机关侦查协作，使法院、公安、监狱管理机关愿意并主动提供线索、配合调查。

4. 要注意查处本罪背后的其他犯罪。在查出枉法行为有私利的情况下，如果同时构成受贿罪，根据刑法第399条第4款的规定，要依照处罚较重的规定定罪处罚。

5. 要加强请示报告，上下通力合作。一是主动向党委、人大、政府请示报告，统一思想，排除阻力，获取支持；二是上级检察机关要坚决支持下级机关依法办案，并派人协助；三是加强与发案单位联系，取得他们的支持和配合。立案前要主动向发案机关通气，取得他们的支持和配合。

6. 针对司法人员徇私枉法类案件的侦查，还应遵循最高人民检察院《检察机关发现和初查司法工作人员职务犯罪案件线索的若干意见》（2007年3月12日）的相关规定。

第四节　行政执法人员徇私舞弊犯罪案件的侦查

一、行政执法人员徇私舞弊犯罪案件的特点

根据1997年刑法及其修正案的规定，当前我国刑法中共有23种犯罪涉及"徇私舞弊"问题。其中5种犯罪本身不属于徇私舞弊类型犯罪，但刑法规定，具有徇私舞弊情节的，从重处罚，这5种犯罪分别是刑法第168条"国有公司、企业、事业单位人员失职罪"、"国有公司、企业、事业单位人员滥用职权罪"，第397条"滥用职权罪"、"玩忽职守罪"，以及第408条之一"食品监管渎职罪"。另有两种犯罪，即刑法第169条"徇私舞弊低价折股、出售国有资产罪"和第374条"接送不合格兵员罪"，虽然属于典型的徇私舞弊类型犯罪，但由于通常认为属于公安机关管辖，因此这里不做讨论。其余16种徇私舞弊型犯罪均规定在刑法第九章之中，分别是：刑法第399条"徇私枉法罪"、"民事、行政枉法裁判罪"，第399条之一"枉法仲裁罪"，第401条

"徇私舞弊减刑、假释、暂予监外执行罪"，第 402 条 "徇私舞弊不移交刑事案件罪"，第 404 条 "徇私舞弊不征、少征税款罪"，第 405 条 "徇私舞弊发售发票、抵扣税款、出口退税罪"、"违法提供出口退税凭证罪"，第 410 条 "非法批准征用、占用土地罪"、"非法低价出让国有土地使用权罪"，第 411 条 "放纵走私罪"，第 412 条 "商检徇私舞弊罪"，第 413 条 "动植物检疫徇私舞弊罪"，第 414 条 "放纵制售伪劣商品犯罪行为罪"，第 417 条 "帮助犯罪分子逃避处罚罪"，第 418 条 "招收公务员、学生徇私舞弊罪"。

16 种徇私舞弊型渎职犯罪中 "徇私枉法罪"、"民事、行政枉法裁判罪"、"枉法仲裁罪"、"徇私舞弊减刑、假释、暂予监外执行罪"、"帮助犯罪分子逃避处罚罪" 共 5 个罪名系司法人员徇私舞弊犯罪，剩余 11 个罪名为行政执法人员徇私舞弊犯罪。

作为渎职犯罪的重要组成部分，行政执法人员徇私舞弊犯罪案件除了具有一般渎职侵权犯罪案件的共性，还具有以下特点：

1. 犯罪主体为行政执法人员，且犯罪主体复杂多样。顾名思义，行政执法人员徇私舞弊犯罪的主体是国家机关人员中从事行政执法、管理工作的人员。16 个罪名几乎囊括了各个行政部门的工作人员，除涉及已列明的税务、海关、商检、检验检疫、人事、教育、国土等部门工作人员外，也当然涉及未列明但负有相关职责的国家机关工作人员。需要指出的是，这里的 "行政执法人员" 主要是为了与 "司法工作人员" 加以区分，除了从事行政执法工作的人员以外，还包括具有领导、管理等职责的各级政府及其职能部门的行政机关工作人员。当然，个别罪名的主体并不全然是国家机关工作人员，比如 "商检徇私舞弊罪"，其主体可以是国家商检部门工作人员，也可以是国家商检部门指定的 "检验机构" 工作人员，如 "中国进出口商品检验总公司及其分公司" 这一专门从事进出口商品检验的法人机构，其工作人员也可以构成此罪。

2. 犯罪主观方面必须出于故意。行政执法人员徇私舞弊犯罪在主观方面表现为故意，即行为人明知自己的徇私舞弊行为是违反有关法律规定的，明知自己的行为可能产生的后果，而对这种后果的发生持希望或者放任态度。过失不构成该类型犯罪。从刑法条文看，11 种犯罪的罪状中无一例外地使用了 "徇私舞弊" 字样的表述方式，6 个罪名中直接冠以 "徇私舞弊"，另有 5 个罪名用 "违法"、"非法"、"放纵" 等字样体现 "徇私舞弊" 这一犯罪故意。至于行为人的犯罪动机则可能是多种多样的，既可以是徇私情，也可以是徇私利，不论是徇私情，还是徇私利，均能够给行为人或其认可的人带来利益或使他人失去应得利益，否则就不能认定为徇私。

3. 徇私舞弊是犯罪的构成要件。如上所述，除了刑法第 397 条第 2 款以及根据刑法修正案修正的第 168 条第 3 款、第 408 条之一的第 2 款将"徇私舞弊"作为加重处罚的情节以外，其他条文均在基本罪状表述中出现"徇私舞弊"字样。由于基本罪状是对具体犯罪特征（犯罪构成要件）的表述，而不是对犯罪轻重情节的描述，因此将"徇私舞弊"视为犯罪构成要件逐渐成为司法实务界的共识。

4. 犯罪往往涉及某领域专业知识，隐蔽性较强。一方面，行政执法人员徇私舞弊犯罪一般发生在特定的行业和部门，行为人熟悉所从事的业务，甚至就是某方面的专家，其犯罪手段具有明显的行业性和专业性。相比而言，侦查人员作为"门外汉"，在查明事实过程中往往不得要领。另一方面，行政执法人员徇私舞弊犯罪通常是为牟利，行政执法人员与行政相对人相互勾结，各取所需，形成较为牢固的利益共同体。由于该类型犯罪大多在利益双方展开，外界知之甚少，犯罪难以被发现。

二、行政执法人员徇私舞弊犯罪案件的立案条件

根据我国刑事诉讼法的有关规定，行政执法人员徇私舞弊犯罪案件的立案条件是认为有徇私舞弊犯罪事实，需要追究刑事责任。具体立案条件主要应该依据 2006 年最高人民检察院出台的《立案标准》及其他相关司法解释判断。

三、行政执法人员徇私舞弊犯罪案件的侦查重点、难点及途径

可以说，行政执法人员徇私舞弊案件是渎职侵权侦查工作中最难查办的一类案件。其重点、难点及其途径为：

1. 发现案件线索。侦查徇私舞弊案件难，首先就难在案件线索的发现上。这主要是因为徇私舞弊案件大多不具有自动暴露机制。因此，必须认真疏通案件发现渠道，构筑案件发现机制。主要可从以下几个方面入手：

（1）加强反渎工作宣传，特别是通过对检察机关职能和典型徇私舞弊案件的宣传，使广大群众发现有关案件线索后能够及时向检察机关举报。

（2）加强检察机关内部各部门之间的协调配合，建立案件线索移送制度。侦查监督、公诉和审判监督、监所检察、民事行政检察、控告申诉检察等部门在履行监督职责中，如果发现徇私舞弊案件线索，应按规定及时移送给侦查部门。

（3）加强检察机关与公安、纪检监察、审计、工商、税务等行政执法部门及公安、法院等司法机关的联系配合。认真贯彻落实 2001 年国务院《行政执法机关移送涉嫌犯罪案件的规定》和全国整顿和规范市场经济秩序办公室、最高人民检察院、公安部、监察部于 2006 年 1 月联合制定下发的《关于在行

政执法中及时移送刑事案件的规定》，加强对行政执法机关移交刑事案件情况的监督。

（4）关注新闻舆论热点，紧盯重大责任事故，注意从事故事件中发现线索。

2. 查明案件事实。查明案件事实主要是查明原案的处理情况或原行政行为是否符合事实以及法律法规规定等，判定行为人有无实施舞弊行为。要通过调阅原案或原行政行为的卷宗材料、讨论记录，讯问原案当事人（主要指犯罪嫌疑人、被告人）、行政机关、行政相对人、证人等措施开展调查。以徇私舞弊不移交刑事案件罪为例，具体需查明以下问题：

（1）查明行为人是否明知原案或原行政行为的性质。徇私舞弊犯罪是故意犯罪，必须以行为人明知原案或原行政行为的性质为前提。所谓徇私舞弊不移交刑事案件，应该移交的对象就是涉嫌犯罪的刑事案件，而且是行政执法人员负有"应当移交义务"的刑事案件。

（2）查明行为人有无徇私的动机。如果行为人具有徇私舞弊行为而不具有徇私的动机，则只可能构成滥用职权罪或玩忽职守罪。无论是徇私利还是徇私情，关键要查明行为人与原案的当事人、原行政相对人的关系，借此判断出行为人执法犯法行为背后徇私的动机。

3. 准确区分涉案人员的责任。行政机关对行政行为所作的决定，一般要经单位领导批准，有的还要经集体讨论。对此，要正确区分涉案人员的责任。

国家机关负责人员违法决定，或者指使、授意、强令其他国家机关工作人员违法履行职务或者不履行职务，构成刑法分则第九章规定的渎职犯罪的，应当依法追究刑事责任。

（1）欺上瞒下型。承办人员在汇报时弄虚作假，骗取领导人员或参与集体讨论人员同意其舞弊意见的，承办人员负刑事责任，其他人员一般不负责任。

（2）指使授意型。领导人员为徇私舞弊，在听取汇报或主持讨论时，将自己的舞弊意见强加于承办人员或集体，并不让他人发表不同意见的，应追究领导人员的刑事责任。

（3）上下勾结型。领导人员与承办人员具有徇私舞弊的共同故意和相同的利益诉求，上下串通的，领导人员和承办人员要一起承担刑事责任。

（4）集体研究型。行政执法人员以"集体研究"形式实施的徇私舞弊犯罪，应当首先追究负有责任的领导人员的刑事责任。对于具体承办或执行人员，应当在综合认定其行为性质、是否提出反对意见、危害结果大小等情节的基础上决定是否追究刑事责任和应当判处的刑罚。

四、行政执法人员徇私舞弊犯罪案件的侦查方法

徇私舞弊案件线索一般来源于原案或原行政行为的被害人、利益受损人的举报及检察机关自行发现。侦查工作一般按照先外围后核心、先秘密后公开、先原案（或原行政行为）后现案的顺序进行。

1. 秘密进行外围调查，扩大线索。侦查徇私舞弊案件，较快的方法是在隐蔽意图的前提下，直接调阅原案或原行政行为的卷宗材料。但是，就多数案件来说，要隐蔽调卷意图是较困难的。因此，一般还是先从外围秘密调查入手，以便"丰满"原本单薄的线索。外围调查的途径和措施主要有：

（1）接触举报人、检举揭发人，问明线索的来源、依据及具体情况。

（2）从侧面了解原案或原行政行为是否由涉嫌人员办理。因为这一事实的存在，是行为人据以徇私舞弊的前提。

（3）走访原案或原行政行为的被害人或利益受损人。这些被害人、利益受损人或相类似情况的当事人，往往比较关注行为人与原案的犯罪嫌疑人（被告人）或行政相对人的言行，有些还掌握了他们不正当交往的一些证据。因此，通过走访原案被害人、利益受损人和相类似情况的当事人，往往能够获取有价值的证据。

（4）有选择地走访行为人、原案犯罪嫌疑人（被告人）、原行政相对人的邻居及知情者，向他们了解行为人与原案犯罪嫌疑人（被告人）、行政相对人之间的关系，如往来是否频繁密切，有无请客送礼等。

（5）物色合适人选，贴靠行为人、原案犯罪嫌疑人（被告人）、原行政相对人，获取原案或原行政行为的真实情况。

2. 从查原案或原行政行为入手，查明徇私舞弊行为。

（1）正确认定和处理原案或原行政行为。要通过调阅卷宗材料和讨论记录，对原案和原行政行为进行认真的审查。在此基础上，正确认定原案和原行政行为的事实和性质，纠正对原案的错误处理和原行政行为的错误。通过纠正对原案的处理和原行政行为的错误，激化原案犯罪嫌疑人（被告人）、行政相对人与行为人之间的矛盾，在不平衡心理的驱使下，如实交代行为人徇私舞弊的事实。

（2）做好对相关人员的询问工作。需要询问的人员包括原案或原行政行为的当事人、相对人、说情人、家属及其知情人等。询问时，要重点查明以下问题：第一，与犯罪嫌疑人关系发展的过程，包括原来是否认识，是通过谁认识的，关系发展、加深的原因；第二，权钱交易的具体经过及知情人；第三，犯罪嫌疑人帮助出谋划策的情况；第四，参与实施了哪些弄虚作假协助犯罪嫌

疑人舞弊的行为等。

询问原案或原行政行为的当事人、说情人及其家属等徇私舞弊案件的引起人时要注意以下几点：第一，要对原案或原行政行为的当事人、相对人、说情人及其家属与犯罪嫌疑人同时分别询（讯）问，以加大心理压力，增强互相猜疑心理。第二，对有行贿、介绍贿赂嫌疑且符合拘留条件的原案当事人、原行政行为相对人、说情人，要果断采取拘留措施。第三，善于运用政策攻心、巧使证据、利用矛盾、制造错觉等谋略和方法。原案或原行政行为的当事人、相对人、说情人在徇私舞弊案件中不仅实施了以情换权、以钱买权等行为，而且国家机关工作人员的徇私舞弊行为大多是在他们的配合下实施的，这些证据有不少已在此前的外围调查和复查原案工作中被侦查人员掌握，故只要谋略、方法得当，一般会取得较好的询问效果。

3. 讯问犯罪嫌疑人，获取口供。如前所述，徇私舞弊案件多在隐蔽条件下进行，犯罪嫌疑人精通有关行业，有较强的反侦查能力和抗审能力。同时，犯罪嫌疑人的心理状态与刑讯逼供、非法拘禁案件有明显差异，后者自认为是"为了工作"，面对审讯有些还会避重就轻地交代一些案件事实，而徇私舞弊案件的犯罪嫌疑人则明知自己的行为是以公权谋取私情私利，谁也不会同情，因而畏罪、拒供的心理比较强烈，但另一方面，犯罪嫌疑人办了错案或错误的行政行为，也已是明摆的事实，无法否认和抵赖；犯罪嫌疑人实施徇私舞弊行为，总要留下证据，从而被有关的人证、物证所证明。故在接受审讯时，犯罪嫌疑人又必然心虚，怕侦查人员已掌握证据，怕有关知情人先于自己交代案件事实。因此，在讯问时，侦查人员既要高度重视，又要充满信心。具体要注意以下几点：

（1）要充分准备。讯问一般要在掌握一部分确实的人证、物证并基本具备采取拘留措施的条件下进行，以便运用这些确凿的证据冲垮其心理防线，打消其侥幸心理，并在 12 小时届满后果断采取拘留措施。同时，要在掌握了解犯罪嫌疑人性格特点、心理状态、社会经历、家庭状况的基础上，制订讯问计划，根据个案的犯罪事实和犯罪嫌疑人的心理特点，采取针对性措施。

（2）要同时分别讯（询）问，各个击破。对犯罪嫌疑人及其家属和重要的知情人，要同时分别讯（询）问，对有数名犯罪嫌疑人的，更应同时分别讯问，以便切断相互之间的联系，加大心理压力，形成交叉火力，并为运用谋略各个击破创造条件。

（3）要讲究策略方法。一要针对犯罪嫌疑人的心理，进行政策攻心。如对年龄较轻的犯罪嫌疑人，要启发其上进心，教育其看到今后长远的人生道路，正确对待人生挫折，直面现实，幡然改过，争取新的人生前途；对中年人要教育其明确自己在家庭中的地位、作用，对自己负责，对家庭负责，走坦白从宽之路；对年龄较大的要恰如其分地肯定他们过去的成绩，指出其犯罪行为给司法、行政机关造成的恶劣影响，以增强其悔罪心理，并鼓励他珍惜过去，面对现实，以认罪服法的实际行动，争取从宽处理。二要引而不发。犯罪嫌疑人在受审时已有许多"辫子"被侦查人员抓住，特别是对原案和原行政行为所作的错误处理，他总要作出解释。因此，侦查人员不要轻易出示证据，可先让其交代对原案和原行政行为作错误处理的经过和原因。这时，犯罪嫌疑人往往以"水平低"、"考虑不周"、"工作失误"等所谓的理由来掩盖犯罪事实。对此，侦查人员要据理反驳，并加大审讯力度，适时出示证据，迫使犯罪嫌疑人端正态度。三要利用矛盾，打好心理战。讯问犯罪嫌疑人无论是否与询问原案当事人、原行政相对人同时进行，犯罪嫌疑人必然认为原案当事人、原行政相对人已经或将会把自己出卖。侦查人员就利用该心理设谋，使其认为原案当事人、原行政相对人已如实交代，并进而产生"如果不是你拉我下水，我何至于今天这个地步，今天你倒把我出卖了"的怨恨心理，从而交代出原案当事人、原行政相对人如何一步步拉其下水的经过。

（4）问清犯罪事实，深挖其他犯罪。徇私舞弊的犯罪事实主要分徇私和舞弊这两部分。讯问时，要把这两部分事实查问清楚。在徇私方面，要着重问清与原案当事人、原行政相对人之间关系发展的过程，包括原先是否认识、通过谁介绍认识，其间有哪些主要来往，收了哪些财物，每次的品名、特征、数额、去向、家属是否知情等。在舞弊方面，要着重问清实施了哪些舞弊行为，是口头指使还是动手实施抑或二者兼有，分别有哪些具体内容，原案的处理和原行政行为违反了哪些法律规章的规定，舞弊的意见是怎样得到领导人员同意或集体讨论通过的，事先做了哪些工作等。同时，要把讯问犯罪嫌疑人与外围核查结合起来，完善和固定证据。

徇私舞弊犯罪是行政执法、管理人员在外界人员推动、引诱和协助下实施的，往往涉及多人犯罪和多种犯罪。行政执法、管理人员除本案徇私舞弊行为外，可能在其他案件上也有徇私舞弊犯罪；此外，还可能犯有受贿罪、泄露国家秘密罪等（一般按从一重原则处理）。与案件有利害关系的人则可能触犯行贿罪、包庇罪、伪证罪等。因此，在侦查时，要增强侦查意识，查清余案余罪，不使犯罪人漏网。

4. 综合运用其他侦查措施。侦查徇私舞弊案件除了采取上述措施和方法外，一般还要采取以下措施：

（1）调取、扣押书证、物证。需要调取、扣押的书证、物证主要是：原案、原行政行为中的某些证据材料，如符合客观事实的证据材料，伪造、篡改、添加、偷换的假证据材料，对原案作错误处理的材料和错误的行政行为材料、讨论记录等；行为人与原案当事人、原行政相对人的来往信件、来往电话的主叫被叫记录；行受贿的记账单、日记；行受贿的物品、现款、存折等。

（2）搜查。搜查是侦查徇私舞弊案件一般要采取的措施，因为犯罪嫌疑人大多有收受财物的问题，有的还记有有关犯罪事实的笔记，藏有与原案当事人、原行政相对人的来往信件及被抽掉的原案证据。需要指出的是，搜查的对象不限于徇私舞弊的犯罪嫌疑人，如果认为原案当事人、原行政相对人、说情人有犯罪事实需要追究刑事责任而已经立案且有搜查必要的，也应一并进行搜查。

（3）鉴定。徇私舞弊案件中的鉴定主要有：对篡改证据材料的笔迹作笔迹鉴定；对收受的价值不明的财物作价值鉴定等。有些徇私舞弊犯罪是建立在原伪造的鉴定结论（意见）之上的，如放纵制售伪劣商品犯罪行为罪中假的合格商品鉴定，非法低价出让国有土地使用权罪中假的地价评估结论等，对此，则必须重新进行鉴定。

五、侦查行政执法人员徇私舞弊犯罪案件应注意的问题

1. 对徇私舞弊的理解。相比其他渎职犯罪而言，徇私舞弊型犯罪最关键的就是对"徇私舞弊"的理解和适用。

徇私是否包括"徇单位之私"。徇私除了徇个人之私外，是否包括徇单位之私利呢？根据我国现行《中华人民共和国行政处罚法》规定，行政机关牟取本单位私利，由上级行政机关或者有关部门责令纠正直至对直接负责的主管人员给予行政处分。1996 年最高人民检察院《关于办理徇私舞弊犯罪案件适用法律若干问题的解释》中规定，徇私包括"为牟取单位或小集体不当利益"，但该解释已于 2002 年被废止。2003 年 11 月 13 日，最高人民法院印发的《全国法院审理经济犯罪案件工作座谈会纪要》中规定，徇私舞弊型渎职犯罪的"徇私"应理解为徇个人私情、私利。从对"徇私舞弊"的解释过程中能窥见端倪，即"徇私"一般不包括"徇单位之私"。这一点，在侦查中必须注意到。

2. 徇私舞弊犯罪有伴生犯罪时，对涉案行政执法人员行为性质的认定。司法实践中，徇私舞弊、滥用职权型的渎职犯罪，其渎职行为往往就是庇护、放纵他人的犯罪行为，因此这些渎职犯罪往往与他人的犯罪行为具有共生性。由此便引发一个问题：当渎职行为人明知其渎职行为所庇护的对象实施犯罪行

为的情况下，对渎职者究竟应当认定为渎职罪还是对象所犯之罪的共犯呢？从刑法理论看，这种情况属于想象竞合犯，处罚原则是择一重罪处断，但司法实践中往往没有那么简单。根据 2013 年施行的最高人民法院、最高人民检察院《关于办理渎职刑事案件适用法律若干问题的解释（一）》第 4 条的规定，我们要分情况进行处理。

（1）国家机关工作人员与他人共谋，利用其职务行为帮助他人实施其他犯罪行为，同时构成渎职犯罪和共谋实施的其他犯罪共犯的，依照处罚较重的规定定罪处罚。以徇私舞弊不征、少征税款罪为例，如果税务机关工作人员在税收征管活动中与纳税人相互勾结，配合甚至提供帮助，并且确实实施了少征税款或者不征税款的行为，最终致使国家税收遭受重大损失。这种情况下，税务机关工作人员一方面涉嫌徇私舞弊不征、少征税款罪，同时也涉嫌逃税罪，应从一重罪论处。（2）国家机关工作人员与他人共谋，既利用其职务行为帮助他人实施其他犯罪，又以非职务行为与他人共同实施该其他犯罪行为，同时构成渎职犯罪和其他犯罪的共犯的，依照数罪并罚的规定定罪处罚。比如，海关工作人员不仅放纵他人走私犯罪，而且还为该走私团伙提供资金、账户等支持，这种情况下，对涉案的海关工作人员应以放纵走私罪和相应的走私罪数罪并罚。（3）国家机关工作人员实施渎职行为，放纵他人犯罪或者帮助他人逃避刑事处罚，构成犯罪的，依照渎职罪的规定定罪处罚。由于司法实践中往往难以证明徇私动机，所以只能对行政执法人员以渎职罪论处，并且由于缺乏徇私舞弊之主观要件，此时行政执法人员涉嫌的罪名只能是玩忽职守罪或者滥用职权罪。①

3. 行政执法徇私舞弊犯罪的罪数问题。在徇私舞弊犯罪案件中，徇私舞弊行为，比如收受他人贿赂，既可能是构成徇私舞弊型渎职犯罪的要件，又可能构成受贿犯罪，究竟是从一重罪论处还是数罪并罚呢？我国刑法第 399 条对徇私枉法罪的规定是"依照处罚较重的规定定罪处罚"，但刑法并没有对其他徇私舞弊型渎职犯罪作出明确规定。2013 年施行的最高人民法院、最高人民检察院《关于办理渎职刑事案件适用法律若干问题的解释（一）》第 3 条对这个问题进行了明确规定，"国家机关工作人员实施渎职犯罪并收受贿赂，同时构成受贿罪

---

① 根据最高人民法院、最高人民检察院《关于办理渎职刑事案件适用法律若干问题的解释（一）》第 2 条的规定，"国家机关工作人员实施滥用职权或者玩忽职守犯罪行为，触犯刑法分则第九章第三百九十八条至第四百一十九条规定的，依照该规定定罪处罚。国家机关工作人员滥用职权或者玩忽职守，因不具备徇私舞弊等情形，不符合刑法分则第九章第三百九十八条至第四百一十九条的规定，但依法构成第三百九十七条规定的犯罪的，以滥用职权罪或者玩忽职守罪定罪处罚"。

的，除刑法另有规定外，以渎职犯罪和受贿罪数罪并罚"。数罪并罚意见的统一，也从侧面印证了徇私舞弊情节尽管作为徇私舞弊犯罪的构成要件，但只要能证明其存在即可，一旦徇私舞弊情节构成了其他犯罪，则需要另外科刑。

第五节　责任事故所涉渎职犯罪案件的侦查

一、检察机关调查责任事故的职责

检察机关作为法律监督机关，在维护安全生产秩序中承担着重要的职责和使命。多年来，各级检察机关认真履行职责，依法查办了一大批生产安全责任事故所涉渎职犯罪案件，为促进生产秩序的持续好转发挥了积极作用。根据刑事诉讼法、《中华人民共和国安全生产法》、《刑诉规则》、最高人民检察院、监察部和国家安全生产监督管理总局《关于加强行政机关与检察机关在重大责任事故调查处理中的联系和配合的暂行规定》和人民检察院《〈关于加强行政机关与检察机关在重大责任事故调查处理中的联系和配合的暂行规定〉的实施办法》等有关规定，检察机关调查生产安全责任事故的职责任务包括：

1. 发现和受理渎职等犯罪线索。包括：（1）通过调查，发现事故所涉渎职等职务犯罪案件线索；（2）受理受害人和广大人民群众关于事故所涉渎职等职务犯罪举报；（3）接受事故调查组或者相关职能部门移送的职务犯罪案件线索；（4）其他途径发现和受理线索。

2. 发现犯罪并依法立案侦查。通过对相关犯罪线索的审查和立案前的调查，对具备立案条件的案件，依法采取以事立案或以人立案的方式立案侦查，并实施相关侦查措施。

3. 全面收集和固定证据。对已经采取立案侦查的案件，查明事实，依法全面收集、固定物证、书证、技术鉴定和视听资料等证据材料，询问受害人、证人，讯问犯罪嫌疑人等。

4. 实施法律监督职责。主要包括：（1）严厉打击事故所涉刑事犯罪活动；（2）对事故抢险救援活动是否依法进行实施监督，严肃查处瞒报、谎报、迟报或延误事故抢险救援，造成损失后果扩大的犯罪案件；（3）对有关部门或人员开展的事故行政调查活动实施监督，严肃查处事故调查中发生的弄虚作假、徇私枉法、徇私舞弊不移交刑事犯罪等犯罪案件；（4）做好事故所涉刑事犯罪案件审查逮捕、审查起诉，并对公安机关和人民法院办理危害安全生产秩序的刑事犯罪活动进行监督。

5. 开展法制宣传和犯罪预防工作。在事故调查中，立足于检察职能，结合查办案件情况，开展法制宣传和犯罪预防，扩大办案效果。

二、责任事故所涉渎职犯罪案件侦查的几个关键问题

（一）要准确把握责任事故所涉渎职犯罪侦查的特殊性

准确把握和认识各类犯罪的特殊性，对于有效地查办案件具有十分重要的现实意义。生产安全责任事故所涉渎职等职务犯罪案件，相较于其他犯罪，具有如下特殊性：

1. 执法办案环境复杂。体现在：（1）主体特殊，责任事故所涉渎职等职务犯罪案件主体是国家机关工作人员，有职有权，素质高、能力强，具有较强的反侦查意识，查办难度相当大。（2）查办案件往往伴随着各种利益的博弈，如事故遇害者家属与肇事方、政府间赔偿和补偿等方面的博弈；经营主体与监管主体间责任担当的博弈；涉事不同部门、单位和区域间责任划分的博弈；党纪、政纪责任与刑事法律责任划分和担当的博弈等。因此，从一定意义上说很多责任事故案件的查办往往是各方利益博弈的结果。（3）行政调查与司法调查的同步开展。由于国情的特殊性，责任事故发生后，往往由政府按照事故的等级先行成立行政调查组进行调查，且牵头单位往往是上级安全生产监管单位，由其调查下级监管单位监管失职等导致事故发生的问题，有失客观公允。同时，检察机关作为司法机关同步开展司法调查，在调查中往往会遇到行政调查与司法调查的同步、冲突、协调等问题，处理好两者关系对事故调查至关重要。此外，还有事故发生地条件艰苦、环境复杂，影响查办案件工作的问题。

2. 因果关系间接。从司法实践看，各类责任事故的发生，往往是由于生产经营主体不认真落实安全生产法律法规，违法违规生产是导致事故发生的直接原因。政府及其监管部门监督管理主体责任的不落实，往往是间接的，如滥用职权、玩忽职守等行为，有的为事故的发生埋下重大隐患，如国家机关工作人员未认真履行职责或不履行职责，对生产经营者违法违规生产未能发现并及时监督纠正，为事故发生埋下重大隐患；有的使隐患变为现实或未能得到有效的避免，如监管部门及其工作人员对发现的安全生产隐患，没有依法进行纠正或制止，致使事故发生；有的放任事故的发生，如放任无证企业违法采矿，导致事故发生；有的加重事故的危害后果，如发生事故后不及时抢险救援、瞒报、谎报、迟报事故等，致使事故损失后果扩大等。这些不作为、胡作为、乱作为等渎职行为，对事故的发生往往起到了间接的作用。因此，事故所涉渎职犯罪中渎职行为与事故的发生往往是间接的因果关系。

3. 责任分散。一般说来，任何一起责任事故的发生往往是多因一果的，

责任较为分散，涉及多重责任的认定和区分。主要表现在：（1）经营主体与监管主体的认定和区分；（2）领导责任与执行者责任、监管者责任的认定和区分；（3）重要责任与次要责任的认定和区分；（4）直接责任人员与间接责任人员的认定和区分等。掌握和了解事故所涉渎职犯罪责任的分散性，对于有效地查办相关渎职犯罪具有重大的现实意义。

4. 行业性和专门性强。责任事故涉及政治、经济、文化、社会、生活等各个方面，这些行业、领域等，这些部门或单位都有其专门的、行业的法律法规及其生产经营、监督管理规范，如在工矿商贸活动中发生的事故，涉及矿山（煤矿和非煤矿山）、建筑施工、危化品生产经营、烟花爆竹、特种设备等行业性的规范；消防火灾事故涉及消防安全管理方面法律法规及其规范；交通运输安全事故，涉及道路、水上和铁路交通以及民航飞行等方面的法律法规及其规范性文件等。在查办案件中必须对相关法律法规及其规范有所掌握和了解，否则就无法有效地查办相关案件。

5. 关联性强。表现在：（1）职务犯罪与普通刑事犯罪的关联性强，即经营主体的重大责任事故犯罪与监管主体的玩忽职守罪、滥用职权罪等，且在司法实践中重大责任事故等犯罪对认定渎职犯罪往往产生重大影响。（2）渎职罪与贪污贿赂罪的关联性强。从司法实践看，国家机关工作人员在安全生产监督管理活动中，不作为、乱作为等渎职犯罪背后往往隐藏着贪污贿赂犯罪，渎职犯罪与贪污贿赂犯罪相互交织的问题凸显。（3）违法与犯罪相互交织等。

6. 涉嫌罪名集中。根据刑法的规定，职务犯罪案件共58个罪名，而渎职侵权犯罪共有44个罪名。从司法实践看，虽然渎职侵权犯罪罪名较多，但从查办案件的情况看，玩忽职守犯罪和滥用职权犯罪突出，其他犯罪占的比重较小。

7. 犯罪危害后果严重。任何犯罪都有其危害性，但责任事故所涉案件的危害性十分严重，有的不仅造成重大人员伤亡、财产损失，还造成恶劣的社会影响。如2012年11月22日发生的中石化青岛黄岛特大输油管道原油泄漏爆炸事故，除造成62人死亡、136人受伤，直接经济损失7.5亿元损失外，还严重破坏当地生态环境，对当地居民生产、生活产生了重大而深远的影响。

（二）做好立案前的调查工作，并认真收集和审查材料

在开展责任事故所涉渎职犯罪的侦查中，关键一步就是要做好立案前的调查工作，并对相关材料进行认真的审查，重点是做好如下工作：

1. 掌握和了解事故造成的损失后果。由于事故刚刚发生，全面的调查工作尚未开展，在介入事故调查或主动开展调查的最初阶段，主要从人员伤亡和财产损失方面对事故进行掌握，进而明确是否要开展深入调查。一般说来，只

要死亡 1 人以上、直接经济损失 30 万元以上的，① 就有可能涉嫌犯罪，应该依法开展深入调查。

2. 掌握和了解事故的类型和等级。主要是要搞清事故发生在哪一个领域、哪一个行业，并搞清是特大事故、重大事故、较大事故，还是一般事故，进而根据事故的类型和等级确定调查方案和侦查管辖。

3. 掌握和了解事故发生的原因和性质。主要是要根据掌握的情况，认定事故发生的技术原因、直接原因和间接原因，明确是责任事故还是意外事故、刑事犯罪案件，还是其他自然灾害事故，进而确认是否开展调查。如 2008 年 5 月发生的四川汶川大地震，虽然造成了重大的人员伤亡和财产损失，但它属于地质灾害，不属于责任事故，检察机关无须开展调查。

4. 掌握和了解导致事故发生的生产经营主体和生产经营活动情况。包括生产经营主体性质（如是个人还是公司、单位、机关，是个体企业、民营企业还是国企、中央企业等）、生产经营活动范围、生产经营活动基本情况等，进而明确违法违规生产的行为表现等。

5. 掌握和了解事故发生的领域和行业情况。主要是了解事故发生在哪一个领域或哪一个行业，如是煤炭生产领域事故，还是消防火灾事故；是交通运输事故，还是危化品事故等，进而根据不同的领域和行业采取针对性强的调查方案和措施。

6. 掌握和了解对肇事经营主体实施安全生产监管、行业主管部门和政府领导及其人员的职责情况。主要是了解肇事经营主体负责安全生产监督管理的主体、行业主管部门、地方政府以及具体监督管理人员。

7. 掌握和了解事故可能涉及的违法犯罪情况。主要是了解违反了哪些法律法规，可能涉嫌的普通刑事犯罪罪名和职务犯罪罪名，为有效开展调查做好准备。

8. 其他事关调查工作的事宜。主要是除上述 7 种情形以外的情况，如事故发生后舆情情况、社会关注情况等，进而有效地开展调查，做好风险评估和相关准备工作。

（三）找准案件的突破口和切入点

找准查办责任事故的突破口和切入点，可以起到事半功倍的效果。根据司

---

① 根据最高人民法院、最高人民检察院《关于办理渎职刑事案件适用法律若干问题的解释（一）》第 1 条的规定，滥用职权罪和玩忽职守罪的定罪量刑标准为死亡 1 人以上，或者重伤 3 人以上，或者轻伤 9 人以上，或者重伤 2 人、轻伤 3 人以上，或者重伤 1 人、轻伤 6 人以上的；直接经济损失 30 万元以上的，就构成犯罪。

法实践情况，查办责任事故所涉渎职犯罪案件，主要从如下三个方面作为突破口：

1. 以造成事故的经营主体的违法违规为切入点，查清：（1）经营主体违法违规的行为表现及原因；（2）生产经营主体的生产经营证照是否齐全；（3）在生产经营活动中是否落实安全生产措施，以及落实的效果如何；（4）事故发生后是否存在瞒报、谎报、迟报的行为，以及是否进行有效的抢险救援等活动；（5）是否存在与政府、监管部门及其工作人员权钱交易等问题，进而查清政府、监管部门及其工作人员失职渎职等违法犯罪行为。

2. 以违法违规生产经营主体的监管主体为切入点，查清：（1）对肇事主体负责日常监督管理和行业主管的部门及其工作人员；（2）监管主体履行职责情况，是否尽职尽责；（3）接到或知道事故发生后，是否存在瞒报、谎报、迟报等问题；（4）是否及时组织抢险救援及其效果；（5）是否与肇事经营主体存在权钱交易、贪赃枉法、徇私舞弊等行为。查清这些问题，就可以查明事故背后是否存在渎职等职务犯罪问题。

3. 以安全生产领导主体为切入点，查清：（1）地方党委和政府是否重视和落实安全生产工作；（2）是否结合实际制定维护安全生产秩序的办法措施，以及落实上级部署安全生产要求的情况；（3）接到或知道发生责任事故的情况后，是否及时组织抢险救援，有效地避免事故损失扩大；（4）是否存在瞒报、谎报、迟报等行为；（5）在安全生产活动中是否存在权钱交易、贪赃枉法、徇私舞弊等行为。通过调查这些问题，就可以明确地方党委和政府是否落实安全生产的法律法规，以及责任事故背后是否存在渎职等职务犯罪。

（四）把握好立案的时机

在责任事故的调查中，对于责任事故所涉的渎职等职务犯罪案件立案时机的把握至关重要。在司法实践中有些地方把握不好立案时机，等行政调查报告出来后才立案，或者经过行政调查组同意后才立案等做法都是错误的。我们认为检察机关对事故所涉渎职等职务犯罪案件的立案侦查时机，不受行政调查工作进展情况的影响，对具备如下条件的案件，应当及时依法立案侦查：

1. 事故发生的原因、造成的损失和性质已经基本查清。即事故发生的直接原因和间接原因已经基本查清，事故造成的人员伤亡情况和经济损失情况基本查清，事故的性质属于责任事故。

2. 渎职行为与责任事故的发生具有客观上的关联性。即国家机关工作人员失职渎职的行为，与事故的发生存在刑法意义上的客观关联性。

3. 符合渎职罪犯罪立案条件的。即渎职主体、主观要件、渎职行为、危害后果等，符合我国刑法和刑事诉讼法及最高人民法院、最高人民检察院关于渎职犯罪定罪量刑的相关规定。

只要具备上述条件的，检察机关就要依法采取立案措施，及时突破案件。这里还需要明确的是，对于行政调查工作尚未结束、事故调查报告尚未公布，或者事故调查报告中只提出对相关人员追究党纪、政纪责任，但有证据证明相关人员已经涉嫌渎职等职务犯罪，需要追究刑事责任的，人民检察院应当依法立案侦查，而不能受到其他因素的影响。

（五）依法用好法律规定的侦查手段和措施

1. 要灵活运用好立案方式。在对事故所涉渎职等职务犯罪案件立案侦查时，根据不同的案情，要根据刑事诉讼法第107条和第110条规定，依法灵活运用以人立案或以事立案方式。经初查，对于有确定犯罪嫌疑人，需要追究刑事责任的，应当对犯罪嫌疑人依法立案侦查；对于事故性质已经确定，危害后果严重，有犯罪事实需要追究刑事责任，但尚不能确定犯罪嫌疑人的，应依法采取以事立案的方式进行立案侦查，以便于及时启动侦查程序，并采取有力措施调取书证和物证、询问、查询、勘验、鉴定等证据。

2. 要充分运用好侦查强制措施。逮捕、拘留、取保候审、监视居住和拘传等强制措施是法律赋予检察机关的重要侦查措施，在案件立案侦查后，要依法灵活运用各种强制措施，特别是对于那些危害后果重大、影响恶劣的事故所涉渎职犯罪案件嫌疑人，该采取刑事拘留和逮捕措施的，就要依法采取，以便于及时突破案件，确保办案效果。

3. 要充分运用好侦查措施。案件立案侦查后，就要充分运用好刑事诉讼法规定的侦查措施，对于该采取搜查、扣押、查封、鉴定等侦查措施的，就要依法采取，及时、全面、客观地收集各方面的证据材料，确保侦查工作的顺利进行。

4. 充分发挥一体化机制的作用。由于责任事故所涉渎职犯罪案件的特殊性，① 查办案件的难度相当大，而且干扰阻力也大，对此，在查办案件中检察机关要充分发挥检察机关领导体制优势，充分运用好上下一体、指挥有力、协调高效的一体化办案机制，灵活运用好提办、参办、督办、交办机制，有效地突破案件。

三、检察机关调查责任事故的工作机制

（一）成立检察调查专案组

为履行好检察机关事故调查职责，有效地查办责任事故所涉渎职犯罪案

---

① 本节第二个问题已论述其具有的七个特殊性。

件，检察机关应根据责任事故的等级组成相应的调查专案组，依法开展调查工作。对于特别重大的责任事故则由最高人民检察院组织调查，相关省级检察院主管检察长带队开展调查工作；重大责任事故由省级检察院组织调查，相关事故发生地分、州、市检察院主管检察长带队开展调查工作；较大责任事故由地市级检察院组织调查，相关事故发生地县级检察院主管检察长带队开展调查工作；一般责任事故由事故发生地县级人民检察院组织调查，履行好查办案件职责。

这里需要注意的是，由上一级检察院组织事故调查的，应当组织事发地人民检察院派员参与调查。对于事发地检察院查办有困难，或者不宜由事发地检察院参与调查的案件，上级检察院可以组织其他地方检察机关派员参与调查。

（二）介入事故调查的方式

1. 应邀介入调查。各级人民政府或者其授权有关部门成立事故调查组，邀请人民检察院介入调查的，同级人民检察院应当派员介入调查；没有邀请人民检察院介入调查的，人民检察院应当主动与同级人民政府或者政府授权的事故调查组牵头部门协调联系介入调查；相关政府或职能部门仍不同意人民检察院介入调查的，应当立即报告上级检察院，上级检察院应当进行协调。

2. 依法开展调查。各级人民政府没有成立事故调查组，也未授权有关部门成立事故调查组，有关职能部门依照法定程序开展事故调查的，事故发生地的人民检察院应当直接与有关职能部门联系介入调查；有关职能部门仍不同意人民检察院介入调查的，应当立即报告上级人民检察院，上级人民检察院应当与同级人民政府或职能部门进行协调，依法介入开展调查。

3. 独立开展调查。生产安全事故发生后，相关政府或职能部门不邀请或不同意人民检察院介入调查，或者没有开展事故调查的，但事故造成的损失后果达到渎职等职务犯罪立案标准，可能涉嫌渎职等职务犯罪的，人民检察院应当按照法定职权进行调查，必要时采取以事立案的侦查程序，依法独立开展调查，或者提起重大复杂渎职侵权违纪违法犯罪案件专案调查机制进行调查。

（三）案件管辖

责任事故所涉渎职犯罪案件的立案侦查，原则上由犯罪嫌疑人工作单位所在地或者事故发生地人民检察院管辖。对重特大事故、疑难复杂案件、下级人民检察院查办有困难的案件，上级人民检察院应当及时进行督办、参办、提办或者异地交办，确保案件有效查处。

1. 上级人民检察院可以直接查办由下级人民检察院管辖的重特大责任事

故、疑难复杂案件，或下级人民检察院查办有困难的案件。

2. 对一些重特大责任事故所涉渎职犯罪案件，或责任事故所涉重大复杂的渎职犯罪案件，上级人民检察院可以组织事发地以外的其他检察院进行参办或查办。

3. 下级人民检察院查办有困难的或者不宜由事发地的检察院查办的案件，上级人民检察院可以直接派员参办、督办或者指定其他人民检察院查办。

4. 对上级人民检察院督办、交办的案件，承办案件的人民检察院要及时向上级人民检察院报告案件查办进展情况，对犯罪嫌疑人决定立案、采取拘留、逮捕等强制措施的，也应报告上级人民检察院。

5. 在调查生产安全事故和查办渎职犯罪案件过程中，发现与事故和渎职行为相关的贪污贿赂犯罪线索的，反渎职侵权部门可以并案侦查；与事故无关的贪污贿赂犯罪案件线索，应当移送反贪污贿赂局办理；与事故相关联的案情重大复杂的贪污贿赂犯罪案件，可以报请检察长批准后由反渎职侵权部门和反贪污贿赂部门联合查办。

四、检察调查与行政调查的关系

在查办责任事故所涉案件中，对于检察机关介入政府及其授权的部门组织的责任事故调查的，应正确处理好检察调查与行政调查的关系，在事故调查组的统一领导、组织协调下，在各自的职权范围内密切联系、协调配合、同步调查，共同完成责任事故调查任务。从司法实践看，正确处理好检察调查与行政调查的关系对于查清事故具有十分重大的现实意义。处理好检察调查与行政调查的应把握以下三点：

1. 分工负责，各司其职。根据国务院《生产安全事故报告和调查处理条例》的规定，责任事故发生后，人民政府将根据事故的不同等级组成相关调查组①，依法开展调查，其职责包括：查明事故发生经过、认定事故发生原因（技术原因和管理原因）、查清并确定事故性质、查明事故责任人并提出处理意见、提出整改措施等。而检察机关介入调查主要是立足于检察职能，履行好发现和受理渎职等犯罪线索、发现犯罪并依法立案侦查、全面收集和固定证

---

① 一般根据事故等级，特大事故由国务院组织或授权有关部门组织调查组开展事故调查；重大事故由省级人民政府组织或授权有关部门组织调查组开展调查；较大事故由地市级人民政府及其授权的部门组织调查组开展调查；一般事故由事发地人民政府及其授权的部门组织调查组开展调查。

据、实施法律监督职责、开展法制宣传和犯罪预防工作五项职责。① 因此，检察调查与行政调查在事故调查中首先必须分工负责，各司其职，各自开展调查工作。

2. 密切联系，协调配合。在事故调查中，检察调查与行政调查在完成各自调查任务中，要密切联系，加强协调配合：（1）相互支持配合调查工作，共同调取事故相关证据资料；（2）做到已调取和获取的证据材料、信息资料等互通情况，资源共享；（3）检察调查成员参加行政调查组相关会议，通报检察调查情况，并对调查工作、技术报告和调查报告等提出意见和建议；（4）检察调查组要积极协助行政调查组调取相关证据资料，并完成调查组交办的任务等。

3. 同步调查，共同推进。检察调查与行政调查虽然职责不同，但目的一样，就是查清事故损失后果、原因、性质，并对相关人员提出处理意见和建议。因此，在事故调查中，检察调查与行政调查必须同步开展，同步推进，共同完成调查任务。在事故调查中，除涉嫌保密的情况外，检察调查专案组应及时向事故调查组通报司法调查的工作情况。特别是对相关人员采取侦查措施等手段时，应及时向事故调查组主要负责人通报，努力营造良好的执法办案环境。在事故调查结束时，应将司法调查情况以书面形式通报事故调查组，由事故调查组将检察机关立案侦查和采取措施等情况写入事故调查的总体报告中。

这里需要注意的是，在检察机关介入责任事故调查中，介入事故调查的检察人员应立足于检察职能依法开展调查工作，积极完成好司法调查的职责和任务，重点查办重大责任事故所涉国家机关工作人员渎职失职、贪污贿赂等职务犯罪案件。人民检察院介入事故调查的检察人员不应承担行政调查任务，事故调查结束时原则上不应在行政调查报告上签字。

第六节　泄露国家秘密犯罪案件的侦查

一、泄露国家秘密案件的特点

泄露国家秘密犯罪包括两个罪名，即故意泄露国家秘密罪和过失泄露国家秘密罪。故意泄露国家秘密罪，是指国家机关工作人员或者其他有关人员违反保守国家秘密法，故意使国家秘密被不应知悉者知悉，或者故意使国家秘密超

---

① 本节第一个问题已有详细论述。

出了限定的接触范围，情节严重的行为。过失泄露国家秘密罪，是指国家机关工作人员或者非国家机关工作人员违反保守国家秘密法，过失泄露国家秘密，或者遗失国家秘密载体，致使国家秘密被不应知悉者知悉或者超出了限定的接触范围，情节严重的行为。这两种犯罪案件在犯罪主体、犯罪的客观方面和危害后果上大致相同，主要在犯罪的主观方面存在不同。实践中，作为常见的一般渎职犯罪案件，这两种犯罪还有以下特点：

1. 本案多发生于国家机关的要害部门，犯罪主体特殊。此类犯罪案件多发生于办公室、保密机关等部门，并以领导及其秘书居多。

2. 危害严重，影响恶劣。国家秘密在任何时候、任何情况下都与国家的安全和利益紧密相关，特别是一些事关全局的高级秘密，更与国家的安全和利益息息相关。因此，泄露国家秘密案件，大多给党、国家和人民利益造成严重的危害。

3. 在泄露内容上涉及面广、专业性强、密级高，大多是绝密级或机密级的国家重要秘密。

4. 犯罪行为方式、手段多种多样。常见的故意泄露国家秘密罪的作案手段包括：一是违反国家保密法的规定，故意把国家秘密公开传播出去，如利用开会或其他公众场合讲话、发言、谈论、"摆龙门阵"等方式，将国家秘密非法地让不应知悉的人知悉。二是利用职权或者职务之便，违反法律规定，强迫他人将国家秘密泄露出去，让不应知悉的人知悉。三是利用打电话、写书信、发表文章、书刊等方式泄露国家秘密。四是在与人交往过程中，或为了显示自己，或为了贪图钱财，或为了讨好他人，违反保密法规定，口头或者书面将国家秘密泄露给不应知悉的人员。五是通过暗示或者转弯抹角的间接方式，将国家秘密泄露出去，使不应知悉者知悉。六是通过图片、照片、录音、录像等方式泄露国家秘密。七是采用其他手段故意泄露国家秘密。

常见的过失泄露国家秘密罪作案手段包括：一是违反国家保密法规定，工作中疏忽大意，使国家秘密被不应知悉的人知悉，或超越了限定接触范围。二是违反国家保密法规定，工作中过于自信使国家秘密被不应知悉的人知悉，或者超出了限定的接触范围。三是由于疏忽大意将国家秘密泄露出去，但不及时如实报告领导和组织。四是违反有关法律规定，在发放、传阅文件、资料时，疏忽大意，扩大了限定接触范围。五是在讲话、谈论、打电话等场合，过于自信地将国家秘密泄露出去，让不应知悉者知悉。六是违法或违反有关规定，将有保密内容的文件、资料带出规定范围，由于疏忽而被盗、丢失等泄露国家秘密。七是采用其他手段过失泄露国家秘密。

二、泄露国家秘密案件的立案条件

实践中，此类案件既可采取"由人找事"立案方式，也可采取"由事找人"立案方式，而实践中多采用后者。

根据《立案标准》的规定，故意泄露国家秘密罪的立案条件包括：（1）泄露绝密级国家秘密1项（件）以上的；（2）泄露机密级国家秘密2项（件）以上的；（3）泄露秘密级国家秘密3项（件）以上的；（4）向非境外机构、组织、人员泄露国家秘密，造成或者可能造成危害社会稳定、经济发展、国防安全或者其他严重危害后果的；（5）通过口头、书面或者网络等方式向公众散布、传播国家秘密的；（6）利用职权指使或者强迫他人违反国家保守秘密法的规定泄露国家秘密的；（7）以牟取私利为目的泄露国家秘密的；（8）其他情节严重的情形。

过失泄露国家秘密犯罪的立案条件包括：（1）泄露绝密级国家秘密1项（件）以上的；（2）泄露机密级国家秘密3项（件）以上的；（3）泄露秘密级国家秘密4项（件）以上的；（4）违反保密规定，将涉及国家秘密的计算机或者计算机信息系统与互联网相连接，泄露国家秘密的；（5）泄露国家秘密或者遗失国家秘密载体，隐瞒不报、不如实提供有关情况或者不采取补救措施的；（6）其他情节严重的情形。

三、泄露国家秘密案件的侦查重点、难点及途径

此类案件的侦查重点及难点，主要包括以下几个方面：

1. 要注意本案的犯罪构成特点：一是犯罪嫌疑人可以是国家机关工作人员，也可以是非国家机关工作人员；二是犯罪嫌疑人的行为只能是故意或过失；三是情节严重的行为。

2. 要依法查明泄露的内容是否属于国家秘密，并确定密级。通常，国家秘密必须具备三个基本要素：一是同国家的安全和利益密切相关；二是依照国家的法律、法规所规定的程序确定；三是在一定的时间内限定一定范围的人知悉。因此，要查明某一事项是否属于国家秘密，首先要分析该事项一旦公开或泄露是否会使国家的安全和利益受到损害。其中，损害主要包括：危害国家政权和防御能力；影响国家统一、民族团结和社会安定；损害国家在对外活动中的政治经济利益；影响国家领导人、外国要员的安全；妨害国家重要的安全保卫工作；使保护国家秘密的措施可靠性降低或失效；削弱国家的经济、科技实力；使国家机关依法行使职权失去保证。近几年来，国家级或地方级的考试试题泄密案件时有发生，造成恶劣的社会影响，也成为泄露国家秘密案的高发

领域。

3. 要依法查明泄露国家秘密的行为和情节。一方面，侦查人员应围绕"使国家秘密被不应知悉者知悉的"、"使国家秘密超出了限定接触范围，而又不能证明未被不应知悉者知悉的"这两个方面来调查和认定行为人是否实施了泄露国家秘密的行为。另一方面，要调查泄露国家秘密的行为，还必须查明行为人泄露国家秘密的方式：一是通过口头泄露；二是通过网络泄露；三是提供或遗失载有秘密内容的载体，如书面形式的文件、资料、图纸等，实物形式的胶片、图像、微机软盘等；四是使国家秘密超出限定接触范围，如将绝密文件带出规定的范围（如带回家、带到公共场所等），被不应知悉者知悉。

4. 要依法查明行为人的罪过形式及故意或过失泄密的目的、动机和对象。本案侦查进路大多采用"以事查人"。此类案件除极少数在泄露时就发现外，大多是被泄露后才发现，并开始侦查的。因此，呈现在检察机关面前的，首先是国家秘密被泄露的结果，侦查人员往往以犯罪结果为起点，由果溯因，即从犯罪结果查接受秘密人，再从接受秘密人查泄露秘密人，或从犯罪结果查该秘密的掌管、知悉人，再从秘密的掌管、知悉人查泄露秘密人。

四、泄露国家秘密案件的侦查方法

实践中，针对泄露国家秘密案件的上述特点，立足职权发现和侦查发现的基础上，可采用如下侦查措施及其方法，以便查清案件事实，获取与案件相关的各种证据。

1. 要依法及时询问知情人、证人。当接到有关单位、部门或者个人口头或者书面揭发、举报犯罪行为时，应立即组织侦查人员进行侦查。

2. 依法讯问犯罪嫌疑人。而讯问与询问的内容大同小异。

3. 可通过依法使用文书司法鉴定、微量物证鉴定、计算机司法鉴定、声像资料司法鉴定等技术，全面收集与案件有关的书证。

4. 实践中，还可参照办公室和保密机关工作人员渎职犯罪案件的发现和侦查方法，侦破这类案件。

在侦查取证方面，要重点注意以下三个方面：一是要注意收集、固定行为人泄露的内容是否属于国家秘密方面的证据。二是要注意收集、固定犯罪嫌疑人泄露国家秘密的行为和情节方面的证据。三是要注意收集、固定故意方面、犯罪起因、犯罪动机、犯罪目的、危害结果等方面的证据。

五、侦查泄露国家秘密案件应注意的问题

1. 要注意收集、固定本罪罪与非罪、此罪与彼罪界限的本证和反证。一要注意区分本罪与泄露国家秘密违法行为的界限，区分的关键在于结果，一看行为人泄露的内容是否属于国家秘密；二看泄露国家秘密是否属于"情节严重"。二要注意区分本罪与散布、传播"小道消息"的界限，区分的关键在于，因散布"小道消息"的内容不属于国家秘密，故不构成犯罪。三要注意区分泄露国家秘密行为是出于主观故意还是过失。只有出现了失密泄密结果，并且排除了意外事件、故意，才具备过失泄露国家秘密案件侦查的前提。如果行为没有违反有关法律，而是由于不可预见或不能抗拒的原因导致国家秘密泄露，即使造成损害后果，也不能追究行为人的责任。四要注意区分本罪与为境外窃取、刺探、收买、非法提供国家秘密、情报罪、侵犯商业秘密罪的界限，区别的关键在于，犯罪主体、犯罪客体、主观罪过的形式、客观行为表现、犯罪动机和目的、犯罪对象、危害后果等不尽相同。

2. 要及时查找并询问接受秘密人。通常，可用由果溯因的方法查到接受秘密人，并立即组织询问。而询问的重点：一要问清秘密的来源，是何人在何地以何种方式泄露的，泄露时是否还有其他人在场；二要问清秘密的内容、载体，是原件还是复制件；三要问清泄密人的主观心理状态、目的、动机；四要问清接受秘密人接受秘密后有无复制、扩散（继续泄密），密件现在何处。除查明上述问题外，要特别注意查明接受秘密人有无采取积极的作为的方式去获取秘密，以及秘密的去向，对接受秘密人构成非法获取国家秘密罪、间谍罪、为境外窃取、刺探、收买、非法提供国家秘密罪、泄露国家秘密罪的，要根据侦查管辖的分工，依法立案侦查，追究刑事责任。

3. 可依法排查和确定犯罪嫌疑人。其步骤为：一是划定犯罪嫌疑人范围：根据被泄露国家秘密的级别划定；根据被泄露国家秘密的内容划定；根据国家秘密被泄露的环节划定；根据国家秘密载体的形式划定；根据秘密文件传阅的秩序划定。需要注意的是，上述几种排查方法不能单一，而要交叉进行，以便把犯罪嫌疑人划定在较小的范围之内。二是排查犯罪嫌疑人。一般可根据泄密的时间、地点、嫌疑对象的思想品行、一贯表现、有无作案时间等方面来排查。三是确定犯罪嫌疑人。

4. 要依法全面调查，获取证据。一是进行密级鉴定，确定是否属于国家秘密，确定秘密的级别。为此，要注意运用文检、理化及其他刑事技术手段进行检验和鉴定，以便为认定犯罪提供科学的根据。二是深入泄密单位、部门调查。通过向领导人员、保密人员、国家秘密保管人员、有关知密人员调查了解，分析排查泄密的环节、时间、犯罪嫌疑人范围及具体的犯罪嫌疑人，分析泄密的行为方式和罪过形式。调查工作要个别进行，以便知情人解除顾虑，如实提供情况。三是依法及时进行搜查。有的犯罪嫌疑人在家中或办公室还藏有被泄露的国家秘密的原件或复制件，查获这一秘密文件，对证实犯罪和深挖余罪具有重要意义。四是依法对犯罪嫌疑人果断采取强制措施，以防止国家秘密继续被泄露，防止涉案人员相互串供，毁灭证据。同时，给犯罪嫌疑人以震慑，促使其丢掉幻想，打消其侥幸心理，如实交代犯罪事实。对过失泄露国家秘密的犯罪嫌疑人，要根据其犯罪情节、后果及悔罪态度，决定是否采取强制措施。

5. 讯问犯罪嫌疑人，重点要查明泄密的时间、地点、方法、手段、对象、动机、目的，秘密的内容、载体、密级，有无共同犯罪人等内容。一要认真准备；二要善于打心理战；三要适时出示证据，从而瓦解其抗拒心理，交代犯罪事实。

6. 要加强与有关部门的联系配合。侦查中，要加强与保密部门的联系。如在立案前，要充分听取他们对有关情况的介绍及意见，避免因密级或保密期限等问题造成立案后又撤案的被动局面；可商请他们派员参与、配合，以便侦查中及时咨询保密业务方面的知识，并取得指导。

7. 在侦查此类案件时，通常要对所涉及的国家秘密进行鉴定。

8. 要掌握本案的专业用语："泄露"是指使国家秘密让不该知道的人知道，泄露的方式包括：口头、书面、交付实物、密写、影印、摄影、复制等。

9. 针对司法人员故意或过失泄露国家秘密案件的侦查，还应遵循最高人民检察院《检察机关发现和初查司法工作人员职务犯罪案件线索的若干意见》（2007 年 3 月 12 日）的相关规定。

第七节　侵犯公民人身权利犯罪案件的侦查

职务犯罪中的侵犯公民人身权利犯罪案件，包括非法拘禁、非法搜查、刑讯逼供、暴力取证、虐待被监管人五种案件。

一、非法拘禁犯罪案件的侦查

根据刑法第 238 条规定，非法拘禁罪是指以拘禁或者其他方法非法剥夺他人人身自由的行为。而根据行为主体和行为特征的不同，国家机关工作人员利用职权实施的非法拘禁案件，由检察机关侦查；非国家机关工作人员实施的非法拘禁案件或国家机关工作人员不是利用职权实施的非法拘禁案件，由公安机关管辖。职务犯罪中的非法拘禁案件，特指由检察机关管辖的国家机关工作人员利用职权实施的非法拘禁案件。下面就职务犯罪中的非法拘禁案件侦查方面的相关内容进行具体阐述。

（一）非法拘禁犯罪案件的特点

1. 犯罪手段多样。实践中非法拘禁行为大致分为两类：一类是国家机关工作人员在处理公务时利用职权而为的非法拘禁；另一类是国家机关工作人员在非公务活动中，为达个人目的，滥用职权而为的非法拘禁。此类犯罪手段多样，常见的有：关押、绑架、戴械具、关禁闭、扣留、"隔离审查"、办封闭式"学习班"等。

2. 有明确的犯罪嫌疑人或者犯罪嫌疑人范围。此类案件多在相对公开的情况下发生，通常在立案时就有明确的嫌疑对象或嫌疑对象范围。但是，在侦查中对其他涉案人员也要深查，进一步甄别一线实施者和幕后指挥者。

3. 通常有明显的犯罪现场。有些非法拘禁案件除非法拘禁外，还伴有殴打、体罚等违法犯罪行为，因此现场可能留下某些痕迹及其他物证，可供现场访问、勘验检查。

4. 一般为共同犯罪。此类案件往往多人参与并有一定分工，侦查中要在甄别共同犯罪人的行为性质和责任大小的基础上，寻找案件突破口。

5. 侦查工作阻力较大。此类案件主体是国家机关工作人员，其组织指挥者往往都是担任一定职务的领导干部。因此，犯罪嫌疑人总能找到一定的"理由"为自己辩护。一些不明就里的群众，也因法制观念淡薄而对犯罪嫌疑人同情和支持。有些领导特别是上级主管单位的领导也往往给予庇护。

（二）非法拘禁犯罪案件的立案条件

根据《立案标准》的规定，国家机关工作人员利用职权实施非法拘禁，具有下列情形之一的，应予立案：（1）非法剥夺他人人身自由24小时以上的；（2）非法剥夺他人人身自由，并使用械具或者捆绑等恶劣手段，或者实施殴打、侮辱、虐待行为的；（3）非法拘禁，造成被拘禁人轻伤、重伤、死亡的；（4）非法拘禁，情节严重，导致被拘禁人自杀、自残造成重伤、死亡，或者精神失常的；（5）非法拘禁3人次以上的；（6）司法工作人员对明知是没有违法犯罪事实的人而非法拘禁的；（7）其他非法拘禁应予追究刑事责任的情形。

（三）非法拘禁犯罪案件的侦查重点、难点及途径

1. 查明犯罪嫌疑人实施非法拘禁的主观故意。尤其要注意查明司法机关工作人员在办理刑事案件中有的拘捕行为是否具有非法拘禁故意。一要调查原案犯罪嫌疑人是否具有犯罪事实和是否具备拘捕条件；二要调查司法人员对原案犯罪嫌疑人是否具有犯罪事实和是否具备拘捕条件的主观认识；三要调查拘捕有无依法经过批准或在报请批准时有无弄虚作假骗取批准。

2. 查明非法拘禁行为及其后果。可通过询问被害人和证人、讯问犯罪嫌

疑人、现场访问、现场勘验检查、鉴定等，查明非法拘禁行为及其后果，以及行为与后果之间的因果关系。关键是要查明非法拘禁的时间、地点、手段、后果、动机等。

3. 查明非法拘禁各参与人在犯罪中的地位、作用及应负的责任。可通过讯问犯罪嫌疑人、询问被害人和证人等，查明各参与人在非法拘禁中的具体行为。

4. 挖掘并查明案件的幕后指使者。一方面，注意分析已暴露的参与人对被害人实施非法拘禁是否符合情理。另一方面，通过启发被害人回忆、讯问已暴露的参与人等措施，查明幕后指使者。

（四）非法拘禁犯罪案件的侦查方法

1. 依法迅速勘验、检查犯罪现场，并做好现场访问。受案后，对正在发生和刚发生的非法拘禁犯罪现场，应组织侦查人员及法医、痕迹检验、刑事照相等人员迅速赶赴现场，进行勘查，获取证据。一是处理紧急情况。主要是对被害人进行解救、治疗，对犯罪嫌疑人采取拘留等紧急措施。二是保护并勘验现场。划出保护现场范围，拍照录像并制作现场图，标明各种物品和受害人所处位置，仔细进行现场勘验。三是做好对被害人身体的检查。确认被害人在遭受非法拘禁过程中的身体伤害情况，为证明犯罪提供依据。四是及时向在场知情者调查访问，了解案件起因、经过、犯罪参与人及具体情节等，获取犯罪线索及证据。

2. 依法询问被害人和证人。一是围绕案件时间、地点、目的、动机、手段、情节、后果、犯罪嫌疑人基本情况、有无共犯及各自在案件中的地位、作用等进行询问。二是针对证人的不同心理进行询问。被害人一方证人，要着重教育其实事求是地提供证言，不得掩饰被害人可能存在的过错，夸大犯罪事实；对犯罪嫌疑人一方证人，要着重教育他们解除思想顾虑，如实作证；对参与了非法拘禁行为的证人，既晓以利害，又指明出路，压引结合，敦促他们争取主动，如实作证。三是做好对证人及其家属的保护工作。询问证人要个别进行，应当保证他们有客观充分提供证据的条件，并为他们保守秘密。对证实关键性犯罪事实的证人应当采取必要的保护措施，避免发生打击报复证人的情况。

3. 依法讯问犯罪嫌疑人。一要选准突破口。要综合案情、犯罪参与人基本情况、心理特点以及在犯罪中可能起的作用等因素，选择阅历较浅、心理素质不强、罪行较轻的犯罪嫌疑人作为突破口，重点进行讯问。二要抓住细节。此类案件共同犯罪人往往会订立攻守同盟，侦查人员应当抓住矛盾，多角度讯问案件具体情节，尤其是各种细节问题。三要抓住犯罪心理。此类案件共同犯罪人往往会出现相互猜疑的心理，要针对犯罪嫌疑人不同的心理状况，捕捉、利用矛盾点，制定恰当的讯问方案，促使其交代犯罪事实。四要适时依法采取强制措施。对态度恶劣、拒不交代犯罪事实并符合适用强制措施条件的犯罪嫌疑人，尤其是策划指挥者，要适时果断采取强制措施，以摧毁其心理防线，确保讯问工作顺利进行。五要时刻防止翻供。在做好讯问笔录的同时，要严格执行讯问职务犯罪嫌疑人全程同步录音录像制度。

4. 依法进行科学鉴定。此类案件所涉及的鉴定主要有理化鉴定和法医学鉴定。其中，前者主要用于现场提取的毛发、血迹等物证痕迹的鉴定，以判明该物证痕迹是否为被害人所留；而后者主要用于被害人伤亡的鉴定，以判明伤害程度、致伤工具和死亡原因，为揭露和证实犯罪提供科学依据。

二、非法搜查犯罪案件的侦查

根据刑法第 245 条规定，非法搜查罪是指非法搜查他人身体、住宅的行为。根据行为主体和行为特征的不同，国家机关工作人员利用职权实施的非法搜查案件，由检察机关侦查；非国家机关工作人员实施的非法搜查案件或国家机关工作人员不是利用职权实施的非法搜查案件，由公安机关管辖。职务犯罪中的非法搜查案件，特指由检察机关管辖的国家机关工作人员利用职权实施的非法搜查案件。下面就职务犯罪中的非法搜查案件侦查方面的相关内容进行具体阐述。

（一）非法搜查犯罪案件的特点

1. 有明确的犯罪嫌疑人或者犯罪嫌疑人范围。此类案件多在公开场合发生，现场有较多目击者，犯罪嫌疑人一般较为明确。但对其他涉案人员也要深查，以进一步甄别一线实施者和幕后指挥者。

2. 通常有明显的犯罪现场。对住宅进行非法搜查的案件，都有犯罪现场可供勘查，如现场痕迹、扣押财物单据、被害人身体伤痕等。

3. 一般为共同犯罪。此类案件往往多人参与并有一定的分工，但共同犯罪人的行为性质、危害后果和责任大小不尽相同，需要认真甄别并以此寻找案件突破口。

4. 侦查工作阻力较大。此类案件主体是国家机关工作人员，犯罪嫌疑人总会以"为公"为借口，为自己的罪行辩护，有的犯罪嫌疑人还能得到群众的同情和支持。

（二）非法搜查犯罪案件的立案条件

根据《立案标准》的规定，国家机关工作人员利用职权实施非法搜查，具有下列情形之一的，应予立案：（1）非法搜查他人身体、住宅，并实施殴打、侮辱等行为的；（2）非法搜查，情节严重，导致被搜查人或者其近亲属自杀、自残造成重伤、死亡，或者精神失常的；（3）非法搜查，造成财物严重损坏的；（4）非法搜查3人（户）次以上的；（5）司法工作人员对明知是与涉嫌犯罪无关的人身、住宅非法搜查的；（6）其他非法搜查应予追究刑事责任的情形。

（三）非法搜查犯罪案件的侦查重点、难点及途径

1. 查明搜查的性质是否非法。一要查明搜查者是否具有搜查权。二是对有搜查权的单位及其工作人员所进行的搜查，应查明是否是依照法定程序，经过批准而进行的搜查。三是对持有搜查证或逮捕证、拘留证的，也应认真审查，明确搜查日期、地点、被搜查人和搜查的目的是否一致，以及是否按合法程序取得搜查证明。四是要查明搜查过程是否符合法律规定。五是对于属非法搜查的，还要注意从中判断非法搜查行为的危害后果程度，是否构成犯罪。

2. 查明非法搜查的行为和后果。要查明非法搜查的时间、地点、人员、起因、手段、经过、次数或被害人数、有无造成财物严重损坏或被害人精神失常、自杀等严重后果等。可通过询问被害人、现场目击者，讯问犯罪嫌疑人，必要时进行医学鉴定等方式予以查明。

3. 查明共同犯罪人的地位、作用及责任。非法搜查案件一般有两个阶段：前一阶段是秘密阶段，即在秘密状态下策划决定进行非法搜查犯罪；后一阶段是公开阶段，即在公开状态下实施非法搜查行为。后一阶段在公开状态下进行，可通过询问被害人、现场目击者、讯问犯罪嫌疑人查明参与人在实施犯罪中的地位、作用。而前一阶段在秘密状态下进行，知情范围有限，尤其幕后指挥者较难被发现。因此，要着重通过讯问犯罪嫌疑人，运用政策攻心、分化瓦解等策略查明犯罪事实。

（四）非法搜查犯罪案件的侦查方法

1. 依法勘验、检查犯罪现场，并做好现场访问。勘验、检查犯罪现场时应注意收集、固定以下证据：一是犯罪嫌疑人在犯罪现场留下的各种痕迹。二是犯罪嫌疑人遗留在现场的各种物品。三是被犯罪嫌疑人毁坏物品的痕迹。四是犯罪嫌疑人遗留在被害人身上及其附属物上的犯罪痕迹。五是犯罪嫌疑人实施非法搜查的过程痕迹。要依法做好现场勘查、检验的录音录像和现场拍照以及现场勘验、检查笔录的制作工作，并及时向案发地周围居住的群众、目击人等进行现场访问。

2. 依法询问被害人及证人。通常应围绕非法搜查的时间、地点、起因、动机、目的、手段、情节、后果及犯罪嫌疑人情况等内容，及时向被害人及其亲属、朋友、同事等知情人展开询问，并依法做好询问笔录。

3. 依法讯问犯罪嫌疑人。此类案件的突破难点是决策指挥者、积极参与者和造成严重后果的犯罪嫌疑人。对此，讯问时一要分别同步进行，防止串供；二要选择阅历浅、心理素质差、在犯罪中责任较小的参与者作为突破口；三要充分运用谋略，利用矛盾、政策攻心等，瓦解心理防线。上述讯问方法与非法拘禁案件基本相同，此处不再展开。

三、刑讯逼供、暴力取证犯罪案件的侦查

根据刑法第 247 条规定，刑讯逼供罪是指司法工作人员对犯罪嫌疑人、被告人使用肉刑或者变相肉刑逼取口供的行为。肉刑，是指采用外力直接作用于人身的方法以引起人身疼痛和伤害；变相肉刑，是指采用直接肉刑以外的其他方法，可以起到与直接肉刑相同或相似的摧残他人肉体与精神的方法折磨他人的行为。

根据刑法第 247 条规定，暴力取证罪是指司法工作人员以暴力逼取证人证言的行为。暴力取证与刑讯逼供在犯罪主体、犯罪手段、犯罪特点等方面具有一致性，只是两者的作用对象不同。因此关于暴力取证犯罪案件侦查的内容可以参照刑讯逼供犯罪案件侦查，不再赘述。

（一）刑讯逼供犯罪案件的特点

1. 案件大多会自行暴露。刑讯逼供案件以特定的人为侵害对象，有具体的被害人。凡严重的刑讯逼供案件，被害人及其亲属一般会进行控告，检察机关在审查逮捕、审查起诉环节讯问犯罪嫌疑人或在看守所检查中也有可能发现，从而使犯罪结果暴露。

2. 犯罪现场中多留有痕迹物证。实践中，刑讯逼供犯罪行为大多在司法机关的审讯室或刑事执法人员的办公室实施。刑讯逼供一般要使用一些刑具，如木棍、警棍、竹片、皮鞭、胶管、绳索、手铐，案发后，现场往往留下作案的上述工具和被害人的血迹、呕吐物及被抓落的头发等痕迹物证。因此，如能及时发现案件和勘查现场，往往能获取有价值的痕迹物证。但如发现案件和勘查现场不及时，行为人为了逃避刑事追究，往往破坏现场，伪装现场，以掩盖刑讯逼供的犯罪事实。

3. 手段多样。一方面，实施肉刑，表现形式包括：一是用捆绑、悬吊、打击等方式，迫使犯罪嫌疑人供述。二是滥用刑具，或用老虎凳等非法刑具使犯罪嫌疑人身体遭受巨大痛苦的方法，强迫其供述。三是向口腔、鼻孔灌辣椒水等强烈刺激性物质刺激犯罪嫌疑人器官的方法，迫使其供述。四是其他直接作用于犯罪嫌疑人的身体，造成肉体痛苦的方法。另一方面，实施变相肉刑，表现形式包括：暴晒、冻饿、轮番讯问、不准睡觉，以及长时间站立、罚跪等

未直接对犯罪嫌疑人人体使用暴力，但可引起痛苦的方法。

4. 单独犯罪少，共同犯罪多。为此，应注意分清责任的主次、轻重，区别对待。

（二）刑讯逼供犯罪案件的立案条件

根据《立案标准》的规定，司法工作人员实施刑讯逼供，具有下列情形之一的，应予立案：（1）以殴打、捆绑、违法使用械具等恶劣手段逼取口供的；（2）以较长时间冻、饿、晒、烤等手段逼取口供，严重损害犯罪嫌疑人、被告人身体健康的；（3）刑讯逼供造成犯罪嫌疑人、被告人轻伤、重伤、死亡的；（4）刑讯逼供，情节严重，导致犯罪嫌疑人、被告人自杀、自残造成重伤、死亡，或者精神失常的；（5）刑讯逼供，造成错案的；（6）刑讯逼供3人次以上的；（7）纵容、授意、指使、强迫他人刑讯逼供，具有上述情形之一的；（8）其他刑讯逼供应予追究刑事责任的情形。

（三）刑讯逼供犯罪案件的侦查重点、难点及途径

1. 注意收集、固定有关刑讯逼供罪主体的证据，包括行为人自然情况、司法工作人员身份和司法职责三部分证据。其中，司法工作人员身份证据包括：证明行为人在侦查、检察、审判、监管机关中所任行政职务、法律职务及警官、检察官、法官级别及工作简历等证明材料。司法职责证据包括：负有侦诉职责的主办警官、主办检察官及其他人员在特定案件中的具体职责义务，负有审判职责的审判长、审判员及书记员在特定案件中的具体职责义务，负有监管职责的司法人员在办理特定案件中的职责义务等。

2. 依法查明导致被害人伤残、死亡等严重后果的原因。为此，可通过法医鉴定、侦查实验、询问、讯问等途径和方法查明。

3. 查明刑讯逼供各参与人在共同犯罪中的行为、地位、作用和应负责任。为此，可经询问被害人、讯问犯罪嫌疑人和询问可能存在的现场目击者。询（讯）问时，要着重问明：一是谁是指使者，如何指使；二是各人分别实施了哪些行为，包括实施行为的手段、次数、部位、力度，在刑讯逼供中谁最积极卖力；三是各人实施的行为所造成的后果；四是犯罪后有无实施订立攻守同盟、伪造现场、编造死因等妨害侦查的行为，以及提议、商量、决定、实施等过程。

（四）刑讯逼供犯罪案件的侦查方法

1. 依法询问被害人。询问的内容主要有：刑讯逼供的时间、地点；刑讯逼供的方法和手段；刑讯逼供的工具，如棍棒、刑具、绳索、鞭子等；刑讯逼供的具体过程和情节，如在刑讯过程中犯罪嫌疑人说了什么话，做了什么事，发生了什么事等；刑讯逼供的伤害情况，如刑讯部位及其伤害情况、治疗情况

等；犯罪嫌疑人的人数，各人的姓名、性别、身份、职务、体貌特征、口音等。

2. 依法检验被害人身体或尸体。对被害人身体或尸体进行检验，主要目的在于查明伤害部位、伤害程度、致伤工具与手段、成伤机制和致死原因等。检验的范围包括体表（尸表）检验与解剖检验两部分，以进一步查验致伤或致死的原因与工具等。对被害人的身体（或尸体）进行检验时，要注意发现并提取可能存在的指纹、脚印、血迹、工具痕迹等。

3. 依法勘验犯罪现场，并做好现场访问工作。

4. 必要时依法进行侦查实验。在侦查刑讯逼供案件，特别是侦查刑讯逼供致被害人死亡案件时，经常需要进行侦查实验。

5. 依法做好讯问犯罪嫌疑人工作。讯问的内容主要包括：一要问清有无刑讯逼供犯罪行为。二要问清刑讯逼供的动机和目的，如为了立功、泄私愤、报复、尽快结案等。三要问清刑讯逼供使用的手段，如使用肉刑、变相肉刑或二者兼而有之。四要问清刑讯逼供使用的工具及其藏匿地点。五要问清刑讯逼供的时间和地点。六要问清刑讯逼供的具体过程和情节，如怎样预备犯罪，如何实施犯罪，犯罪过程中发生了什么事，有无他人围观或劝阻等。七要问清刑讯逼供涉及的人，如有无同案犯罪嫌疑人，以及姓名、身份等。八要与其他侦查措施紧密结合。例如，当犯罪嫌疑人辩称被害人伤残、死亡是自伤、自残或自杀的结果时，有的要到现场进行模拟，以审查判断被害人当时所处的位置、角度能否实施犯罪嫌疑人所说的自伤、自残或自杀的行为，以判明犯罪嫌疑人辩解的真伪。

6. 适时对犯罪嫌疑人的住处、人身、办公地点等进行搜查，以发现刑讯逼供中使用的工具等重要物证和书证，包括订立攻守同盟的书面材料或是留给家人的有关信件等。搜查中还应注意发现行为人的其他犯罪行为的物证和书证。

四、虐待被监管人犯罪案件的侦查

根据刑法第248条规定，虐待被监管人罪是指监狱、拘留所、看守所等监管机构的监管人员对被监管人进行殴打或者体罚虐待，情节严重的行为。

（一）虐待被监管人犯罪案件的特点

1. 犯罪手段具有多样性。主要表现为：一是殴打被监管人，即使用暴力对被监管人实施直接侵害。二是体罚虐待被监管人，如捆绑、违法使用械具、罚站、罚跪、不让休息、冻饿、烟熏、火烤、日晒、有病不给医治、无故禁闭，以及侮辱人格、精神摧残、折磨等。三是指使被监管人使用上述方法虐待其他被监管人员。

2. 案件大多会被暴露。此类案件多在三种情形下暴露：一是受害人及其家属控告；二是监管人员或被监管人举报；三是监所检察人员发现。而案件暴露时，有的有明确的嫌疑对象，有的仅有犯罪结果，有的则二者兼而有之。因此，侦查进路因案而异，有的由人查事，有的由事查人。

3. 犯罪现场、犯罪时间大多较为分散。殴打、体罚虐待等行为发生的地点可能分散在监室、禁闭室、监管人员办公室等多个地方；有的在时间上也较为分散，甚至间断性地连续数月数年。

4. 侦查工作阻力大。一是虐待行为的目击者、知情人基本上是监管场所内的工作人员或被监管人，他们一般碍于情面或畏惧权势而不愿或不敢作证。二是在监管人员指使被监管人虐待其他被监管人的情况下，侦查人员容易被表面现象迷惑，以为仅是被监管人相互间的矛盾，监管场所有关人员一般也会往这方面去掩饰；同时，受指使的被监管人一般不愿道出真情，加上指使一般用语言、动作来表达，而无物证、书证，侦查取证难度很大。三是犯罪现场分散，给勘验检查带来困难。四是虐待被监管人案件有时是单独犯罪。

（二）虐待被监管人犯罪案件的立案条件

根据《立案标准》的规定，监管人员对被监管人进行殴打或者体罚虐待，具有下列情形之一的，应予立案：（1）以殴打、捆绑、违法使用械具等恶劣手段虐待被监管人的；（2）以较长时间冻、饿、晒、烤等手段虐待被监管人，严重损害其身体健康的；（3）虐待造成被监管人轻伤、重伤、死亡的；（4）虐待被监管人，情节严重，导致被监管人自杀、自残造成重伤、死亡，或者精神失常的；（5）殴打或者体罚虐待3人次以上的；（6）指使被监管人殴打、体罚虐待其他被监管人，具有上述情形之一的；（7）其他情节严重的情形。

（三）虐待被监管人犯罪案件的侦查重点、难点及途径

1. 查明被监管人伤残、死亡等严重后果的原因。主要通过法医鉴定，询问知情人和讯问犯罪嫌疑人等途径调查。

2. 查明监管人员行为的非法性。关键是要区分依法正常使用械具、武器与虐待被监管人的界限，即要看行为目的是维护监管秩序，还是为了侵犯被监管人人身权利。因而要查明实施该行为是否有事实和法律依据，是否为维护监管秩序所需。同时具备此两点的，是合法的防范、惩戒行为，否则即为体罚虐待行为。

3. 查明指使被监管人殴打、体罚虐待其他被监管人的监管人员。指使被监管人殴打、体罚虐待其他被监管人的监管人员往往隐藏于幕后，反侦查能力

强；指使一般用语言、动作表示而无书面凭据；被指使的被监管人往往因被笼络或慑于权势而不敢如实交代。可通过秘密调查、迂回包抄、政策攻心、各个击破等方法，确定幕后指使者。

（四）虐待被监管人犯罪案件的侦查方法

1. 依法勘验、检查犯罪现场。勘验、检查犯罪现场的主要任务，是发现并提取现场的指纹、足迹、血迹、犯罪工具，以及被害人身体及衣物上的各种痕迹。

2. 依法询问被害人和证人。通常应围绕犯罪时间、地点、动机、目的、手段、情节、后果、犯罪嫌疑人基本情况、有无知情人和见证人等内容，及时询问被害人、监管场所的看守、管教人员，犯罪嫌疑人的同事及与被害人共同关押的其他被监管人等知情人。

3. 依法讯问犯罪嫌疑人。讯问应围绕犯罪时间、地点、动机、目的、手段、情节、后果及犯罪嫌疑人基本情况、有无共犯、各自在犯罪中地位、作用等进行。

4. 必要时依法及时进行鉴定（包括法医鉴定、痕迹鉴定、文件检验等）、侦查实验等。尤其是对留有伤痕的被害人，无论是活体还是尸体，都要由法医进行检验，以查明伤痕的部位、数目、特征、受伤程度、致伤工具等；对被害人死亡的，还要查明死亡原因，并区分生前伤、死后伤、致命伤、非致命伤等。

5. 依法适时采取强制措施。通过采取强制措施，不仅可以隔断犯罪嫌疑人与外界的联系，动摇其心理防线，促使其交代犯罪事实，瓦解共同犯罪人之间的攻守同盟，而且有利于案件的知情人解除怕结怨、怕打击报复等思想顾虑，如实作证。

第八节　侵犯公民民主权利犯罪案件的侦查

职务犯罪中的侵犯公民民主权利犯罪案件，包括报复陷害、破坏选举两种案件。

一、报复陷害犯罪案件的侦查

根据刑法第254条规定，报复陷害罪是指国家机关工作人员滥用职权、假公济私，对控告人、申诉人、批评人、举报人实行打击报复、陷害的行为。

（一）报复陷害犯罪案件的特点

1. 犯罪主体和被害人相对确定。在实践中犯罪主体多为农村基层干部、单位领导干部以及司法机关工作人员。

2. 犯罪嫌疑人实施报复陷害的方式、手段多种多样，且具有持续性和公开性。一方面，必须是利用职务、职权。另一方面，作案手段从内容上无外包括物质、人身和精神上的报复三类，而常见作案手段就是假公济私、滥用职权对他人实施报复。实践中，有的还以"讨论"、"研究"，打着集体决定的旗号，实现报复陷害的目的。

3. 此类案件从实施到案发往往持续时间较长，导致被害人精神、经济和名誉上遭受极大损害，有的造成被害人患上或加重精神方面的疾病，损害身心健康，甚至引起被害人自杀等严重后果。

（二）报复陷害犯罪案件的立案条件

根据《立案标准》的规定，国家机关工作人员滥用职权、假公济私，对控告人、申诉人、批评人、举报人实行报复陷害，具有下列情形之一的，应予立案：（1）报复陷害，情节严重，导致控告人、申诉人、批评人、举报人或者其近亲属自杀、自残造成重伤、死亡，或者精神失常的；（2）致使控告人、申诉人、批评人、举报人或者其近亲属的其他合法权利受到严重损害的；（3）其他报复陷害应予追究刑事责任的情形。

（三）报复陷害犯罪案件的侦查重点、难点及途径

1. 查明犯罪嫌疑人的主体身份。

2. 查明犯罪嫌疑人实施报复陷害行为是否利用职权而进行。如实施报复中没有利用职权，而是对被害人采取打骂、投毒、放火、爆炸或杀害等行为的，则相应地构成其他犯罪，而不能构成报复陷害犯罪。

3. 查明犯罪嫌疑人在主观上是否具有报复陷害被害人的目的。实践中，常常有这样的情况，某些国家工作人员在职权范围内处理某些事情时，客观上发生了一些错误，从而损害了某些人的利益。而某些人往往会向司法机关反映某国家工作人员对他们实施了报复和陷害。这种情况由于国家工作人员实际上没有报复陷害的目的，因而对某些人的利益造成损害只能算是工作上的错误，而不能构成报复陷害犯罪。

4. 查明案件发生的起因。一要查明被害人是在什么时间、什么地点、什么情况下、采取什么方式和途径提出了控告、申诉、批评和举报。二要查明被害人控告、申诉、批评和举报的具体内容是什么，针对的是什么人、什么事，与犯罪嫌疑人是否有直接和间接的关系。三要查明犯罪嫌疑人是在什么时间、什么情况下得知被害人的控告、申诉、批评和举报的。四要查明犯罪嫌疑人实施报复陷害行为与被害人的控告、申诉、批评和举报行为之间是否具有必然的因果联系。

5. 查明犯罪嫌疑人的报复陷害行为与被害人的损害结果之间的因果联系。

（四）报复陷害犯罪案件的侦查方法

1. 依法做好调查访问。调查访问主要内容包括：一要问清犯罪嫌疑人的情况；二要问清受害人的情况；三要问清报复陷害犯罪的方法与手段；四要问清报复陷害犯罪的时间和地点；五要问清报复陷害的原因；六要问清报复陷害的危害结果；七要问清上述情况有何证据证明；八要问清其他与报复陷害犯罪有关的情况。

2. 依法讯问犯罪嫌疑人。而讯问的内容包括：一要讯问有无报复陷害犯罪行为；二要讯问报复陷害犯罪的动机和目的；三要讯问报复陷害犯罪的犯罪手段；四要讯问报复陷害犯罪的具体过程和情节。

3. 通过司法鉴定收集与案件有关的各种证据，如通过检验和鉴定确定某文书材料是谁写的，某文书材料是什么时候写的，某文书材料是否有改写、涂写、添写等情况。

二、破坏选举犯罪案件的侦查

根据刑法第 256 条规定，破坏选举罪是指在选举各级人民代表大会代表和国家机关领导人员时，以暴力、威胁、欺骗、贿赂、伪造选举文件、虚报选举票数或者编造选举结果等手段破坏选举或者妨害选民和代表自由行使选举权和被选举权，情节严重的行为。

（一）破坏选举犯罪案件的特点

1. 发案呈周期性。与普通刑事案件不同的是破坏选举案件随换届选举工作的开展呈周期性发案。

2. 犯罪手段比较单一，共同犯罪现象突出。虽然法律规定构成破坏选举犯罪的手段有"以暴力、威胁、欺骗、贿赂、伪造选举文件、虚报选举票数、编造选举结果"等多种方式，但在实践中以贿赂和伪造选举文件手段实施犯罪的居多。贿赂人员为达到自己当选的目的，一般会组成一个临时的班子分工负责实施贿选行为。据统计，共同犯罪占 80% 左右。

3. 本罪多与贿赂、伤害、恐吓、伪造公文、证件等其他犯罪行为相交织。通常犯罪嫌疑人都是与选举有直接利害关系的人，有的是选举的候选人，有的是候选人的亲属、同事，有的是借机泄私愤的选民；证人一般是参加选举的选民、代表，以及选举工作的监督者、工作人员等。

（二）破坏选举犯罪案件的立案条件

根据《立案标准》的规定，国家机关工作人员实施破坏选举，具有下列情形之一的，应予立案：（1）以暴力、威胁、欺骗、贿赂等手段，妨害选民、各级人民代表大会代表自由行使选举权和被选举权，致使选举无法正常进行，或者选举无效，或者选举结果不真实的；（2）以暴力破坏选举场所或者选举设备，致使选举无法正常进行的；（3）伪造选民证、选票等选举文件，虚报选举票数，产生不真实的选举结果或者强行宣布合法选举无效、非法选举有效的；（4）聚众冲击选举场所或者故意扰乱选举场所秩序，使选举工作无法正常进行的；（5）其他情节严重的。

（三）破坏选举犯罪案件的侦查重点、难点及途径

1. 依靠群众和广大选民，广泛收集证据。对于以暴力威胁选民、代表的，可以询问被威胁、胁迫的选民、代表，收集犯罪嫌疑人实施威胁的言词等证据。对于用暴力致使选民、代表伤残的，应进行法医鉴定，确定伤残程度、使用暴力的具体方式等，并注意收集犯罪嫌疑人所使用的凶器等物证。对于用书信威胁选民、代表的，要注意收集书证。对于采用贿赂、拉拢等方法破坏选举的，应当追查用于贿赂的款物的去向。对于伪造选票、虚报票数、欺骗选民的，应当收集合法选票及伪造选票，对伪造选票进行技术鉴定。对于聚众冲击选举场所或者故意扰乱选举会场秩序的，有条件的应进行现场勘查，确定现场有无破坏痕迹并收集有关痕迹物证。

2. 查明破坏选举的犯罪手段。这主要应通过询问证人、调取选票等选举文件、进行文件检验、讯问犯罪嫌疑人等措施去查明。

3. 查找伪造选票案件的犯罪嫌疑人。侦查中，要从因果关系入手，从结果找原因，再从原因查找犯罪嫌疑人。具体方法是：一是从查伪造选票所填写内容入手，初步确定犯罪嫌疑人。二是广泛走访知情人，进一步确定犯罪嫌疑人。三是通过对伪造选票的笔迹鉴定，最终确定犯罪嫌疑人。这里需要注意的是，具体伪造选票等选举文件的人，很有可能是受人指使，因此，要通过对伪造选票人的审查，查明可能存在的幕后指使者。

4. 查找隐藏在幕后的国家机关工作人员。实践中，有的破坏选举案件参与人较多，但各种破坏活动开展得有条不紊，如有的向代表各住处散发诽谤某一候选人的传单，有的出面请客送礼等，凡这种案件，必然有组织指挥者。因此，在侦查中，要增强侦查意识，深挖细查。侦查的途径，是从查行为人的动机目的入手。一要通过讯问犯罪行为实施者，追查其实施破坏选举的动机，即基于什么原因而实施该行为。二要迫使其供出幕后指挥者，并进一步查明其内部的组织分工，搞清各参与人在破坏选举中的地位作用。

（四）破坏选举犯罪案件的侦查方法

1. 依法进行调查访问。调查访问要围绕下列问题进行：一是犯罪嫌疑人的人数，各人的姓名、性别、年龄、文化程度、职业、职务、住址；二是破坏

选举犯罪的时间和地点；三是犯罪所使用的方法、手段，如暴力方法、威胁方法、欺骗方法、贿赂方法、虚报选举票数等；四是犯罪使用的工具，如刀枪、棍棒、绳索等；五是犯罪所涉及的人，如想让何人当选，不想让何人当选；六是其他与破坏选举犯罪有关的事项等。

2. 采取刑事技术手段收集证据。实践中，用伪造选举文件、虚报选举票数、编造选举结果以及暴力等手段破坏选举的案件，一般都有书证或痕迹物证，如伪造的选民证或选票，实际选票数、选举结果和虚假、编造的选票数、选举结果的记载，以暴力殴打选民或暴力毁坏选举设施所留下的物证痕迹等。对这些书证和物证痕迹，都要迅速及时提取。对伪造选票的，要进行笔迹鉴定。对暴力致人伤残的，要进行法医鉴定。

3. 依法讯问犯罪嫌疑人。而讯问的主要内容包括：一要讯问有无破坏选举的犯罪行为；二要讯问破坏选举犯罪的动机和目的；三要讯问破坏选举犯罪的手段；四要讯问破坏选举使用的犯罪工具及其藏匿地点；五要讯问破坏选举的时间和地点；六要讯问破坏选举犯罪的具体过程和情节，如使用暴力的具体过程和情节、伪造选举文件的具体过程和情节、贿赂的具体过程和情节等；七要讯问破坏选举犯罪涉及的人，如想让何人当选，不想让何人当选，何人指使破坏选举活动，其姓名、职业、身份等；八要讯问与破坏选举犯罪有关的其他有关人、事与物的有关情况。

思考题

1. 如何把握滥用职权案件和玩忽职守案件的侦查取证要点？

2. 如何选择徇私枉法犯罪侦查的突破口？

3. 非法批准征用、占用土地案件多是地方党委政府违法决定，土地、规划等部分负责批准手续，甚至可能涉及强征强拆问题。在此类案件中，如何准确区分不同涉案人员的责任？如果徇私舞弊情节难以突破（比如借口为了当地经济发展等），那么如何确定此类案件涉嫌的罪名？立案标准如何适用？

4. 责任事故所涉渎职犯罪有何特殊性？

5. 如何把握责任事故所涉渎职犯罪立案时机？

6. 在责任事故调查中，如何处理好检察调查与行政调查的关系？

7. 刑讯逼供罪的犯罪手段有哪些？

8. 虐待被监管人罪的犯罪主体范围是什么？

第三部分

常用文书制作与范例

第五章　侦查文书概述

第一节　侦查文书的种类及制作应注意的问题

侦查文书是指检察机关为依法履行对渎职侵权犯罪案件的侦查职能，实现侦查目的，在开展侦查活动的过程中，依法制作的具有特定格式和特定效力或意义的特种公文的总称。

作为渎职侵权犯罪案件侦查活动的法定产物，侦查文书既是检察机关履行渎职侵权犯罪案件侦查职责的重要手段和工具，也是对渎职侵权犯罪案件侦查活动的真实记录，还是评价案件侦查质量和考察侦查人员业务素质的重要依据。有侦查活动，就有与之相应的侦查文书；没有侦查文书的侦查活动，是不合法、不规范的侦查活动。

一、侦查文书的种类

侦查文书分类是相对的，不同的划分标准决定了不同的分类方法。掌握侦查文书的不同分类，有助于全面了解各种文书的特点和制作要求并加以准确适用。侦查文书的主要分类方法有以下三种：

（一）根据法律性质不同，侦查文书可以分为两类

1. 侦查法律文书，是指人民检察院侦查部门依照刑事诉讼法和《刑诉规则》的规定，在履行渎职侵权犯罪侦查职权的重要法律节点如立案、采取强制措施、移送审查起诉时，依法制作的对外产生法律效力的侦查文书。如《立案决定书》、《询问通知书》、《传唤通知书》、《拘留决定书》、《起诉意见书》等，详见本章第二节"职务犯罪侦查法律文书总览"。

2. 侦查工作文书，是指为确保严谨、规范、安全、依法履行渎职侵权犯罪侦查职权，各级侦查部门依照《刑诉规则》或者本单位、本部门的相关规定填制的，主要用于人民检察院内部审批、不对外产生法律效力的各类侦查文书，如《线索登记表》、《提请初查报告》、《侦查终结报告》等文书。

（二）根据诉讼阶段不同，侦查文书可以分为两类

1. 初查及立案类文书。是指人民检察院侦查部门在对各类报案、控告、举报、移送、交办材料进行审查、调查过程中，为确定是否有渎职侵权犯罪事实发生、是否需要追究刑事责任、是否应由本单位立案而制作的文书。如

《提请初查报告》、《审查结论报告》、《立案决定书》、《不立案通知书》、《指定管辖决定书》等文书。

2. 侦查类文书。是指人民检察院在立案后为查明犯罪嫌疑人渎职侵权犯罪事实，依法进行专门调查工作和采取有关强制措施，以及对案件作出处理决定或提出处理意见的一系列活动中所制作使用的文书。如《传唤证》、《拘留决定书》、《侦查终结报告》、《起诉意见书》等文书。

（三）根据制作方法不同，侦查文书可以分为四类

1. 填充式文书。这是指文书的主要要素以统一标准格式印刷，人民检察院使用时只需要根据侦查具体情况，依法简单填制有关内容的侦查文书。如《立案决定书》、《回避决定书》、《许可会见犯罪嫌疑人决定书》、《拘留人大代表报告书》、《搜查证》等文书。

2. 宣告式文书。这是指文书制作主要是将需要向相对人告知法定的事项打印为固定文本，在向其宣告后，由其签字确认的侦查文书。如《犯罪嫌疑人诉讼权利义务告知书》、《被取保候审人义务告知书》及《侦查阶段委托辩护人、申请法律援助告知书》等文书。

3. 叙述式文书。这是指文书正文主体部分需要由制作人叙述事实、说明依据和理由、提出意见或结论的规范性文书。如《审查结论报告》、《侦查终结报告》、《起诉意见书》等文书。

4. 笔录式文书。这是指人民检察院在渎职侵权犯罪侦查过程中，以实录形式记载诉讼活动进程的检察笔录。如《询问笔录》、《讯问笔录》、《搜查笔录》、《辨认笔录》等文书。

二、侦查笔录的制作方法

记录活动的正常运作，是以特定的侦查活动的启动为起点的，并贯穿始终。它不仅需要特定的检察人员（主要由书记员承担），也需要特定的设备（如计算机、速录机、打印机）、材料（如笔墨、纸张）。但是，实践中却经常出现这样的现象：同样的设备、同样的材料，只因记录人员的不同，却出现侦查笔录质量大相径庭的情况。其关键，就是记录人员的素质、技能不同。而高素质、高技能不是与生俱来的，是后天的孜孜以求得来的。因此，培养并提高记录人员的综合素质、技能，是保证侦查笔录质量的根本和关键路径。

1. 要掌握问话等办案活动规律。侦查活动至少需要 2 名或者 2 名以上办案人员共同完成。其中，一名是书记员，而另一名则是主办检察官。因此，这就要求办案人员之间，既要密切配合，尊重、协助对方，进而完成特定的侦查活动，也要相互取长补短与制约，进而依法完成特定的侦查工作。这样，才能

保证侦查活动的高效、合法完成。而为了保质保量完成侦查笔录的记录活动，一方面，书记员必须了解主办检察官的工作规则、规律和特点。这样，才能保证记录活动的有的放矢。另一方面，书记员与主办检察官之间，必须密切配合并相互监督制约。

2. 要掌握记录工作的一般规律和技巧。（1）要有识字广泛、快速书写的基本功底。（2）要有一定的语音和方言词汇、语法知识，结合本地区方言的特点，熟悉方言的语音及用字。（3）要做好记录前的充分准备工作。一是做好阅卷笔录、熟悉案情、记清诉讼参与人的姓名、籍贯、民族、职业、年龄以及当事人单位的地址、法定代表人的姓名、委托代理人的姓名以及各人涉及的方言土语、案件涉及的专业术语和其他生僻用字；二是结合案情可能涉及的法律条款，笔录时先记下条款序号，可留下相应的空格事后补记，以便将思路迅速转移到下一个问题上；三是事先借助一切机会接触诉讼参与人，熟悉他们的语言应用的状况与特点，例如，哪里口音、讲话速度、文化层次、职业特征及表达能力；四是做好纸、笔及记录时所需查阅资料的准备工作。（4）要掌握记录技巧。由于记录必须抓住重点，求全、求实、求真。因而，可以用6个字来概括笔录的工作，即"录音、录像、剪辑"。录音是如实记载，不改变原意、原话，不能将直接引语轻易改为转述语句；录像是要记录现场状况，包括侦查活动"相对人"的喜怒哀乐等与侦查活动进程有关的情态动作；剪辑是去粗取精而不是字句不漏。概言之，"简记问，繁记答"。

3. 要提高记录的速度。侦查笔录的记录，不是单纯、机械地记录，而是一种伴随着一定的快速思维、记忆甚至观察，需要手、脑、耳、眼并用，听、思、记、写同步，体脑高度协调配合的活动。既有体力上的要求，也有脑力上的要求。缺乏任何一方面的能力、素质、技能，都不可能保证记录工作的顺利进行。但是，这里同样也有熟能生巧的问题和方法、技巧问题。（1）要做好充分准备。例如，认真阅卷，全面熟悉案情；依法记下事先可记录下来的内容，如办案人员姓名、时间、地点，侦查活动"相对人"的姓名、性别、工作单位等。（2）要善于对不必要记录的侦查活动内容进行取舍。例如，问答内容并不需要全程记录下来，只要取舍得当，就能够节省记录时间，缩短问答与记录之间的时间差距，进而提高记录速度。但取舍要适当，该记则记，该不记则不记。（3）要善于选择恰当的记录方法。实践中，可通过合并法、归纳概括法、名词简约法和留空后补法提高记录速度。所谓合并法，即将几"问"、几"答"的内容加以合并记录，也就是把单项短句问答合并为多项长句问答；所谓归纳概括法，即对需要记录的问答内容进行必要的归纳、概括的一种记录方法；所谓名词简约法，即适当使用简称、统称和缩略语进行记录，但必须符合国家通用语言文字的语法规范和约定俗成的习惯，而不能自造。

4. 要抓住记录的重点。凡是与犯罪构成要件相关的内容，凡是与司法（检察）证明对象或者客体相关的内容，都是主办检察官"问"的重点，也是侦查活动"相对人"尽量避免回答的重点。因此，这也是书记员记录的重点。进言之，有关犯罪主体、犯罪客体、犯罪主观方面、犯罪客观方面以及针对犯罪行为的"七何"问题，都是须记录的重点问题。

5. 要规范记录工作中的用"字"、用"词"、用"句"，并注意记录关键性语言、方言土语、犯罪隐语和动作（人体）语言。

6. 要注意记录内容的取舍、繁简得当。总的来说，与案件有关的内容要"取"、"繁"，详细记，尽量做到"原汁原味"；与案件无关的内容要"舍"、"简"，尽量做到"一带而过"。

7. 要做好电脑打印记录工作。一方面，一定要有亲笔签名。每份笔录经被调查人看过且表示无不同意见后，要由被调查人在该笔录的最后用笔签上"以上笔录已看过，与我所讲的相符"的意见，再亲笔签名并写上日期。另一方面，要注意保密。用电脑制作的笔录除了要遵循对一般检察文书应做的保密办法外，还应注意防止因使用电脑而可能造成的泄密：一是用于制作笔录的电脑切不可用于上网，不然很容易造成泄密；二是用与其他同事共用的电脑所制作的笔录，完成操作后，一定要注意从电脑中彻底删除笔录内容。

8. 同步录音录像要反映整个讯问或者询问的全过程，包括阅读、修改笔录及在犯罪嫌疑人、证人笔录上签字认可过程。

三、制作侦查文书要注意的问题

制作侦查文书实践中，还应注意以下问题：

1. 涉及当事人年龄，都应写明出生年月日，以利于满足电脑储存和检索的需要。对不满 18 周岁的犯罪嫌疑人，必须写明出生年月日，对 18 周岁以上的极个别确无身份证又确实搞不清出生年月日的，可变通只写年龄。

2. 引用修正前的刑法，一律称"1979 年《中华人民共和国刑法》"，引用修正后的刑法，一律称"《中华人民共和国刑法》"。

3. 对犯罪嫌疑人供述、被害人陈述、证人证言等言词证据，原则上应当用第三人称，涉及证明案件事实的关键言词，也可使用第一人称。

4. 为了维护侦查笔录的真实性和严肃性，其中应当写明证人的真实姓名。但为了保护被害人的名誉，根据被害人的请求或者案件的具体情况，在侦查笔录中，也可以只写姓、不写名，具体可以表述为"张某某"、"王某某"，但不宜表述为"张××"、"王××"。

5. 使用非规范化简称，应当先用全称并注明简称。使用国际组织外文名称或其缩写形式，应当在第一次出现时注明准确的中文译名。

6. 忌用"事主"代替"被害人"，忌用"贩卖"代替"出售"，忌用"犯罪团伙"代替"犯罪集团"、一般共同犯罪，忌轻下断语，忌流于简略，忌滥用修辞，忌法律用语、术语不规范，忌运用模糊词语不当，忌运用文言词语不确切，忌用文学语言代替法律语言等。

7. 在下列情况下，应使用精确语言：首部涉及的人名、性别、出生年月日、民族、籍贯、职业或工作单位及职务、家庭住址等事项；涉及犯罪嫌疑人犯罪事实的时间、地点、目的、动机、情节、手段、结果及必要的证据；涉及的一些概念，包括时间、地点、物件、数据等。

8. 尽管侦查笔录通常忌讳使用模糊词语，但在下列情况也可适当使用：表达难以具体确定的时间、空间时，不必确定的程度、范围，难以或无须准确描述的频率、数量，带有预测推断性质的内容、情节；不便或不宜直言的情景、事实，叙述或说明人和事物发展变化过程，涉及危害国家安全和某些部门秘密和情报，涉及淫秽、个人隐私等内容，涉及一些犯罪的手段及细节。

9. 对不愿供述或者无法确定其真实姓名、出生地等基本情况的犯罪嫌疑人、被告人，可参照刑事诉讼法第158条第2款关于"对于犯罪事实清楚，证据确实、充分的，也可以按其自报的姓名移送人民检察院审查起诉"的规定，可以按照犯罪嫌疑人自报的姓名和出生地等情况表述，并用括号注明"自报"。

10. 制作侦查文书时，一般对犯罪嫌疑人所受强制措施的情况，表述为"因涉嫌犯××罪于××年××月××日被刑事拘留、逮捕（或者被采取其他羁押措施）"，注意主语。

11. 对于填充式的选择项在选择时，可用斜线（\）画去不用的选择项。

12. 要符合制作侦查笔录的数字要求。一方面，应符合国家质量监督检验检疫总局《关于出版物上数字用法的试行规定》（2012年1月1日）要求；另一方面，也应符合最高人民检察院《关于印制人民检察院法律文书格式（样本）的说明》等规定要求。

13. 要符合制作侦查笔录的标点符号要求。即要符合国家质量监督检验检疫总局《标点符号用法》（2012年6月1日）规定。

14. 要符合制作侦查文书的纸张、格式、笔墨、签名、捺手印和时间填写要求。例如，根据最高人民检察院、国家档案局《人民检察院诉讼档案管理办法》（2000年11月2日）规定，侦查笔录只能用毛笔、钢笔，蓝黑或碳素墨水记录，而不能用圆珠笔抑或红色等其他颜色的墨水记录；最高人民检察院、国家档案局《人民检察院诉讼文书立卷归档办法》（2000 年 11 月 2 日）第 17 条也明确规定："人民检察院的诉讼文书，一律用毛笔或钢笔（使用蓝黑或碳素墨水）书写、签字"；国务院秘书厅、国家档案局《关于请勿使用圆珠笔、铅笔拟写文件的通知》（1964 年 1 月 24 日）规定，为了利于档案的长期保存，今后在起草、修改文件或者批注时一律要使用毛笔或钢笔，同时要用质量较好的墨水，不要使用圆珠笔，一般地也不要使用铅笔。如果有的领导同志习惯于用铅笔，建议其按照规范使用书写工具。

第二节　职务犯罪侦查法律文书总览

一、立案文书

1. 立案决定书（刑事诉讼法第 18 条第 2 款、第 107 条、第 110 条）

2. 补充立案决定书（刑事诉讼法第 18 条第 2 款、第 107 条、第 110 条）

3. 不立案通知书（刑事诉讼法第 15 条、第 110 条）

4. 移送案件通知书（刑事诉讼法第 108 条）

5. 指定管辖决定书（《刑诉规则》第 8 条、第 12 条、第 16 条、第 18 条）

6. 交办案件决定书（《刑诉规则》第 14 条）

7. 提请批准直接受理书（刑事诉讼法第 18 条第 2 款）

8. 批准直接受理决定书（省院为制作主体，刑事诉讼法第 18 条）

9. 不批准直接受理决定书（省院为制作主体，刑事诉讼法第 18 条）

二、回避文书

10. 回避决定书（刑事诉讼法第 28 条、第 29 条、第 30 条、第 31 条）

11. 回避复议决定书（刑事诉讼法第 30 条）

三、辩护与代理文书

12. 侦查阶段委托辩护人、申请法律援助告知书（刑事诉讼法第 33 条、第 34 条）

13. 提供法律援助通知书（刑事诉讼法第 34 条）

14. 辩护律师会见犯罪嫌疑人应当经过许可通知书（刑事诉讼法第 37 条第 3 款）

15. 辩护律师可以不经许可会见犯罪嫌疑人通知书（刑事诉讼法第 37 条

第 3 款)

16. 许可会见犯罪嫌疑人决定书 (刑事诉讼法第 37 条第 3 款)

17. 不许可会见犯罪嫌疑人决定书 (刑事诉讼法第 37 条第 3 款)

四、强制措施文书

18. 拘传证 (刑事诉讼法第 64 条)

19. 取保候审决定书、执行通知书 (刑事诉讼法第 65 条)

20. 被取保候审人义务告知书 (刑事诉讼法第 69 条)

21. 保证书 (刑事诉讼法第 66 条、第 68 条)

22. 解除取保候审决定书、通知书 (刑事诉讼法第 77 条)

23. 监视居住 (含指定居所监视居住) 决定书、执行通知书 (刑事诉讼法第 72 条、第 73 条)

24. 指定居所监视居住通知书 (刑事诉讼法第 73 条第 2 款)

25. 被监视居住人义务告知书 (刑事诉讼法第 75 条)

26. 解除监视居住决定书、通知书 (刑事诉讼法第 77 条第 2 款、第 97 条)

27. 拘留决定书 (刑事诉讼法第 163 条)

28. 拘留通知书 (刑事诉讼法第 83 条第 2 款)

29. 拘留人大代表报告书 (刑事诉讼法第 163 条、《全国人民代表大会和地方各级人民代表大会代表法》第 32 条)

30. 报请许可采取强制措施报告书 (《全国人民代表大会和地方各级人民代表大会代表法》第 32 条)

31. 报请逮捕书 (省级以下院为制作主体,刑事诉讼法第 79 条、第 163 条、第 165 条)

32. 逮捕通知书 (刑事诉讼法第 91 条第 2 款)

33. 报请重新审查逮捕意见书 (省级以下院为制作主体,刑事诉讼法第 79 条、第 163 条)

34. 撤销强制措施决定、通知书 (刑事诉讼法第 94 条)

35. 提请批准延长侦查羁押期限报告书 (刑事诉讼法第 154～157 条)

五、侦查文书

36. 传唤通知书 (刑事诉讼法第 117 条)

37. 提讯、提解证 (刑事诉讼法第 162 条、第 170 条)

38. 提讯情况、提解情况记载 (刑事诉讼法第 162 条、第 170 条)

39. 犯罪嫌疑人诉讼权利义务告知书（刑事诉讼法第 9 条、第 11 条、第 14 条、第 28 条、第 32 条、第 33 条等条款）

40. 证人诉讼权利义务告知书（刑事诉讼法第 120 条、第 124 条）

41. 询问通知书（刑事诉讼法第 122 条、第 125 条）

42. 调取证据通知书（刑事诉讼法第 52 条第 1 款）

43. 调取证据清单（刑事诉讼法第 52 条第 1 款）

44. 勘查证（刑事诉讼法第 126 条、第 128 条）

45. 勘验检查笔录（含提取痕迹物证登记表）（刑事诉讼法第 126 条）

46. 解剖尸体通知书（刑事诉讼法第 126 条、第 129 条、第 162 条）

47. 侦查实验笔录（刑事诉讼法第 133 条、第 162 条）

48. 搜查证（刑事诉讼法第 134 条、第 136 条）

49. 登记保存清单（刑事诉讼法第 162 条）

50. 查封决定书（刑事诉讼法第 139 条）

51. 查封/扣押财物、文件清单（刑事诉讼法第 139 条、第 140 条）

52. 协助查封通知书（刑事诉讼法第 139 条）

53. 解除查封通知书（刑事诉讼法第 143 条）

54. 扣押决定书（刑事诉讼法第 139 条）

55. 解除扣押决定书（刑事诉讼法第 143 条）

56. 退还、返还查封/扣押/调取财物、文件决定书（刑事诉讼法第 143 条）

57. 退还、返还查封/扣押/调取财物、文件清单（刑事诉讼法第 143 条）

58. 处理查封/扣押财物、文件决定书（刑事诉讼法第 234 条）

59. 处理查封/扣押财物、文件清单（刑事诉讼法第 234 条）

60. 移送查封/扣押、冻结财物、文件决定书（刑事诉讼法第 234 条）

61. 移送查封/扣押、冻结财物、文件清单（刑事诉讼法第 234 条）

62. 扣押邮件、电报通知书（刑事诉讼法第 141 条）

63. 解除扣押邮件、电报通知书（刑事诉讼法第 141 条、第 143 条）

64. 查询犯罪嫌疑人金融财产款通知书（刑事诉讼法第 142 条）

65. 协助查询金融财产通知书（刑事诉讼法第 142 条）

66. 冻结犯罪嫌疑人金融财产通知书（刑事诉讼法第 142 条）

67. 解除冻结犯罪嫌疑人金融财产通知书（刑事诉讼法第 143 条）

68. 协助冻结金融财产通知书（刑事诉讼法第 142 条）

69. 鉴定聘请书（刑事诉讼法第 144 条）

70. 委托勘检书（刑事诉讼法第 126 条）

71. 委托鉴定书（刑事诉讼法第 144 条）

72. 鉴定意见通知书（刑事诉讼法第 146 条）

73. 销毁清单（刑事诉讼法第 234 条）

74. 侦查终结财物、文件处理清单（刑事诉讼法第 234 条）

75. 终止对犯罪嫌疑人侦查决定书（以事立案的实践需要）（刑事诉讼法第 166 条）

76. 撤销案件决定书（刑事诉讼法第 15 条、第 161 条、第 166 条）

77. 决定释放通知书（刑事诉讼法第 92 条、第 97 条、第 161 条、第 164 条、第 165 条、第 174 条）

78. 起诉意见书（刑事诉讼法第 160 条、第 162 条、第 166 条）

79. 不起诉意见书（刑事诉讼法第 166 条、第 173 条第 2 款）

80. 采取技术侦查措施申请书（刑事诉讼法第 148 条第 2 款）

81. 采取技术侦查措施决定书（刑事诉讼法第 148 条）

82. 采取技术侦查措施执行通知书（刑事诉讼法第 148 条、第 149 条）

83. 解除技术侦查措施决定书（刑事诉讼法第 149 条）

84. 解除技术侦查措施通知书（刑事诉讼法第 149 条）

85. 延长技术侦查措施申请书（刑事诉讼法第 149 条）

86. 延长技术侦查措施期限通知书（刑事诉讼法第 149 条）

87. 调取技术侦查证据材料通知书（刑事诉讼法第 152 条）

88. 技术侦查证据材料移送清单（刑事诉讼法第 152 条）

89. 通缉通知书（刑事诉讼法第 153 条、第 162 条）

六、特别程序文书

90. 未成年人法定代理人到场通知书（刑事诉讼法第 270 条）

91. 未成年人成年亲属、有关组织代表到场通知书（刑事诉讼法第 270 条）

92. 启动违法所得没收程序决定书（刑事诉讼法第 280 条）

93. 没收违法所得意见书（刑事诉讼法第 280 条）

七、通用文书

94. 驳回申请决定书

95. 送达回证

96. 检察建议书

97. 纠正案件决定错误通知书

第六章　常用渎职侵权犯罪侦查
文书制作与范例

　　新的《法律文书格式样本》进一步完善和规范了检察机关的法律文书，既有总体说明，又在每种文书后附有专门的制作说明，其中涉及反渎部门的法律文书，包括立案、回避、侦查（侦查措施）、辩护与代理、强制措施、特别程序、通用文书，共7大类97种。案件管理部门制作的反渎工作文书模板94种，反渎部门可能涉及的通用工作文书模板16种，经过一段时间的试用，近期工作文书模板将要进行较大幅度的修订，本教材暂不附工作文书目录。侦查人员要认真了解掌握新侦查文书的变化及制作要求，制作侦查工作文书时也要进行相应调整。填充式、告知式侦查文书制作相对简单，下文仅就侦查过程中常用的几种叙述式侦查文书和笔录式侦查文书制作进行讲解。

第一节　叙述式侦查文书

一、提请初查报告

（一）文书格式

××××人民检察院
提请初查报告

××检××初查〔20××〕×号

一、被调查（举报）人基本情况

　　被调查（举报）人姓名，性别，出生年月日，身份证号码，出生地，民族，文化程度，政治面貌，职业或工作单位及职务、职级，如是人大代表、政协委员，一并写明具体级、届代表、委员及代表、委员号，现住址，前科情况。（以上内容视掌握情况而定；案件有多名被调查人或被举报人的，应按涉嫌犯罪情节轻重逐一写明。）

二、线索来源

被调查（举报）人×××涉嫌××犯罪的案件线索，系……（写明案由和案件来源，案件来源又分为自首、单位或者公民举报、上级交办、有关部门移送、本院其他部门移送以及办案中发现等）。

三、举报内容

（写明涉嫌的主要问题）

四、处理意见

经审查，被调查（举报）人涉嫌的主要犯罪线索：……（写明被调查人或被举报人涉嫌的主要犯罪线索及初查必要性分析）。

综上所述，我们认为，被调查（举报）人×××涉嫌××犯罪的案件线索属于我院管辖（或者由×××人民检察院指定我院管辖），成案可能性大，需要进行初查。根据《中华人民共和国刑事诉讼法》第一百一十条（办案中发现的引用第一百零七条）、《人民检察院刑事诉讼规则》第一百六十八条规定，提请初查。

当否，请领导批示。

承办人：×××　×××

××年×月×日

附件：

1. 初查方案
2. 安全防范工作预案
3. 案件线索材料

附件1:

××××人民检察院
×××涉嫌××案初查方案

　　线索简况。主要涉及线索来源、被调查（举报）人基本情况、线索反映的主要内容等。

　　案件线索分析。主要对案件线索涉嫌犯罪事实进行归纳分析，共涉及几个罪名或几笔犯罪事实，有涉及的相关证人情况，是否具有可查性。

　　初查目的、重点。选择初查突破口至关重要，也就是初查要重点解决的问题。

　　初查时间、步骤、方法和措施。根据我们确定初查目的和重点，对所要调查内容明确轻重缓急，注重环环相扣，注意隐蔽初查意图；确定采取的方法和措施，应该具有前瞻性和可操作性；合理分配时间，把握各项初查任务时机。

　　初查的人员配备、分工及组织领导。加强组织领导，统一指挥，根据初查任务及人员特点，优化人员结构，合理分工。

　　初查纪律要求。强调保密和安全责任。

承办人：×××　　×××

××年×月×日

附件2:

××××人民检察院
×××涉嫌××案安全防范工作预案

一、初查工作中的安全防范措施

在特殊情况下,必须接触被调查(举报)人的安全防范措施;

对证人的安全防范措施;

对协助调查人员的安全防范措施;

办案场所的安全检查工作;

其他应当注意的安全问题。

二、安全防范工作力量安排

根据拟定的安全防范措施,明确每一项措施的具体责任人员。

承办人:××× ×××

××年×月×日

(二)制作说明

1. 提请初查报告要重点说明被调查(举报)人情况、线索来源、管辖权属以及初查必要性分析四方面内容。

2. 提请初查报告要附随初查方案和安全防范工作预案等作为附件。

(1)初查方案是提请初查报告的附件材料。制作时应重点围绕被调查(举报)人涉嫌犯罪事实,从报案、控告、举报材料反映的涉嫌犯罪事实的主要问题入手,提出初查的方法、步骤、措施及注意事项,写明需要解决的问题、解决的方案和途径,如涉嫌多个罪名或多笔犯罪事实,重点写明容易查清的其中一个罪名,或一次犯罪事实的方法、步骤、措施。

(2)安全防范工作预案是提请初查报告的另一重要附属材料。人民检察机关办理直接立案侦查案件安全防范工作,坚持"谁领导谁负责、谁办案谁负责、谁看管谁负责"的原则,根据案件的具体情况制定安全防范工作预案,报请检察长或主管检察长批准后全面实施。该预案是办案前,为防范被调查（举报）人、污点证人等有关人员在办案过程中发生逃跑、自杀、死亡、自残等责任事故，或发生失窃密等事故，提前制定的叙述式侦查工作文书。

二、提请立案报告

（一）文书格式

1. 提请立案报告（以人立案）

××××人民检察院
提请立案报告

××检××请立〔20××〕×号

犯罪嫌疑人×××（姓名，性别，出生年月日，身份证号码，出生地，民族，文化程度，政治面貌，职业或工作单位及职务、职级，如是人大代表、政协委员，一并写明具体级、届代表、委员及代表、委员号，现住址，前科情况。案件有多名犯罪嫌疑人的，应按涉嫌犯罪情节轻重逐一写明）

犯罪嫌疑人×××涉嫌××犯罪一案，……（写明案由和案件来源，案件来源具体为自首，单位或者公民举报、上级交办、有关部门移送、本院其他部门移送以及办案中发现等）。××年×月×日，经检察长决定，我们依法进行了初查，现已初查终结。

经初查查明：……（围绕《刑法》规定的犯罪构成要件，具体叙述犯罪嫌疑人涉嫌的主要犯罪事实）。

上述事实，有……等证据证实。（注意简要列明）

综上所述，我们认为，犯罪嫌疑人×××（根据《刑法》规定的犯罪构成要件简要描述涉嫌罪名的罪状，如属数罪，应当分别描述），其行为已触犯《中华人民共和国刑法》第××条之规定，涉嫌××犯罪。根据《中华人民共和国刑事诉讼法》第一百零七条（或者第一百一十条）之规定，提请立案。

当否，请领导批示。

承办人：×××　×××

××年×月×日

附件：

1. 侦查计划
2. 安全防范工作预案
3. 执法办案风险预警工作预案
2. 提请立案报告（以事立案）

×××人民检察院
提请立案报告

×× 检 × × 请立〔20××〕×号

案由：

案件来源及涉嫌的主要问题：

（围绕《刑法》规定的犯罪构成要件，具体叙述涉嫌的主要犯罪事实）。

证据情况：上述事实，有……等证据证实。（注意简要列明）

结论意见：综上所述，根据《中华人民共和国刑事诉讼法》第一百零七条（或者第一百一十条）之规定，提请对×××事件（×××单位×××行为），涉嫌××犯罪一案以事立案。

当否，请领导批示。

承办人：×××　×××

××年×月×日

附件：

　　1. 侦查计划

　　2. 安全防范工作预案

　　3. 执法办案风险预警工作预案

附件1：

××××人民检察院
×××涉嫌××案侦查计划

　　一、侦查的目的、任务

　　二、办案人员分工

　　三、侦查取证重点、方法和步骤

　　四、强制措施适用方案，包括抓捕、送押环节

　　五、讯问谋略，主要是确定突破口

　　六、追缴赃款、赃物实施方案

　　七、需要公安、纪检监察等部门协作配合工作方案，需侦查监督部门人员提前介入工作方案

　　八、后勤保障

　　九、纪律要求

承办人：×××　×××

××年×月×日

附件 2:

××××人民检察院
安全防范工作预案

一、侦查工作中的安全防范措施

1. 对犯罪嫌疑人的安全防范措施

（1）传唤、拘传犯罪嫌疑人的安全防范措施（重点在办案工作区）；

（2）传唤、拘传期间讯问犯罪嫌疑人的安全防范措施（看守分离）；

（3）在看守所讯问犯罪嫌疑人的安全防范措施；

（4）提押犯罪嫌疑人到看守所外的安全防范措施（限辨认、取赃、提取证据等特殊情况）；

（5）押解犯罪嫌疑人的安全防范措施（追逃、异地或改变羁押）。

2. 对证人的安全防范措施（重点是污点证人，落实面对面送返制度）；

3. 搜查工作中的安全防范措施；

4. 对有关协助调查人员的安全防范措施；

5. 办案场所的安全检查工作（落实安全督察员制度）；

6. 其他应当注意的安全问题（如干警自身安全防范、防火、防泄密、防案件材料失窃等）。

二、安全防范工作力量安排

根据拟定的安全防范措施，明确每一项措施的具体责任人员。

承办人：××× ×××

××年×月×日

附件3：

××××人民检察院
执法办案风险预警工作预案

　　×××涉嫌××一案，由于案件……（具有犯罪嫌疑人身份特殊，或犯罪情节特殊或发案领域，单位岗位特殊等社会敏感因素），在办案过程中，有可能产生……（四种情形：是否具有对党和政府形象或国家对外关系等可能产生不良政治影响的敏感情形；是否具有对企业正常生产经营、重大工程项目建设等可能产生不良经济影响的敏感情形；是否具有可能引发集体上访、群体性事件、媒体舆论炒作等不良社会影响的敏感情形；是否具有犯罪嫌疑人、被告人、重要证人可能突发严重疾病、意外死亡、自杀、自伤等影响办案安全的敏感情形），进行因此侦查中应注意把握以下几点或注意以下几个方面：

　　要及时向党委报告，取得领导支持。

　　商请纪检监察，政府有关部门，公安等部门配合。

　　如身体健康有重大疾病，请医护人员现场备护等等。

承办人签名：×××　×××　×××
××年×月×日

　　（二）制作说明

　　近年来，检察机关推行"以事立案"，由传统的"以人立案"向"以事立案"和"以人立案"相结合的转变，是检察机关创新办案机制、强化侦查职能的有效措施。"以事立案"可以满足侦查人员迅速查明案件事实的需要，有利于排除干扰阻力、克服被动局面，及时运用侦查手段获取、固定、保全犯罪证据，尽快发现犯罪嫌疑人，制止犯罪危害继续扩大。渎职侵权犯罪案件的特点决定许多案件更适宜"以事立案"，近些年全国检察机关反渎职侵权部门每年"以事立案"件数保持在400件以上，并且逐年上升。2013年"以事立案"

500 余件,确定嫌疑人 700 多人。渎职侵权检察部门的检察官要重视"以事立案",灵活运用,并注意掌握有关文书的制作。

1. 提请立案报告要重点说明犯罪嫌疑人情况、查明犯罪事实及证据情况,包含侦查计划、安全防范工作预案和执法办案风险预警工作预案三个附件。

(1) 侦查计划是提请立案报告的附件,也是组织和指导调查取证的行动方案,还是侦查活动的全盘规划和侦查人员的行动指引。因此,制订侦查计划,要全面细致、突出重点、有的放矢;根据侦查侦查工作进展,及时调整、修订侦查计划,切忌墨守成规;要限制侦查计划知情面,注意侦查计划的保密性。作为侦查工作文书,侦查计划的格式并无一定之规,内容上也因案而异。其中,最重要的环节是侦查步骤,即突破口的选择和种种侦查措施的采取。实践中一些重大复杂案件,侦查计划往往还要包含许多小方案,如讯问方案、追捕方案、搜查方案、送押方案等。

(2) 安全防范工作预案是提请立案报告的另一重要附属材料。根据最高人民检察院《检察机关执法工作基本规范》第四编第六章、《关于人民检察院在办理直接立案侦查案件工作中加强安全防范的规定》、《关于进一步加强检察机关办案安全防范工作的意见》等规定,根据案件的具体情况制定安全防范工作预案,报请检察长或主管检察长批准后全面实施。

(3) 检察机关在查办职务犯罪案件过程中,由于案件具有犯罪嫌疑人身份特殊,犯罪情节特殊,发案领域、单位、岗位特殊,及查处案件的时期特殊等社会敏感因素,如果不能及时防控,可能会对一定范围的经济秩序、社会稳定产生不良影响。2011 年 7 月,最高人民检察院提出加强检察机关执法办案风险评估和预警,印发了《执法办案风险评估登记表》、《执法办案风险预警工作预案》及《风险处理情况报告》这三种新工作文书。对这类案件,实行各诉讼阶段执法风险动态评估和预警。立案、采取强制措施及重要侦查活动部署前,侦查人员要对执法风险及时评估,并制作风险评估报告,载明风险情形、评估意见和防范措施或应急对策及力量组织等,层报检察长批准后实施。

2. 引用条文和使用文号应与立案决定书保持一致。

3. 本文书为叙述式侦查工作文书,领导审批件存入检察内卷。落款为 2 名以上承办人,不得加盖公章。

（三）范例

××××人民检察院
提请立案报告

××检反渎请立〔20××〕×号

一、犯罪嫌疑人万某的基本情况

犯罪嫌疑人万某，男，1963年4月25日出生，身份证号：（略），湖北天门人，汉族，大学文化，××省经信委轻纺处副处长，1992年3月至2009年3月在省纺织工业总公司宣传部、团委、工会工作，2009年3月至今在省经信委轻纺处工作。现住××市××区××村××栋。

二、案件线索来源及万某涉嫌犯罪的主要事实

2012年3月下旬，审计署××特派办将宜都市经济商务和信息化局副局长陈某等人涉嫌玩忽职守的犯罪线索移交给我院。3月22日，我院以×检函〔2012〕侦指66号交办函将该线索转交××市检察院办理。××市检察院于5月9日以涉嫌玩忽职守罪对陈某立案侦查。我们在协调、督办该交办线索过程中，发现省经信委轻纺处副调研员万某涉嫌渎职等犯罪线索。2012年9月2日，经检察长决定开始初查，现已初查终结。

经初查查明：万某身为国家机关工作人员，违法处理公务，造成国家损失200万元；利用职务之便，为他人谋取利益，收受贿赂人民币20万元。

（一）滥用职权问题

2010年12月至2012年1月万某在宜都市军业染织有限公司（以下简称军业染织公司）申报2011年度淘汰落后产能奖励资金过程中，滥用职权授意军业染织公司弄虚作假编造产能数据，造成国

家淘汰落后产能奖励资金损失 200 万元。

2010 年夏季某天，军业染织公司董事长钟某经邓某、桂某等人介绍，认识了负责淘汰落后产能奖励资金项目的××省经信委轻纺处副调研员万某。钟某随即以其已于 2008 年停产的印染设备为申报对象开始申报工作。经钟某指使，王某隐瞒军业染织公司已停产多年的事实，虚报产能等数据，使该公司达到申报条件。调查摸底表经宜都市经信局、宜都市政府、宜昌市经信委审批报送至××省经信委。

2011 年 4 月上旬，××省经信委轻纺处副调研员万某带队对军业公司项目摸底情况进行复核。复核完之后，万某给钟某打电话，说军业染织公司近几年已经停产，不符合国家淘汰落后产能政策，但是申报并不是不可能，可以打擦边球，他可以到北京找人做工作。钟某表示能帮忙就帮忙，申报的事搞好了一定表示感谢。几天之后，万某告诉钟某，军业公司核定的产能为 1580 万米。后经万某运作，不符合条件的军业染织公司 74 型 LMH084 - 180 生产线一条（产能 1580 万米）、1511 - 44 织机 24 台被列入淘汰目标任务，并于当日在××日报公示。之后，军业染织公司申报资料随即通过宜昌市经信委上报。10 月 18 日，省财政厅根据《湖北省 2011 年度各地淘汰落后产能目标任务完成情况进度表（2011 年 8 月）》，计算出军业染织公司奖励资金数额为 200 万元，并以×财建发〔2011〕216 号文件将奖励资金下拨至宜都市财政局。

11 月 10 日，由万某等人组成验收小组对军业染织公司申报项目进行验收。验收前钟某向万某请教如何准备验收资料，万某告知钟某如何应付验收，钟某即依照执行。万某等人组织验收小组查看现场、验收材料后，签字验收通过。钟某为感谢验收小组通过验收，向万某等人每人送了一个装有 2000 元现金的信封。2012 年 1 月 13 日，宜都财政局将奖励资金 200 万元从财政局账户划拨至军业公司账户。

2012 年 5 月上旬，万某收到国家审计署《关于抽查 2011 年淘汰落后产能奖励资金申报使用情况表》中××省有关问题的传真，也得知检察机关已对军业公司项目申报介入调查。为了掩盖万某、钟某等人的违法事实，万某等人再次组织省环保厅、宜昌市、宜都市相关部门对军业公司项目申报情况进行调查，并采取一些应对措施，直至案发。

（二）受贿问题

万某在军业染织公司申报 2011 年度淘汰落后产能奖励资金过程中，利用职务之便，为他人谋取利益，分两次收受宜都市军业染织有限公司董事长钟某贿赂人民币 20 万元。

2011 年 4 月底的一天，万某带着一个姓卢（音）的中年男子和钟某在武昌区秦圆东路水岸星城附近餐馆见面。万某说申报的事需要卢总在北京做工作，到时还要感谢他。钟某问感谢多少，卢姓男子表示按奖励资金的 10% 感谢，钟某随即同意。

2012 年春节前，钟某为履行要对万某及介绍人表示感谢的承诺，打电话约万某见面表示感谢。二人几天后在水岸星城小区附近一咖啡厅外的路边见了面。钟某在其皇冠车上，向万某行贿现金 10 万元，并说剩下的 10 万元下回再给。万某表示剩下的钱要抓紧到位。

2012 年 1 月 31 日，万某给钟某打电话，表示需要见面。钟某同意在其军安司法鉴定中心办公室会见，并安排司法鉴定中心会计王某某从钟某的建行卡里取现 10 万元交给钟。万某到钟某办公室之后，钟某便将 10 万元现金交给万某，万某随后离开。

2012 年 2 月，钟某分别电话告知万某和桂某，审计署××特派办已对军业公司审计。万某约钟某见面。要将 20 万元钱退还给钟某。钟某表示事情还没有结果，还可以做工作，万某未坚持退款。

初查查明上述事实，有审计署审计报告、国家有关部门文件、军业公司申报材料、省经信委轻纺处审批文件等书证，钟某、邓某、桂某等人证言及有关银行账目在案佐证，可以认定。

三、承办人意见

综上所述，经初查，××省经信委轻纺处副调研员万某作为淘汰落后产能项目负责人，违反法律和政策规定，违法处理公务，导致国家专项资金损失 200 万元，其行为触犯《刑法》第 397 条之规定，涉嫌滥用职权罪；万某利用职务之便，为他人谋取利益，收受贿赂 20 万元，其行为触犯《刑法》第 385 条之规定，涉嫌受贿罪。根据《中华人民共和国刑事诉讼法》第 86 条之规定，呈请以滥用职权、受贿罪对万某立案侦查。

妥否，请批示。

承办人：×××　×××

××年×月×日

附件：（略）

三、报请许可采取强制措施报告书

（一）文书格式

鉴于本文书有正式法律文书格式样本，以下只列明其附件"案件情况报告"的格式样本。

××××人民检察院
关于×××涉嫌××案件情况报告

×××第×届人大主席团（常委会）：

××年×月×日，我院以××罪对×××立案侦查。根据侦查办案需要，拟决定对犯罪嫌疑人×××采取××强制措施，因×××系××省（市县）第×届人大代表，特提请许可。现将有关情况报告如下：

犯罪嫌疑人……（姓名，性别，出生年月日，身份证号码，出生地，民族，文化程度，政治面貌，职业或工作单位及职务、职级，如是人大代表、政协委员，一并写明具体级、届代表及代表、委员号，现住址。）

经初步查明：……（围绕《刑法》规定的犯罪构成要件具体叙

述犯罪嫌疑人涉嫌的已有证据的主要犯罪事实)

　　上述事实,有……等证据证实。(简要说明证据情况)

　　综上所述,犯罪嫌疑人身为国家机关工作人员……,其行为已触犯《中华人民共和国刑法》第××条之规定,涉嫌××罪。……(采取强制措施的理由及法律依据)我院拟决定对其采取×××强制措施。

　　请审示。

××年×月×日

(院印)

　　(二)制作说明

　　1. 本文书应附有"案件情况报告",该报告要重点说明犯罪嫌疑人基本情况、主要犯罪事实、证据情况及采取强制措施的理由。

　　2. 文书制作应以拟采取强制措施的人次为制作单位,逐人提请。

　　3. 对因现行犯拘留人大代表的,适用《拘留人大代表报告书》,而不适用本文书。

　　4. 人民检察院一般应该向同级人民代表大会主席团或者常务委员会报请许可采取强制措施。但向下级人民代表大会主席团或者常务委员会报请许可的,可以直接报请或委托该代表所属的人民代表大会向同级的人民检察院报请。

　　5. 本文书属于侦查法律文书,共三联,第一联统一保存备查;第二联检察正卷;第三联报送人大主席团或常委会。

四、报请逮捕书

（一）文书格式

××××人民检察院
报请逮捕书

×× 检 ×× 报捕〔20××〕 × 号

×××:（上级人民检察院名称）

我院立案侦查的犯罪嫌疑人×××涉嫌××一案，根据刑事诉讼法及其他有关规定，现报请你院审查决定逮捕。

犯罪嫌疑人×××（姓名、性别、出生年月日、身份证号码、民族、政治面貌、籍贯、文化程度、单位、职务、住址、是否受过行政、刑事处罚、是否患有影响羁押的疾病、因本案被采取强制措施的情况及羁押场所，是否人大代表、政协委员，并写明是否已按照规定报请许可逮捕或者通报情况）。

犯罪嫌疑人×××涉嫌××一案，……（具体写明发案、立案、破案过程，犯罪嫌疑人归案情况）。

经依法侦查查明……（概括叙述经侦查认定的犯罪事实。应围绕刑事诉讼法规定的逮捕条件，简明扼要叙述。对于只有一名犯罪嫌疑人的案件，犯罪嫌疑人实施多次犯罪的事实应逐一列举，同时触犯数个罪名的犯罪事实应按主次顺序分别列举；对于共同犯罪案件，按犯罪嫌疑人的主从顺序，写明犯罪嫌疑人的共同犯罪事实以及各自的地位和作用）。

认定上述事实及有社会危险性的证据如下：……（分列证据，说明社会危险性）。

本院认为，犯罪嫌疑人……（简单说明罪状），其行为已触犯《中华人民共和国刑法》第××条的规定，涉嫌××犯罪，符合逮捕条件，根据《中华人民共和国刑事诉讼法》第七十九条、第一百六十三条、第一百六十五条的规定，特报请你院审查决定逮捕。

×× 年 × 月 × 日

（院印）

附：1. 本案卷宗 ×× 卷 ×× 页。

　　2. 讯问犯罪嫌疑人录音录像资料 ×× 份。

（二）制作说明

1. 报请逮捕书要重点说明查明的犯罪事实、证据情况及逮捕的必要性。

2. 本文书由省级以下检察院侦查部门制作，连同案卷材料、证据、讯问犯罪嫌疑人录音录像资料一并报送上一级人民检察院审查。

3. 本文书为侦查法律文书，一式两份，一份报上一级人民检察院，一份附卷。

五、提请以事立案终止侦查报告

（一）文书格式

×××× 人民检察院

提请以事立案终止侦查报告

×× 检 ×× 终侦〔20××〕× 号

一、以事立案的时间和案由：

二、事实和证据：

三、终止侦查的理由和结论：

承办人：×××　×××

×× 年 × 月 × 日

（二）制作说明

1. 提请以事立案终止侦查报告要说明查明犯罪事实、证据情况，重点说明不能发现犯罪嫌疑人的客观原因。

2. 如果在终止侦查后又发现新的事实或者证据，可以确定犯罪嫌疑人的，应当继续侦查。

六、（提请以事立案）确定犯罪嫌疑人报告

（一）文书格式

××××人民检察院
确定犯罪嫌疑人报告

××检××立确〔20××〕×号

一、案由：

二、犯罪嫌疑人基本情况：

三、涉嫌犯罪事实及认定犯罪的主要证据：

（引用原以事立案文号）……

结论：综上所述，我们认为×××……，其行为触犯了《中国人民共和国刑法》第××条之规定，涉嫌××罪。依照《关于检察机关职务犯罪侦查部门以犯罪事实立案的暂行规定》第五条之规定，提请将×××确定为××犯罪一案的犯罪嫌疑人。鉴于……（根据实际情况，简要说明犯罪嫌疑人符合某项强制措施的情形），建议对其采取××强制措施（如犯罪嫌疑人是县级以上人大代表，对其采取限制人身强制措施还需报请许可）。

承办人：×××　×××

××年×月×日

（二）制作说明

依据最高人民检察院《关于检察机关职务犯罪侦查部门以犯罪事实立案

的暂行规定》第5条、第9条，反渎职侵权部门在以事立案后，经过侦查，证明犯罪事实是由确定的犯罪嫌疑人实施，为全面采取侦查措施，彻底查清案情，提出确定犯罪嫌疑人意见，报请检察长批准或检察委员会研究决定确定犯罪嫌疑人。以事立案方式侦查的案件，应当分别在作出立案决定后的3日内报上一级人民检察院备案，重大案件报省级人民检察院备案，特大案件层报最高人民检察院备案。

七、侦查终结报告

（一）文书格式

××××人民检察院
侦查终结报告

××检××侦终字〔20××〕第×号

犯罪嫌疑人×××（犯罪嫌疑人姓名，性别，出生年月日，身份证号码，出生地，民族，文化程度，职业或工作单位及职务、职级，作案时在何单位任何职务，政治面貌，如是人大代表、政协委员，一并写明具体级、届代表、委员及代表、委员号，现住址，犯罪嫌疑人工作简历及前科情况。案件有多名犯罪嫌疑人的，应按涉嫌犯罪情节轻重逐一写明。）

一、案件来源及诉讼经过

犯罪嫌疑人×××涉嫌××犯罪一案……（写明案由和案件来源，案件来源具体为自首、单位或者公民举报、上级交办、有关部门移送、本院其他部门移送以及办案中发现等。简要写明案件侦查过程中的各个法律程序开始的时间，如初查、立案时间。具体写明强制措施的决定和执行机关、执行时间、种类、变更情况及延长、重新计算侦查羁押期犯罪嫌疑人×××涉嫌××犯罪一案，现已侦查终结。）

二、案件事实和证据

经依法侦查查明：……（详细叙写检察机关侦查认定的犯罪事

实，包括犯罪时间、地点、经过、手段、目的、动机、危害后果等与定罪量刑有关的事实要素。应当根据具体案件情况，围绕刑法规定的该罪构成要件，特别是犯罪特征，具体叙写。）

（对于只有一个犯罪嫌疑人的案件，犯罪嫌疑人实施多次犯罪的犯罪事实应先作概括描述，然后逐一列举；同时触犯数个罪名的犯罪嫌疑人的犯罪事实应该按照主次顺序分类列举。对于共同犯罪的案件，写明犯罪嫌疑人的共同犯罪事实及各自在共同犯罪中的地位和作用后，按照犯罪嫌疑人的主次顺序，分别叙明各个犯罪嫌疑人的单独犯罪事实。）

认定上述事实的证据如下：

……（针对上述每一笔或者相关联的系列犯罪事实，分列相关证据。）

上述犯罪事实清楚，证据确实、充分，足以认定（对于建议撤销的案件，不写此段）。

犯罪嫌疑人×××……（具体写明是否是立功、自首等影响量刑的从重、从轻、减轻等法定情节或者酌定情节）。

三、需要说明的问题

律师对于本案的意见……（对于律师意见进行简要介绍以及说明是否予以采纳的理由等。）

……（对于办案中发现的个人或单位违法违纪问题、发现的案件线索以及其他与本案有关应当在案件侦查终结时一并处理的问题提出处理建议或进行说明。）

四、扣押赃款赃物情况

对于扣押赃款赃物具体情况及处理意见加以说明。

五、处理意见

综上所述，犯罪嫌疑人×××……（根据《刑法》规定的犯罪构成要件简要描述某一个罪名的罪状，如属数罪，应当分别描述）其行为已触犯《中华人民共和国刑法》第××条之规定，涉嫌××犯罪。依照《中华人民共和国刑事诉讼法》第××条和《人民检察院刑事诉讼规则》第××条的规定，建议移送审查起诉（不起诉）。

（对于建议撤销的案件，应当参照《拟撤销案件意见书》的格式叙写案件事实、撤案理由及法律依据等）

当否，请领导批示。

承办人：×××　×××

×× 年 × 月 × 日

（二）制作说明

1. 侦查终结报告主要内容包括案件来源、犯罪嫌疑人情况、侦查查明事实及证据情况、扣押赃款赃物情况、侦查部门处理意见等。

2. 本文书由承办人制作，落款应由承办人逐一署名。部门负责人签署意见后，呈报检察长批准。

3. 对于上级院交办或者纪委移交来的案件，侦查终结报告对于交办或移交的每一笔涉嫌犯罪线索都应加以说明，未能认定犯罪的，要说明理由。

4. 本文书属叙述式侦查工作文书，一式三份，一份存检察内卷备查，一份随案移送审查起诉时供公诉部门参考（不入诉讼卷），一份按规定（如上级院交办、大要案侦结时）上报上级检察院备案审查。

（三）范例

××××人民检察院
侦查终结报告

×× 检反渎侦终字〔20××〕第 × 号

犯罪嫌疑人万某，男，1963 年 4 月 25 日出生，身份证号：（略），湖北天门人，汉族，大学文化，×× 省经信委轻纺处副处长，1992 年 3 月至 2009 年 3 月在省纺织工业总公司宣传部、团委、工会工作，2009 年 3 月至今在省经信委轻纺处工作。住 ×× 市 ×× 区 ×× 村 ×× 栋。

一、案件来源及诉讼经过

犯罪嫌疑人万某涉嫌职务犯罪一案，系我院部署淘汰落后产能中央财政奖励资金专项查案行动中发现。2012 年 9 月 2 日，经检察长批示，我院成立专班开展初查。同年 9 月 23 日，经检察长批准，我院以涉嫌滥用职权罪、受贿罪对犯罪嫌疑人万某立案侦查；同年 9 月 25 日，依法决定对其刑事拘留，次日由省公安厅执行；同年 10 月 9 日，本院依法决定对其逮捕，次日由省公安厅执行。同年 12 月 7 日，经最高人民检察院批准，延长侦查羁押期限一个月（自 2012 年 12 月 11 日至 2013 年 1 月 10 日止）；2013 年 1 月 6 日，经本院决定延长侦查羁押期限两个月（自 2013 年 1 月 11 日至 2013 年 3 月 10 日止）；2013 年 3 月 8 日，经本院决定延长侦查羁押期限两个月（自 2013 年 3 月 11 日至 2013 年 5 月 10 日止）。犯罪嫌疑人万某现羁押于×××看守所。

二、涉嫌犯罪的事实及证据

经依法查明，犯罪嫌疑人万某在任省经信委轻纺处副处长，负责淘汰落后产能印染类企业复核和验收工作期间，滥用职权，违反规定处理公务，致使国家淘汰落后产能财政奖励资金损失共计 1308 万元；利用职务便利，收受他人贿赂共计 125.5 万元，为他人谋取不正当利益，其行为分别涉嫌滥用职权罪、受贿罪。分述如下：

1. 犯罪嫌疑人万某在负责对宜都市军业染织有限公司（以下简称军业公司）2011 年度淘汰落后产能中央财政奖励资金复核、验收过程中，明知军业公司已长时间停产，且设备已变卖，不符合申报条件，还授意和帮助该公司弄虚作假、申报奖励资金，造成国家淘汰落后产能中央财政奖励资金损失 200 万元，从中收受贿赂共计 20.5 万元。

2010 年夏，军业公司董事长钟某（已立案），通过其在××省直机关人防工作处教育培训科任科长的老乡邓某（已立案），与省经信委节能与综合利用处主任科员桂某（系邓某战友，已立案）结识。钟某请桂某帮助军业公司申请淘汰落后产能财政奖励资金，桂某答复自己不负责纺织行业，但可以找人帮忙。事后，桂某找到万某，希望其给予帮助，万某表示同意。

2011年元月，桂某联系万某，与钟某在××区八一路"湖锦酒店"见面。万某向钟某了解军业公司申报淘汰落后产能及印染设备、产能等情况。钟某介绍军业公司有印染生产线一条，准备申报的产能为1300万米。万某回复2010年申报工作已结束，可在2011年度申报，并授意钟某产能按2000万米填报。其间，万某收受钟某所送的一张面值1000元中百超市购物卡。

不久，钟某安排其公司总经理王某（已立案）填报调查摸底表，指使王某隐瞒该公司在2007年11月已被环保部门下文停止印染生产线使用，2008年非法生产，2009年4月后停止印染生产的情况，按照万某授意的2000万米产能数据，层报至××省经信委。

2011年3月，根据××省淘汰落后产能领导小组办公室的安排，万某负责对军业公司申报情况进行复核。核查时，发现该公司现场无印染设备，王某解释公司在2010年将印染生产线拆除，停止生产。万某未按规定对军业公司生产设备、产量、产能情况的真实性进行调查核实，擅自确定该公司淘汰设备LMH084-180退、煮、漂印染生产线一条，另将不属于国家规定的淘汰落后产能奖励范围内的24台织机核定为淘汰设备，总计核定产能为1580万米，并在《××省2011年淘汰落后产能目标任务汇总表》上签字确认。

2011年4月30日，省淘汰落后产能领导小组根据万某复核的结果，在《××日报》等媒体上将淘汰落后产能企业名单予以公示。其后，万某告知钟某，军业公司印染线早已停产，设备已经拆除变卖，按照规定不符合国家淘汰落后产能奖励政策，自己可以想办法使军业公司获取奖励金，并且与钟某谈妥，事成后按奖励金额的10%提取"好处费"。

2011年11月10日，根据省淘汰落后产能领导小组安排，万某作为检查验收组组长，带队对军业公司项目进行检查验收。验收前，万某应钟某要求，对其准备的验收资料把关，万某表示验收资料中纳税发票系织布类，且反映产量很少，与核定的产能有冲突，易让人产生怀疑，不能放入验收资料，钟某依照执行。验收时，万某当场在《企业淘汰落后产能验收意见表》和《2011年淘汰落后产能验收意见》签字同意验收通过。其间，万某收受钟某所送现金

2000 元。

2011 年 12 月 29 日，省淘汰落后产能工作领导小组根据万某检查验收结果，批复军业公司验收合格。为感谢万某的帮助，钟某将自己车牌号为×××的"皇冠"轿车开至万某办公楼下，将 5 万元现金送给万某，万某收下后未予退还。

2012 年 1 月 12 日，根据万某复核和验收结论，并以其核定的产能，财政部门拨付军业公司国家淘汰落后产能奖励资金共 200 万元。钟某与王某等人以借款和还款等名义将奖励资金私分。

2012 年春节前，万某在武昌区秦园东路"水岸星城"附近，收受钟某所送现金 5 万元。

2012 年 2 月 2 日，在军安司法鉴定中心钟某办公室，万某收受钟某所送现金 10 万元。

2012 年 5 月，审计署驻武汉特派办审计发现军业公司虚假申报，要求省经信委和省财政厅予以说明。万某再次赴军业公司，为该公司骗取国家专项资金的行为予以辩解。其间，犯罪嫌疑人万某收受钟某所送现金 2000 元。

证实上述事实主要证据如下：

（1）证人黄某（轻纺处处长）、李某（产业政策处副处长）证实：万某负责全省纺织类企业淘汰落后产能的核查、验收工作。

（2）书证《关于望晓东等同志任职的通知》（×经信发〔2010〕84 号）证实：万某于 2010 年 9 月 5 日起任省经信委轻纺处副处级干部。

（3）书证"军业公司企业落后产能情况调查表"证实：军业公司填报的淘汰落后产能为 2000 万米。

（4）书证"宜都市环境保护局环境违法行为限期改正通知书（都环限改〔2006〕02 号）"，"宜都市环境保护局环境监察现场监督检查意见书（NO.0000226，2007 年 8 月 23 日）"证实：军业公司在未办理环评手续的情况下，私自安装印染生产线进行非法生产，被环保部门责令停产整改。

（5）书证"宜都市环境保护局关于宜都市军业染织有限公司申请报告的批复（都环保函〔2007〕63 号，2007 年 11 月 1 日）"证实：军业公司处在一水厂水源保护区内，宜都市环保局不同意该公司上平漂、印染生产线。

（6）书证钟某签字认可的"宜都市军业染织有限公司主要生产设备及主要产品产量情况说明"证实：军业公司印染生产线自2008年起逐步限产，2009年4月停产。

（7）书证"关于向工信部、财政部报送××省2011年度淘汰落后产能目标任务的请示"及"湖北省2011年淘汰落后产能目标任务汇总表"中万某的签字证实：万某将军业公司的淘汰产能核定为1580万米。

（8）书证2011年4月30日《××日报》"湖北省2011年淘汰落后产能公告"证实：军业公司淘汰落后产能为1580万米。

（9）书证《2011年淘汰落后产能验收意见》和《企业淘汰落后产能验收意见表》证实：万某作为验收组负责人签字同意军业公司验收通过。

（10）书证宜都市财政局"预算拨款凭证（NO.××号）"证实：宜都市财政局将200万元淘汰落后产能奖励资金拨付给军业公司。

（11）书证军业公司记账凭证、借支单、××省农村信用社进账单等凭证证实：200万元奖励资金中的141.37万元被钟某划至个人关联公司，另有57.13万元被股东以借支名义按股份份额私分。

（12）视听资料"军安司法鉴定中心视频监控"证实：万某于2012年2月2日到钟某办公室收取10万元现金。

（13）犯罪嫌疑人桂某供述：其介绍钟某与万某认识，并请万某在钟某申报过程中给予帮助。

（14）犯罪嫌疑人钟某供述：万某指使其按照2000万米产能填报，并在组织验收材料时让其将后期税票剔除。为感谢万某的帮助，送给其现金20.4万元，购物卡1000元。

（15）犯罪嫌疑人王某供述：万某在现场核查时发现军业公司印染设备已不存在，但未认真核查产能等相关情况。

（16）犯罪嫌疑人万某对以上犯罪事实供认不讳。

2. 犯罪嫌疑人万某在负责麻城市锦天纺织有限公司（以下简称

锦天公司）2011年度淘汰落后产能中央财政奖励资金复核、验收过程中，不认真审查企业设备产权归属，明知锦天公司已长时间停产，且只有1条机械印染生产线，仍按照该公司申报的2条生产线予以核定，并授意锦天公司法定代表人周某弄虚作假，致使国家淘汰落后产能中央财政奖励资金损失624万元，从中收受贿赂60万元。

证实上述事实的主要证据如下：（格式同上，内容略）

3. 犯罪嫌疑人万某在代表省经信委负责2010年印染类企业淘汰落后产能检查、验收工作中，为谋取私利，直接指定赤壁市源鑫蒲纺纺织科技有限公司（以下简称源鑫蒲纺公司）作为淘汰落后产能企业，不按规定履行核查职责，致使源鑫蒲纺公司未完全销毁淘汰设备而继续生产，骗取国家淘汰落后产能中央财政奖励资金484万元，个人从中收受贿赂45万元。

证实上述事实的主要证据如下：（格式同上，内容略）

综上，根据万某供述，其本人在负责全省印染类企业淘汰落后产能审核、验收过程中，先后收受他人所送现金及购物卡共计125.5万元，其中交给其弟万某某95万，万某某证言予以证实；剩余30.5万元用于个人及家庭开支。

上述犯罪事实清楚，证据确实、充分，足以认定。

犯罪嫌疑人万某涉嫌职务犯罪案，系我院部署淘汰落后产能中央财政奖励资金专项查案行动中自行发现。鉴于办案部门在前期仅掌握犯罪嫌疑人万某受贿20万元、滥用职权造成国家损失200万元的犯罪事实，万某到案后主动坦白了其他大部分同种犯罪事实，且通过办案，我院及相关县市院已挽回国家专项资金损失542万元，可建议对犯罪嫌疑人万某酌情从轻处罚。

三、需要说明的其他问题

（一）淘汰落后产能相关政策

解读有关政策及万某违反规定情况（内容略）。

（二）关于其他涉案人员的处理情况

（内容略）

（三）全省开展淘汰落后产能中央财政奖励资金专项查案行动情况

2012 年，我院部署开展淘汰落后产能中央财政奖励资金专项查案行动。经摸排，淘汰落后产能涉及全省 17 个地市州，项目 94 个，资金 3.3 亿元。目前，全省反渎部门在此专项行动中已立案 29 件 34 人。

四、涉案款物冻结、扣押情况

目前，省院暂扣涉案款项 70 万元，价值 20 万元小轿车一台，冻结涉案款项 11 万元，随案移送。

五、处理意见

综上所述，犯罪嫌疑人万某在任××省经信委副处长，负责履行印染类企业淘汰落后产能审核验收职务过程中，严重违背职责要求及相关文件规定，滥用职权，授意他人弄虚作假，帮助不符合财政奖励条件的企业审核验收通过，致使淘汰落后产能中央财政奖励资金损失 1308 万元，其行为触犯《中华人民共和国刑法》第三百九十七条之规定，涉嫌滥用职权罪。同时，犯罪嫌疑人万某利用职务上的便利，在履行职务过程中，收受他人财物共计 125.5 万元，为他人谋取利益，其行为触犯《中华人民共和国刑法》第三百八十五条之规定，涉嫌受贿罪。根据最高人民法院、最高人民检察院《关于办理渎职刑事案件适用法律若干问题的解释》第三条"国家机关工作人员实施渎职犯罪并收受贿赂，同时构成受贿罪的，除刑法另有规定外，以渎职犯罪和受贿罪数罪并罚"之规定，犯罪嫌疑人万某应以滥用职权罪、受贿罪数罪并罚。

上述犯罪事实清楚，证据确实充分，根据《中华人民共和国刑事诉讼法》第一百六十六条及《人民检察院刑事诉讼规则》第二百八十六条之规定，建议对犯罪嫌疑人万某涉嫌滥用职权、受贿一案侦查终结，因本案犯罪嫌疑人目前羁押在××，为保障案件诉讼顺利进行，建议指定××市人民检察院审查起诉。

当否，请领导批示。

承办人：×××　×××

××年×月×日

八、起诉意见书

（一）文书格式

××××人民检察院
起诉意见书

××检××移诉〔20××〕×号

犯罪嫌疑人×××〔犯罪嫌疑人姓名（别名、曾用名、绰号等），性别，出生年月日，出生地，身份证号码，民族，文化程度，职业或工作单位及职务，住址，政治面貌（如是人大代表、政协委员，一并写明具体级、届代表、委员及代表、委员号，现住址），犯罪嫌疑人简历及前科情况。案件有多名犯罪嫌疑人的，逐一写明。单位犯罪案件中，应当写明单位的名称、地址、组织机构代码、法定代表人姓名、性别、身份证号码、联系方式。〕

犯罪嫌疑人×××（姓名）涉嫌××（罪名）一案，（写明案由和案件来源，具体为单位或者公民举报、控告、上级交办、有关部门移送、本院其他部门移交以及办案中发现等。简要写明案件侦查过程中的各个法律程序开始的时间，如初查、立案、侦查终结的时间。具体写明采取强制措施的种类、采取的时间、强制措施变更情况及延长侦查羁押期限的情况等）。

犯罪嫌疑人××涉嫌××案，现已侦查终结。

经依法侦查查明：……（概括叙写经检察机关侦查认定的犯罪事实，包括犯罪时间、地点、经过、手段、目的、动机、危害后果等与定罪有关的事实要素。应当根据具体案件情况，围绕刑法规定的该罪构成要件，简明扼要叙述。）

（对于只有一个犯罪嫌疑人的案件，犯罪嫌疑人实施多次犯罪的犯罪事实应逐一列举；同时触犯数个罪名的犯罪嫌疑人的犯罪事实应该按照主次顺序分别列举；对于共同犯罪的案件，写明犯罪嫌疑人的共同犯罪事实及各自在共同犯罪中的地位和作用后，按照犯罪嫌疑人的主次顺序，分别叙述各个犯罪嫌疑人的单独犯罪事实。)

认定上述事实的证据如下：

……（针对上述犯罪事实，分列相关证据）

上述犯罪事实清楚，证据确实、充分，足以认定。

犯罪嫌疑人……（具体写明是否有累犯、立功、自首、和解等影响量刑的从重、从轻、减轻等犯罪情节）

综上所述，犯罪嫌疑人……（根据犯罪构成简要说明罪状），其行为已触犯《中华人民共和国刑法》第××条之规定，涉嫌××罪。依照《中华人民共和国刑事诉讼法》第××条之规定，现将此案移送审查起诉。查封、扣押、冻结物品、文件清单随案移送。

此致
公诉部门

侦查部门（印）

××年×月×日

附：1. 随案移送案件材料、证据；

2. 犯罪嫌疑人现在处所；

3. 查封、扣押、冻结物品、文件清单　份附后。（所附项目根据需要填写）

（二）制作说明

1. 本文书系侦查法律文书，内容与侦查终结报告基本一致，但比侦查终结报告叙述案件事实更概括，证据罗列更简明。特别是作为法律文书，律师可以查阅、复制，侦查终结报告中有关检察秘密事项及不适宜公开的信息，不能写入起诉意见书。

2. 文书制作后，层报检察长批准，连同案卷材料一并移送公诉部门审查。

3. 本文书应制作三份，一份归内卷存档，一份随案卷移送公诉部门，一份上报上级院备案审查。本文书需要经侦查部门负责人审核，检察长批准，内部审批时应包括首部领导签批栏，落款应为承办人；移送公诉部门和向上级备案时，不需要首部，落款为侦查部门，加盖侦查部门印章。

第二节 笔录式侦查文书

一、讯问笔录
（一）文书格式

××××人民检察院
讯问笔录

（第×次）

讯问时间：＿年＿月＿日＿时＿分至＿日＿时＿分

讯问地点：＿＿＿＿＿＿＿＿＿＿＿＿＿＿＿＿＿＿

讯 问 人：＿＿＿＿＿＿＿＿ 记录人：＿＿＿＿＿＿＿＿

犯罪嫌疑人：＿＿＿＿＿ 性别：＿＿年龄：＿＿＿＿

工作单位、职务：＿＿＿＿＿＿＿＿＿＿＿＿＿＿＿＿

是否人大代表、政协委员：＿＿＿＿＿＿＿＿＿＿＿＿

住址：＿＿＿＿＿＿＿＿ 联系方式：＿＿＿＿＿＿＿

问：我们是××检察院的工作人员×××、×××（出示工作证），现依法对你进行讯问并全程同步录音录像，请你如实回答我们的提问，不得隐瞒或故意捏造事实。如实供述自己罪行可以依法从宽处理，否则要承担相应的法律责任，与本案无关的问题你有权拒绝回答，听清楚了吗？

答：听清楚了。

问：（宣读或者出示犯罪嫌疑人权利义务告知书）请你仔细阅读并签字。

答：（阅读并签字）。或者回答我听清楚了。

问：说一下你的基本情况。

答：……（姓名，性别，出生年月日，身份证号码，出生地，民族，文化程度，政治面貌，职业或工作单位及职务、职级，如是人大代表、政协委员，一并写明具体级、届代表及代表、委员号，现住址，联系电话。是否受过刑事处分以及采取强制措施的情况。需另外，最好将其 E - mail、QQ、微信等个人互联网信息）

问：说一下你的个人简历、家庭成员和主要社会关系。（可以分开来问）

答：……（主要是学习和工作简历、主要家庭成员以及关系紧密的社会关系）。

问：你是否有违法犯罪的行为？

答：……

问：……（根据其陈述有罪的情节或作无罪的辩解，向犯罪嫌疑人提出问题；要求犯罪嫌疑人回答对自己行为性质、后果的认识，并就是否愿意接受法律制裁表态；让犯罪嫌疑人对我们的审讯行为进行评价，排除我们刑讯逼供、诱供等非法取证行为，防止其将来以此为由翻供）

答：……（对围绕犯罪构成要件情节的记录要具体完整，与供述辩解内容有关的神态、动作，特别是沉默状态下微表情、微动作，如哭泣、叹气、低头等，都应做必要的记录。

问：……

答：……

问：请仔细核对笔录（或向犯罪嫌疑人宣读）是否和你说的相符，如果有遗漏或差错，可以补正或者改正；认为笔录没有错误，请在笔录上签写核对意见，并逐页签名按指印。

答：本笔录共×页，我已看过（或向我宣读过），与我说的一致。（须被讯问人亲笔书写）

犯罪嫌疑人（签名并摁手印）：

讯问人、记录人签字（亲笔签名）：

　　　　　　　　　　　　　　　　　　　　×× 年 × 月 × 日

（二）制作说明

讯问笔录的制作任务，通常由参与讯问活动的书记员承担，检察官有责任和义务指导书记员制作笔录。制作讯问笔录时，要体现其客观、全面、真实、准确、详细的特点。实践中，制作讯问笔录时，还应注意以下问题：

1. 讯问人员和记录员在讯问前必须熟悉案情，讯问的侦查人员不得少于2 名。

2. 要客观、全面、真实、准确、详细地记录犯罪嫌疑人身份情况。检察机关反渎职侵权局第一次讯问该犯罪嫌疑人时，根据讯问人的讯问和犯罪嫌疑人的回答，应依次记明犯罪嫌疑人的姓名、曾用名、年龄及出生年月、民族、籍贯、文化程度、政治面目、工作单位、职业（职务）、住址以及家庭情况、主要经历、曾否受过刑事处罚或劳动教养处分等内容。第二次及以后讯问时，这一部分可以不再讯问或者简单讯问。具体来说，一是对犯罪嫌疑人、被告人姓名的写法，应当在查问清楚后再记，要防止同音字、近音字或地方音的误记；公安机关移送的案件，也应在查问清楚后再记，防止一误再误；曾用名、别名、外号等，都应在问清后记录。二是对犯罪嫌疑人、被告人年龄和出生年月日要问清再记。年龄要记讯问当时的足岁，防止将虚岁记成足岁，特别注意农村或山区的被告人年龄易报虚岁。对出生年、月、日准确的，记公历；对说不清年、月、日的，可先记其生肖和阴历出生年、月、日，但应注明，以便核查。三是曾否受过刑事处罚和劳动教养处分。如已受过处分，应具体记明何时因何问题受何种刑事处罚，何时刑满释放，刑事处罚包括受过免予刑事处分的判决；劳动教养的应记明何时因何问题被劳动教养几年，何时解除劳动教养。若因本案事实已经被行政拘留，由于与折抵刑期有关，也应如实地具体记录。四是当面讯问犯罪嫌疑人时，不再问及犯罪嫌疑人的性别。因此，应注意不要误记。

3. 要客观、全面、真实、准确、详细地记录讯问的具体情况。讯问的具体情况是讯问笔录的核心内容。因此，应当如实反映讯问的全部过程和全部内容，要使不在讯问现场的人看过笔录后，如同身临其境，并知道讯问的全部过程和全部内容。实践证明，讯问记录内容应包括：讯问人告知事项；提问内容；犯罪嫌疑人的供述和辩解的内容；犯罪嫌疑人明显的表情、体态、语态。讯问过程中发生的特殊事项等。其中，犯罪嫌疑人的供述和辩解为记录的重中之重。具体来说，一是记录与讯问同步进行，按照问和答的先后顺序，按第一人称记录；提问和回答的内容，应当分别列段，切忌连续记，并应在段首分别标明"问："和"答："，而不能用"？"和"："等符号代替。二是要记明告知事项。例如，讯问人应向犯罪嫌疑人告知其所享有的权利、应当履行的义务，以及向犯罪嫌疑人宣布刑事犯罪政策等。告知事项的内容，应当概括记明具体内容。告知事项不应笼统地记作"告知政策法律"或"进行法制教育"等；政策、法律的具体内涵应当记明。告知事项不能不记，也不可笼统地记载，但文字可简练。

4. 根据刑事诉讼法第118条规定，在讯问犯罪嫌疑人的时候，讯问人应当首先讯问犯罪嫌疑人是否有犯罪行为，让他陈述有罪的情节或者无罪的辩解，然后再向他提出问题。与此同时，讯问人还应向犯罪嫌疑人告知，对讯问人员的提问，应当如何回答，但是对与本案无关的问题，有拒绝回答的权利。

5. 讯问人提问的内容，应当具体记录。所记内容要全面、完整、语义应清楚、明确。一般情况下，对提问的内容、文字可概括记。但是，如果上下文内容有连贯的，或者语气相承接的，仍应记录原话。提问的内容，不可省略而不作记录。

6. 提问犯罪嫌疑人的供述和辩解情况，是讯问犯罪嫌疑人笔录中的记录重点。记录的内容应当客观、全面、真实、准确，详细地记录和反映犯罪嫌疑人当时供述和辩解的全部内容和全部情况。记录的内容要不失原意，要尽可能地逐字逐句地记录其原话。对情节的记录要具体、完整；语义应当准确、明白；与供述和辩解内容有关的神态、动作，也要作必要的记录、反映。

7. 对未逮捕或拘留的犯罪嫌疑人传唤到指定的地点或者到他的住处、所在单位进行讯问时，讯问人员应当出示人民检察院的证明文件即《传唤通知书》。出示证明文件的情况，应当在笔录上载明。讯问在押犯罪嫌疑人的，讯问笔录应当与《提讯、提解证》配合使用。

8. 讯问聋、哑的犯罪嫌疑人时，应当有通晓聋、哑手势的人参加。参加讯问的通晓聋、哑手势的人，应当在笔录上签名，并注明其所在单位和职位。讯问不满18周岁的未成年人时，可以通知其法定代理人到场。如果法定代理人经通知到场的，在场法定代理人也应在笔录上签名，并应注明其与被讯问人的关系。

9. 讯问结束，对于手工记录的笔录，记录人应先编写笔录页码，然后让犯罪嫌疑人核对笔录，没有阅读能力的要向其宣读。笔录核对后，逐页签名，凡补充或者改正处，包括记录时原涂改处，均应由犯罪嫌疑人捺手印；然后由犯罪嫌疑人在笔录结束处写上"本笔录我已看过（宣读的则为'向我读过'），与我讲的相符"，并由犯罪嫌疑人签名或者盖章，写明年、月、日。核对笔录时，要将记录遗漏和错误与犯罪嫌疑人的翻供相区别。记录遗漏和错误，应当允许补充和改正。记录无误而犯罪嫌疑人翻供的，原供记录不允许修改。应当实事求是，在笔录结尾处可以按其要求说明更改原供的内容及其修改的理由，并应由其签名。

10. 如果犯罪嫌疑人拒绝签名，应在笔录结尾处载明"犯罪嫌疑人拒绝签名"。讯问人和记录人在笔录后，也应分别签署姓名，并写明年、月、日。

11. 讯问笔录可以用笔手工记录，也可以用电脑、速录机打印记录，用电脑记录时，讯问笔录正文里遗留下来的空白页、行，在犯罪嫌疑人签名前，都应由讯问人员画线填满。

二、询问笔录

（一）文书格式

××××人民检察院
询问笔录

询问时间：__年__月__日__时__分至__日__时__分

询问地点：_____

询　问　人：_____　记录人：_____

被询问人：_____　性别：__　年龄（出生日期）：_____　民族：____

文化程度：_____　籍贯（出生地）：_____　政治面貌：_____

工作单位、职务：_____

住址及联系电话：_____

与犯罪嫌疑人_____是_____关系

问：我们是××检察院的工作人员×××、×××（出示工作证），现依法对你进行询问，你要如实供述回答，故意作伪证、隐匿罪证或者窝藏、包庇他人，应当负法律责任，你听清楚了吗？

答：听清楚了。

问：在××进行询问，你是否有意见？（在法定地点询问）

这是你提出的地点吗？（在其事先提出地点询问）

答：没有意见（或申明意见）。

是我提出的地点。

问：（宣读或出示证人诉讼权利义务告知书）你明白吗？

答：……（被询问人明确说明：证人诉讼权利义务告知书我已看过或已向我宣读，我明白了。办案人还要让证人在告知书上写明该情况并签字。这一项仅在首次询问笔录中体现。）

问：……

答：……

问：请仔细核对笔录（或向证人宣读）是否和你说的相符，如果有遗漏或差错，可以补正或者改正；认为笔录没有错误，请在笔录上签写核对意见，并逐页签名按指印。

答：本笔录共×页，我已看过（或向我宣读过），与我说的一致。（须被询问人亲笔书写）

被询问人（签名并按手印）：×××

询问人、记录人签字（亲笔签名）：×××

　　　　　　　　　　　　　　　　×× 年 × 月 × 日

（二）制作说明

1. 要符合记录的基本要求：一是如实记录，正确综合；二是略记提问，详记陈述；三是对被询问人的重要表情、动作应当记录；四是询问证人只能个别进行，笔录也只能以一人为单位制作；五是询问人与记录人必须默契配合；六是笔录应字迹清楚，避免错别字，字迹不得过分潦草，标点符号须使用正确，尽量避免删、增、涂改。询问笔录与询问笔录基本要求相同，不再详述。

2. 询问笔录的内容也尽可能忠实于原话，但可适当综合归纳。询问证人或被害人，采用的是询问的方式，不同于讯问犯罪嫌疑人的讯问方式。因此，对证人或被害人陈述不清楚的内容，即可以采用一问一答的记录式；也可以在查询清楚后再综合归纳记录。原陈述不清楚的，应及时查询，不一定仍一问一答、逐字逐句地记录，可以根据其表达清楚的陈述内容综合归纳后再予以记录。但是，应不失原意，尽可能地记录清楚陈述的原话。

3. 首次询问笔录应当记明被询问人的基本情况以及与犯罪嫌疑人的关系；告知被询问人依法享有和承担的权利和义务。

4. 要注意询问证人的法定点。在证人提出的地点进行询问的，应当在笔录中注明。一般检察人员和证人约见的地点在法定地点之外，如宾馆、咖啡厅、茶馆等，应由证人提出在约见地点接受询问，而非证人同意在此地点接受询问。

5. 询问笔录应当与《询问通知书》配合使用。

6. 经过证人同意，也可以进行同步录音录像。

三、搜查笔录

（一）文书格式

××××人民检察院
搜查笔录

　　兹因××××一案，本院工作人员：×××于××年×月×日×时至×日×时，根据××年×月×日××号搜查证，在见证人×××在场的情况下，依法对×××进行了搜查。

　　搜查的简要情况：

　　本记录的副本（扣押物品、文件清单）一式　份。

搜查人：×××

见证人：×××

被搜查人（家属）：×××

××年×月×日

（二）制作说明

1. 搜查笔录要重点说明搜查对象基本情况、搜查经过与结果、被搜查人的意见。

2. 被搜查人拒绝签字的，应予以注明。搜查妇女的人身，应由女检察人员进行，搜查笔录应注明搜查人性别。搜查时，若被搜查人不在，应由其家属签字，但应注明其与被搜查人的关系。

3. 搜查中扣押物品或文件时，应由在场搜查人员会同见证人与被搜查人共同清点后当场开列清单，清点程序应在搜查笔录上载明；对就地封存的大件物品，应当场加封，并在记录上载明封存物品名称和件数。

4. 搜查笔录应配合《搜查证》使用。

第四部分
渎职侵权犯罪侦查精品案例

一、林某滥用职权、受贿案

【基本案情】

林某在担任江门市委常委兼新会区区委书记、新会区人大常委会主任期间，超越职权，盲目决策，指示新会区国土部门违反省政府98年39号令《广东省城镇国有土地使用权公开招标拍卖管理办法》等相关法规、规章，未经正式评估，不以基准地价为依据，采用不规范的方式试算，确定新会区五星级酒店及居住用地项目的出让底价，致使该地块最后成交价仅比底价高出1.8万元，导致国家土地价款直接损失达9404万元，其行为已触犯了刑法第397条之规定，涉嫌滥用职权犯罪。

林某在担任江门市委常委兼新会区委书记、江门市委常委兼市委秘书长、江门市委常委兼常务副市长期间，利用职务上的便利，多次收受取得五星级酒店项目土地使用权的中山商人何某、梁某的贿赂港币65万元，收受在新会区投资的东莞商人莫某的贿赂人民币4万元。林某利用职务之便，与其妻李某合谋，通过低价购买土地、要求蓬江区杜阮镇政府支付差价的方式，向江门市公路局领导陈某、何某及杜阮镇镇委书记王某索贿人民币316.47万元。林某还利用自己担任部门和地方党委主要领导，掌管人事决定权、经济领导权的工作之便，为他人工作升迁、工作调动谋取利益，为有关公司、企业承包工程、低价买受土地、投资经营谋取利益，非法收受陈某、周某、温某等14人的贿赂合计人民币62万元、港币18.6万元、美元1.6万元、欧元500元，受贿数额特别巨大，其行为触犯刑法第385条之规定，涉嫌受贿犯罪。

2009年7月30日，河源市中级法院作出判决：林某犯滥用职权罪，判处有期徒刑1年；犯受贿罪，判处有期徒刑10年，剥夺政治权利2年。数罪并罚决定执行有期徒刑10年，剥夺政治权利2年。追缴赃款268.7555万元，予以没收，上缴国库。

【侦查经验】

2006年年底，广东省院反渎局领导在参加国务院国土资源部、监察部，省国土厅、监察厅召集的广东土地卫片检查工作汇报会时发现广东江门等市土地违法情况严重，但行政机关尚未决定向司法机关移交案件。经请示高检院渎检厅，省院反渎局派出专案组提前介入，主动出击收集相关证据，掌握了办案的主动权。

案件初查阶段，办案组发现当地国土、规划部门以及土地交易中心的相关人员在审批、出让、办证环节虽有失职行为，但因为存在集体决策、公开招标等表面现象，致使个人责任比较分散、因果关系不够明显，若只是直接追究部门负责人和办事人员，渎职责任难免有矫枉过正、就案办案的弊端，难以体现良好的办案效果。办案组及时调整了侦查方向和思路，从涉及违法用地领域的渎职犯罪往往与贪污贿赂犯罪相互交织的特点入手，跳出就渎职罪查渎职案的狭隘侦查思路，站在反腐败的整体高度，深挖背后的徇私情节和权钱交易行为。根据群众举报，办案组大胆发挥侦查设想，主动出击，通过多方调查取证，重点突破了林某的妻子李某利用其丈夫职权承揽公路建设工程，违法占用土地、收受贿赂等问题，并及时将已经查实林某利用职权为妻子谋取非法利益的情况报告省委主要领导。在省委的大力支持下，省院反渎局果断对林某以涉嫌滥用职权犯罪立案侦查，成功查清林某为徇私利私情，利用其职权地位，违反法律法规，罔顾国家关于地价的强制性规定，以招商引资为名义，以集体决策、公开招标为托词，操纵国土、规划部门及土地交易中心，违规低价出让国有土地给指定投资商何某某，致使国家遭受巨额经济损失并收受何某某等多人贿赂的严重犯罪事实。林某案件的突破，迅速形成多米诺骨牌效应，扭转了僵持被动的局面，带动违法用地系列案的全面突破。省院反渎局确立由省院办案组统一指挥部署、负责突破重点难点后分个案到江门市院、开平和鹤山基层院查办的工作思路，发挥检察机关上下级领导关系的体制优势，整合办案资源，6 个月内共立查 21 宗 21 人，包括厅级干部 1 人，处级干部 5 人，分布在党政、国土、公路等多个部门，取得良好的法律效果和社会效果。

【案例点评】

江门市违法用地系列渎职案件以林某滥用职权、受贿案为核心，共立查 21 宗 21 人，包括厅级干部 1 人，处级干部 5 人，分布在党政、国土、公路等多个部门。林某案件的办理是系列案件成功的关键和基础，该案的办理取得良好的法律效果、社会效果和政治效果，得到高检院有关厅局领导的肯定，认为该案是近年来全国范围内因违法用地问题被查处最彻底的案件之一。

广东省院反渎局正确理解和把握宽严相济刑事政策，严格区分一般违法与渎职犯罪的界限，严格区分决策者与执行者的责任，打击少数犯罪分子，挽救、教育一般违法者，促进违法和触犯刑律的人尽快回归社会，努力建设社会主义和谐社会。办案组在严格依法办案的同时，贯彻宽严相济的刑事政策，切实保障犯罪嫌疑人的合法权益，争取党委政府、发案单位、犯罪嫌疑人家属理解支持，破解办案阻力。涉案的国家机关工作人员有其"可恨"的或"应罚性"的一面，但作为当地党委政府长期培养的干部，作为家属的父母或儿女，又有其感情认同的一面。在违法用地系列案中，江门市公路局有两位正处级的领导涉案被立查，依法应当从严处理，但他们又确实为江门市的公路建设做出了重大贡献，市委市政府正准备表彰的有功人员。办案组在他们积极与检察机关配合、交代清楚问题的基础上，适时将强制措施变更为取保候审，这个做法赢得了地方党委和政府的支持，也有利于涉案单位配合开展调查工作，使犯罪嫌疑人家属心悦诚服，为今后的教育、挽救工作创造了和谐的社会环境。

　　在长期的办案实践中，广东省院反渎局支委逐步摸索出专案组"一手抓办案，一手抓队伍"的工作模式，两者如何兼顾的关键就是建立临时党支部，强调规范执法，确保办案质量，强调廉洁自律，保证办案安全，这一做法值得肯定。

二、龚某玩忽职守、受贿案

【基本案情】

根据国家经贸委员会、财政部、中国人民银行和省委、省政府以及省国资局对 2003 年 7 月以前出售国有小型企业的相关规定，龚某在任铜仁市经贸局局长和副市长期间，涉嫌的犯罪事实如下：

1. 涉嫌玩忽职守的事实

对出售企业没有进行清产核资和法人离任审计。时任铜仁市经贸局局长龚某在市医药公司改制前，未按照规定组织对该公司进行清产核资，也未及时提出对原任法人进行离任审计，直到 2007 年 1 月 15 日，铜仁市政府才组织审计部门对原铜仁市医药公司经理张某的离任进行审计，补审的结果对医药公司整体出让没有起到任何作用，造成国有资产损失 243.81 万元。龚某未履行职责，其行为涉嫌玩忽职守。

出售企业的审批主体和审批权限违反企业改制规定。铜仁市政府出售市医药公司，应由市政府提出方案，报行署审批，并报省政府备案。在 2003 年 6 月 17 日，铜仁市政府市长办公会就市医药公司改制方案进行研究时，市医药公司改制领导小组关于市医药公司改制方案中没有提出出售企业的审批主体和审批权限，当时作为分管经贸工作的副市长龚某，也没有提出该问题，最终导致铜仁市政府没有提出方案报行署审批，就作出了转让市医药公司的批复；铜仁市政府违反程序，对市医药公司整体出售方案直接批复，属滥用职权的行为。对此，龚某作为牵头办理市医药公司改制工作的副市长应承担玩忽职守责任。

没有按规定确定企业转让底价。铜仁市国资中心依法确定的评估结果是产权转让的底价，市经贸局应以确认的评估值为依据，合理确定出售底价。而铜仁黔元会计事务所对市医药公司评估确定的净资产为 513.81 万元，应是转让底价。但是，铜仁市国资管理中心与市经贸局没有依据评估的结果来确定底价，在与怀化新泰神公司协商转让价格中，认为改制成本需要 300 万元，且市医药公司债权中有 180 余万元可能在 3 年以上无法收回；并按照省政府黔府发 (1998) 39 号文件，以 300 万元将市医药公司整体出让，导致铜仁市政府错误地做出了决策，造成国有资产 213.81 万元的损失。并把列入市医药公司负债，应由购买方支付的职工结余工资及福利的 40%，即 30 万元，从 300 万元购买价中支付，导致实际买价为 270 万元，造成直接经济损失 243.81 万元。且转让协议未报行署审核批准就即行生效，违反相关程序规定。

资产所有权转移违反改制规定。市国资管理中心同意购买方采取分期支付价款的方式，但首期付款额低于规定应付价款的 30%，且未全额支付转让价款，仍然于 2003 年 6 月 30 日，违规将市医药公司的资产全部划转给购买者。同年 7 月 2 日，市经贸局为购买方出具的"承诺书"，使购买方在未付清全部价款的情况下，办理了产权变动证明，导致资产所有权转移。

对收购方的资信考察未尽到监督职责。根据国经贸中小企业（1999）89 号文件第 5 条规定，"购买者应出具不低于所购买企业价款的有效资信证明，不得以所购买企业的资产作抵押，获取银行贷款购买该企业"。市国资管理中心和市经贸局虽然参加了对购买方的资信考察，却协助政府引进了一家缺乏购买实力的企业，且与购买方签订了转让协议后，购买方并未将购买款项划入指定账户。同时，在购买者尚未全额支付价款前，未派人监督企业财务状况。而作为铜仁市医药公司改制领导小组组长，龚某没有对市国资管理中心和市经贸局考察工作履行监督职责，应承担玩忽职守的责任。

2. 涉嫌受贿犯罪的事实

经侦查查明，龚某在任铜仁市副市长期间，涉嫌收受虞某等人人民币和购物券共计 42.8 万元。

贵州省铜仁地区中级人民法院于 2009 年 8 月 17 日、11 月 24 日两次公开开庭审理本案，2010 年 5 月 17 日作出一审判决：被告人龚某犯受贿罪，判处有期徒刑 6 年；犯玩忽职守罪，判处有期徒刑 1 年，决定执行有期徒刑 6 年 6 个月。对被告人龚某受贿犯罪所得 39 万元人民币予以追缴。被告人未上诉。

【侦查经验】

1. 建立线索评估制度，提高查办大要案线索的成案率。为了确保初查成案率，分院反渎局对受理的案件线索实行定期分析评估的工作机制。在收到原铜仁地委书记杨某对龚某涉嫌玩忽职守的案件线索的批示意见后，主管检察长就召集分院反渎局、反贪局和指挥中心办公室的办案人员对案件进行具体的分析评估。在分析评估会上，大家初步判断案件线索成案较大。于是就以分院反渎局牵头组成外围调查组，明确外围调查的任务和保密纪律，全力抓好初查前的调查工作。主管领导在听了办案人员关于该线索外围调查情况的汇报后，鉴于案情不仅涉及检察机关管辖的案件，也涉及到公安机关管辖的案件，于是及时与地区公安局领导联系，明确以检察院和公安机关的名义联合办理此案，并要求外围调查组及时写出侦查方案，全面启动案件的侦查工作。

2. 强化上下办案配合，充分发挥职务犯罪侦查工作一体化机制的作用。铜仁地区地、县两级院反渎部门普遍存在人少事多，办案力量较弱，尤其缺乏办案骨干的情况。在办理该案时，启动了职务犯罪侦查工作一体化机制，抽调铜仁市院和万山特区检察院的办案骨干到分院共同办案，形成统一调配力量，合力攻坚，双拳出击，集中办案的工作格局，从而一举突破该案。

3. 整合内部办案资源，实现了自侦部门办案力量一体化。根据铜仁地区反渎队伍的现状和渎职犯罪背后往往有权钱交易的情况，该区检察机关反渎部门在积极整合全区反渎办案力量的同时，结合具体反渎个案查办的需要，在分管领导的统一部署下，通过分院职务犯罪指挥中心从反贪部门抽调办案骨干参加办案，形成反渎和反贪部门共同办案的良好工作运行机制。这不仅壮大了反渎部门的办案力量，提高了反渎案件的成案率，而且也加大了查办渎职犯罪背后权钱交易的力度，达到同时突破渎职犯罪和贪贿犯罪的效果。在办理铜仁市医药公司改制过程中相关人员的职务犯罪案件时，由于该案涉及改制过程长达5年之久，以致遇上资料难以收集、固定，涉案人员众多，涉案区域跨省等问题。在分管检察长的指挥下，与分院指挥中心、反贪局、铜仁市公安局协同作战、联手办案，各自调集精兵强将，组成专案组，充分发挥各自优势，运用反贪丰富的预审经验和反渎部门对企业改制专业知识的了解，成功突破了案件。

4. 把握案件侦查方向，着力找准查办案件的切入点。在查办该案时，从查办渎职犯罪入手，查清了龚某利用职务之便另外收受40余万元的受贿大案。同时，还查办了铜仁市经贸局副局长饶某某涉嫌玩忽职守案。公安机关查办了贵州泰神药业公司董事长王某、总经理虞某某涉嫌职务侵占、挪用资金及虚假注册资金等案件，取得了较好的社会效果。

【案例点评】

该案从群众上访线索入手，进行了长达半年之久的周密调查，最终将涉嫌渎职犯罪的犯罪嫌疑人绳之以法。凸显了办案的信心、决心和初查的耐心。

该案侦查部门认定的案件事实、性质与公诉部门起诉认定的案件事实、性质及法院最终作出判决认定的案件事实、性质完全一致，是最为成功的案例之一。

该案的查办，赢得了党委、政府的信任，树立了检察机关和反渎部门良好的形象。

三、陈某徇私枉法、受贿案

【基本案情】

陈某，湖南省郴州市中级法院原副院长，郴州市人民检察院原党组副书记、副检察长。

2003 年 12 月 23 日，犯罪嫌疑人周某等三人制造了"天湖爆炸案"。三名嫌疑人被抓获后，其亲友找人疏通关系，托人找到陈某说情。该案在郴州市人民检察院审查起诉阶段，陈某亲自阅卷后，为周某的相关亲友妨碍证人作证、妨害司法活动提供了条件。由于公安机关侦查证据也有欠缺，在陈某主导下，2005 年 11 月 10 日，郴州市人民检察院以案件事实不清、证据不足、不符合起诉条件为由，对三名犯罪嫌疑人作出不起诉决定。而后在案件再次侦查中，透露信息使周某潜逃隐匿，直至 2011 年才由公安机关抓获归案。在此过程中，陈某分十余次收受几名请托人 405 万贿赂款。

陈某在任郴州市中级法院主管刑事审判的副院长期间，为使参与贩卖、运输、制造甲基苯丙胺 1599 公斤的犯罪嫌疑人陈某某不被判处死刑立即执行，在中级法院刑一庭和审委会研究该案时，陈某发表判处陈某某死缓的意见。其间，陈某收受陈某某家属贿赂 90 万元。

陈某在担任郴州市中级人民法院副院长、审判委员会委员和郴州市人民检察院副检察长、检察委员会委员期间，利用主管刑事审判、检察公诉、工程发包、管理等职务便利，为他人谋取利益，还收受人民币 170 万元。

2005 年 10 月，资兴市人民检察院对郴州汽车运输集团有限责任公司（以下简称郴汽集团）原党委书记、董事长黄某涉嫌受贿 35 万元一案审查起诉。陈某根据纪委领导从宽处理意见，遂要求承办单位对黄某作不起诉处理。经陈某批准，郴州市人民检察院认定黄某有自首情节、犯罪情节轻微，批复对黄某作相对不起诉。陈某收受人民币 1.5 万元以及烟、酒等物。郴汽集团群众因不服不起诉决定上访。2006 年 7 月，郴州市人民检察院复查该案，撤销不起诉决定，决定对黄某案重新侦查。经侦查查明，黄某在担任郴汽集团董事长期间，利用职务便利，受贿 100 多万元。后黄某被判处有期徒刑 10 年。原作不诉处理的收受 35 万元的事实在判决中被认定为受贿事实。

2008 年 11 月 25 日，长沙市中级人民法院作出一审判决：被告人陈某犯受贿罪，判处无期徒刑，剥夺政治权利终身，并处没收财产 50 万元；犯徇私枉法罪，判处有期徒刑 7 年；决定执行无期徒刑，剥夺政治权利终身，并处没收财产 50 万元。被告人陈某没有提出上诉。

【侦查经验】

1. 秘密初查，获取证据，夯实成案基础。湖南省人民检察院成立专案组。专案组分析认为，该案背后可能存在重大的渎职犯罪问题，进行秘密初查，发现有关人员向陈某行贿300万元的事实。专案组立即作出部署：一是对周某某的供述进行复核；二是准备秘密控制行贿的中间人；三是就该案陈某与相关关系人是否存在关系渊源进行秘密调查；四是对其他相关人员交代的问题，安排人员调查客观证据。就在各项工作紧锣密鼓开展并取得相关证据的时候，陈某等人相继出逃。

2. 缜密分析，灵活施策，成功抓获逃犯。陈某出逃后，湖南省院专案组全面布控，将其缉拿归案，同时加大侦查力度和深度。通过对陈某司机陈某某的电话监听，发现陈某所使用的手机号码和具体位置，在武汉一出租屋内将其抓获归案。陈某被抓获归案后，如实交代了为帮助周某减轻处罚，收受贿赂的事实。

3. 运用谋略，讲究技巧，成功突破案件。第一，对陈某涉嫌犯罪的准确预测是突破案件、深挖犯罪的前提。一是陈某不仅在"天湖爆炸案"上受贿，而且利用分管刑事检察工作的便利在其他案件，以及在分管基建、经费的工作中受贿；还在其担任郴州市人民法院副院长时，利用其主管刑事审判的职务便利受贿。二是对陈某交代问题的心理预测。害怕被重判、被判死刑；害怕家人以后生活无保障；害怕问题交代后，牵连亲友，带出窝赃、共同受贿等问题。第二，正确的审讯思路和方法是突破案件的关键。专案组认为，陈某长期担任法院、检察院领导职务，且都从事刑事审判或刑事检察工作，对刑事司法比较熟悉，积累了较丰富的办案经验，反侦查能力较强，不会轻易交代问题。专案组决定采用板块式推进的方法，列出：（1）潜逃过程及其在此过程中所发生的相关事实；（2）财产分布情况；（3）在刑事审判、检察公诉、工程发包中受贿犯罪的问题；（4）在"天湖爆炸案"、"黄某受贿案"中枉法的问题，（5）在郴州市中级人民法院、郴州市人民检察院涉嫌与他人共同犯罪的问题等五个板块，根据其不同心态适时采用。

由于审讯方法得当，陈某不但如实交代了其受贿和徇私枉法的事实，并表示认罪服法，绝不翻供。在庭审中，陈某对起诉认定的犯罪事实供认不讳，起到了很好的警示作用。

检察机关采取秘密初查的方法，获取证据，夯实成案基础；办案人员通过缜密分析，灵活施策，最终成功抓获逃犯；运用谋略，讲究技巧，成功突破案件，对陈某涉嫌犯罪的准确预测是突破案件、深挖犯罪的前提，正确的审讯思路和方法是突破案件的关键。

【案例点评】

在 2007 年 1 月湖南省"两会"期间，"天湖爆炸案"被害人近亲属组织 200 余人集体上访，引起社会各界关注，为稳妥起见，检察机关采取秘密初查的方法，获取证据，夯实成案基础；地级市人民检察院在职副检察长涉案外逃，这在全国检察机关是史无前例的，高检院、湖南省委、省院领导的高度重视和关注，另一行贿犯罪嫌疑人周某也出逃，这给办案带来极大困难，办案人员通过缜密分析，灵活施策，最终成功抓获逃犯；运用谋略，讲究技巧，成功突破案件，对陈某涉嫌犯罪的准确预测是突破案件、深挖犯罪的前提，正确的审讯思路和方法是突破案件的关键。湖南省院以侦查一体化为依托，果断查办陈某一案，彰显了检察机关积极查办社会反映强烈的司法腐败的决心与信心，在取得良好法律效果的同时，取得了良好的社会效果和政治效果。

四、吴某某、王某招收学生徇私舞弊案

【基本案情】

　　被告人吴某某，系福建省霞浦县教育局原招生办主任；被告人王某，女，系霞浦县第一小学原教师，2001 年 3 月借用到霞浦县教育局招生办工作。2008 年，被告人吴某某担任霞浦县普通高考霞浦考区考务主任，被告人王某负责保管 2008 年高考保密室钥匙。2008 年高考前夕，被告人吴某某得知其儿子吴某在霞浦县第七中学考场参加高考后，为帮助其儿子在英语和数学科目取得高分，事先交代部分熟悉的老师帮助其儿子作弊，并利用职务之便安排这些老师担任七中考场的机动监考人员。在英语科考试中，被告人吴某某指使这些老师传递了英语科的选择题和作文答案给其儿子，帮助其儿子作弊。在数学科考试中，由于相关人员只传递了部分选择题的答案，被告人吴某某感觉其儿子的数学成绩还不理想，在 2008 年 6 月 8 日高考结束后，即叫被告人王某上网下载了高考科目的标准答案，当晚 10 时许又打电话叫被告人王某第二天早点到单位，并告知要对其儿子的数学科做些处理。次日上午 6 时许，被告人吴某某将其儿子吴某带到自己的办公室等候，而后以任务已完成为由通知负责保密工作的二名边防武警回家，并叫被告人王某等工作人员打开保密室清点试卷，把试卷搬到县教育局三楼走廊。其间，被告人吴某某乘机把装有其儿子数学科答题卡试卷的箱子搬进自己的办公室，私自拆封后，让其儿子吴某把事先下载的标准答案抄到答题卡上，之后启用高考备用袋重新装袋密封，并叫被告人王某在备用袋"考点考务组验收人员"一栏签上"王莹"的假名，将答题卡箱重新封好后，与所有高考答题卡箱一起运往宁德。由于上述被告人的帮助，吴某高考作弊得逞，取得数学科 138 分和英语科 105 分的较高分数，被北京劳动关系学院录取。2009 年 4 月 2 日福建省霞浦县人民法院作出一审判决：被告人吴某某犯招收学生徇私舞弊罪，判处有期徒刑 7 个月；被告人王某犯招收学生徇私舞弊罪，判处拘役 4 个月。被告人不服一审判决，提出上诉。2009 年 5 月 4 日，福建省宁德市中级人民法院作出终审裁定：驳回上诉，维持原判。

【侦查经验】

　　福建省霞浦县人民检察院与纪检监察部门紧密协作，从 2008 年霞浦县高考徇私舞弊事件背后，成功查办了霞浦县教育局招生办主任吴某某等人招收学生徇私舞弊案。主要做法和经验有：

　　1. 加强与纪检部门联系协作。2008 年高考结束后，霞浦县高考舞弊事件即被群众举报并被新闻媒体曝光。检察机关主动加强与霞浦县纪委、监察局的联系，提前介入高考徇私舞弊事件调查，注重发挥协作配合机制的作用。

2. 认真细致开展侦查。检察机关组织人员认真审阅纪检监察部门前期调查的材料，并针对高考徇私舞弊得逞的原因，研究制订侦查方案，重点了解和查证吴某某儿子吴某平时的学习情况、监考中的异常情况，试卷保管、交接中的漏洞等，发现了答题卡被替换、密封袋上存在伪造签名等犯罪事实。

3. 讲究办案方式方法。高考关系广大考生命运和千家万户的利益，社会各界十分关注。该案在查办过程中，既注重贯彻落实宽严相济刑事政策，对不同的涉案人员区别对待，分化瓦解，又注重加强与侦监、公诉部门的协作配合，严把案件事实关、证据关、程序关，把案件办成铁案，取得了良好的办案效果。

【案例点评】

福建省霞浦县人民检察院紧盯发生在群众身边、损害群众利益的渎职犯罪，通过查处吴某某、王某招收学生徇私舞弊案，切实维护了民生民利和社会公平正义，取得了良好的办案效果。

第一，加强与纪检监察部门联系协作，及时介入高考徇私舞弊事件调查。2008 年高考结束后，群众向霞浦县纪委、监察局举报，反映霞浦县教育局招生办主任吴某某利用职权帮助其儿子作弊。同时，新闻媒体也对高考舞弊事件进行曝光。得知这一信息后，检察机关主动加强与霞浦县纪委、监察局的联系，提前介入高考徇私舞弊事件调查，注重发挥协作配合机制的作用。在初步判断该线索可能涉嫌招收学生徇私舞弊罪之后，霞浦县纪委、监察局及时将相关案件线索移送检察机关处理。

第二，认真细致开展侦查，迅速查清全案事实。为了迅速打开突破口，查清全案事实，检察机关组织人员认真审阅纪检监察部门前期调查的材料，并针对高考徇私舞弊可能得逞的原因，研究制订周密的侦查方案，重点了解和查证吴某某儿子吴某平时的学习情况、监考中的异常情况，试卷保管、交接中的漏洞等，发现了答题卡被替换、密封袋上存在伪造签名等犯罪事实。

第三，讲究办案方式方法，提升办案效率和质量效果。高考关系广大考生命运和千家万户的利益，社会各界十分关注。该案在查办过程中，既注重认真贯彻落实宽严相济的刑事政策，对不同的涉案人员区别对待，分化瓦解，又注重加强与侦监、公诉部门的协作配合，严把案件事实关、证据关、程序关和适用法律关，把案件办成铁案。吴某某、王某招收学生徇私舞弊案是福建省查办的第一起高考徇私舞弊背后的渎职犯罪案件，全国查处此类案件也比较少，具有较好的典型指导意义。

五、广西南丹"7·17"特大透水
事故所涉渎职等职务犯罪案

【基本案情】

2001年7月17日3时40分，广西壮族自治区河池地区南丹县龙泉矿冶总厂所属拉甲坡矿9号井标高-166m平巷的3号作业面实施两次违规爆破后，标高-166m平巷的3号作业面与恒源最底部-167m平巷的隔水岩体产生脆性破坏，大量高压水从恒源矿涌出，发生透水，淹及拉甲坡矿3个工作面、龙山矿2个工作面、田角锌矿1个工作面，致使83人死亡，直接经济损失8000余万元。事故发生的主要原因是非法开采国家保护性资源，以采代探，乱采滥挖，有关部门长期监督管理不力等。事故发生后，矿老板黎某与南丹县委书记万某、县长唐某等人相互勾结对事故进行瞒报，直到7月底8月初才被新闻媒体披露，在社会上造成了恶劣的影响。

此事引起党中央、国务院的高度重视，国务院调查组于8月6日赶赴广西，依法组织开展调查，并邀请最高人民检察院介入调查。高检院及时在广西成立由高检院渎职侵权检察厅和自治区检察院及南宁、桂林、柳州等7个地市检察机关100余名干警组成的专案组，立足于检察职能独立开展调查，依法对南丹县县委书记万某、县长唐某、副书记莫某、副县长韦某和河池地委书记莫某、专员晏某等74名国家机关工作人员（其中厅级干部9人、处级干部36人）以滥用职权罪、玩忽职守罪、受贿罪等立案侦查，侦查终结提起公诉后人民法院对所有报告人均依法判处刑罚。其中，对万某以受贿罪判处死刑、滥用职权罪判处10年有期徒刑，数罪并罚决定执行死刑，后被依法执行死刑；莫某被以受贿罪和玩忽职守罪数罪并罚判处有期徒刑14年，取得了较好的法律效果、社会效果和政治效果。

【侦查经验】

查办此案的成功经验表现在：

1. 依法成立检察调查专案组，并与国务院调查组密切配合，立足于检察职能依法独立开展调查。

2. 以瞒报事故为切入点是突破案件的关键。事故发生20余天后检察机关才介入调查，在调查中检察机关发现南丹县县委书记万某、县长唐某、副书记莫某和副县长韦某等人与矿老板黎某相互勾结，对事故瞒报的情况后，以此为切入点和突破口，进而使全案得到突破。

3. 充分运用好法律赋予的侦查手段和措施。立案后检察机关依法对万某、莫某等人采取刑事拘留和逮捕的强制措施，并依法进行搜查，获取了大量的瞒报事故渎职犯罪和贪污贿赂犯罪等证据材料。

4. 深挖渎职犯罪背后的贪污贿赂犯罪案件。在办案中检察机关既查事故所涉滥用职权、玩忽职守等渎职犯罪，还注意深挖背后的贪污贿赂犯罪，在立案侦查的 74 名国家机关工作人员中有 80% 以上的人员都涉嫌渎职犯罪和贪污贿赂犯罪，确保了办案的效果。

5. 充分运用好一体化办案机制。为有效地查办案件，检察专案组决定让事发地河池地区检察机关回避，由高检院组织广西自治区检察院和南宁、桂林、柳州等 7 个地市检察机关依法开展调查，并根据查办案件的特别需要，将万某等 42 名主要犯罪嫌疑人羁押在贵州省贵阳市，为审讯和突破案件起到了重大的作用。

【案例点评】

此案的成功查办，充分说明：

第一，检察机关通过查办各类责任事故所涉渎职等职务犯罪案件，在维护安全生产秩序稳定，保障公共财产、国家和广大人民群众生命财产安全方面大有可为。

第二，在查办责任事故所涉渎职犯罪案件中，必须找准案件的突破口和切入点，并依法用足用活法律赋予的侦查手段和措施，确保查办案件工作取得扎实成效。

第三，在查办重大复杂案件中，必须发挥好侦查一体化办案机制，并深挖渎职犯罪背后贪污贿赂犯罪问题，扩大办案效果。

第四，在查办案件中必须妥善处理好检察调查与行政调查的关系，分工负责、密切配合、同步推进，并努力营造良好的执法办案环境，形成查办案件的合力。

六、白某等人刑讯逼供案

【基本案情】

2009 年 12 月，鲁山县公安局接到群众举报，称鲁山县马楼乡甘树里村村民王某家中有一辆来历不明的车牌号为豫 D10981 的红色马自达轿车，鲁山县公安局经比对发现该车牌与车型不符，且该车信息显示已于 2009 年 10 月 28 日被盗，遂于 2010 年 2 月 18 日将该车扣留，并在车中搜出破锁专用工具一套、假发套一个、砍刀一把、车牌一副、锁车干扰器一台、行车证一个。后鲁山县公安局侦查员在对王某进行询问时，王某称该车系其通过信息电话以 23000 元购买，车上的破锁工具为专业盗窃别克、马自达系列车型后备箱的工具，行车证是其在另外一辆马自达轿车上撬盗所得。2010 年 2 月 18 日，鲁山县公安局以涉嫌掩饰、隐瞒犯罪所得、犯罪收益罪对王某立案侦查，并于同日将其刑事拘留，羁押于鲁山县看守所。2 月 20 日下午 3 时，鲁山县公安局侦查员白某、叶某、陈某、闫某四人经局领导审批后将王某带离看守所，至鲁山县公安局刑侦大队第二责任区进行讯问。因王某在讯问中否认犯罪事实，白某等人为逼取口供，分别持木棍、钢管等物对王某进行抬吊、殴打，次日晚 9 时许，王某在讯问过程中死亡。经河南省人民检察院法医学检验鉴定，王某系在外伤、较长时间的固定约束等作用下致大血管内血栓形成并脱落、栓塞肺动脉而死亡。

2010 年 2 月 28 日，白某、叶某、陈某、闫某涉嫌刑讯逼供犯罪一案由鲁山县人民检察院立案侦查，同年 5 月 6 日侦查终结并移送本院公诉科审查起诉。因案情重大，白某可能被判处无期徒刑以上刑罚，2010 年 6 月 7 日鲁山县人民检察院报请平顶山市人民检察院审查起诉。2010 年 7 月 8 日平顶山市人民检察院以白某等四人犯故意伤害罪向平顶山市中级人民法院提起公诉。2010 年 11 月 18 日，平顶山市中级人民法院作出判决，被告人白某犯故意伤害罪，判处有期徒刑 15 年，剥夺政治权利 5 年；被告人叶某犯故意伤害罪，判处有期徒刑 10 年，剥夺政治权利 1 年；被告人陈某犯故意伤害罪，判处有期徒刑 7 年；被告人闫某犯故意伤害罪，判处有期徒刑 4 年。

【侦查经验】

1. 领导重视，科学指挥是成功查办渎职侵权案件的坚强后盾。在"2·21"案件发生后，引起上级院有关领导的高度重视，平顶山市检察院即时派出一名副检察长和监所、反渎部门的负责人到鲁山县检察院了解工作进展情况，督促指导工作，主要领导听取案件汇报，亲临办案一线靠前指挥，市院公诉部门派员提前介入引导侦查，当地党委、政府大力支持，及时排除各种阻力和干扰，极大地鼓舞了反渎职侵权干警的士气，保证了案件顺利进展。

2. 迅速出击，及时介入，科学判断，是成功查办渎职侵权案件的坚实基础。"2·21"案件发生当晚，在院领导的正确指导下，办案人员超前思维，迅速出击，第一时间到鲁山县人民医院及时查看王某尸体情况，了解死亡经过，并立即向平顶山市检察院汇报有关情况，同时协调有关部门将王某尸体进行封存。次日即请平顶山市检察院对王某尸体进行了尸表检验。经检验：王某体表多处损伤，因未进行尸体解剖及病理检验无法认定其死亡原因。但根据尸表检验情况：王某体表多处损伤，结合了解的办案干警提讯王某的经过，分析判断办案干警有刑讯逼供嫌疑，经检察长批示，迅速依法对该案进行初查。

3. 外围初查，及时收集固定证据，果断采取措施，是成功查办渎职侵权案件的重要保证。2010 年 2 月 22 日，经主管检察长决定，依法对参与办案的干警白某、叶某、陈某、闫某涉嫌刑讯逼供案展开初查。将有限的警力进行优化整合，分成三个办案组，分别对涉案公安干警白某等四人进行询问。在初次询问中，四名嫌疑人均否认对王某有殴打情节，同时还辩解王某在看守所关押期间曾被人殴打过。显然，四嫌疑人已事先通谋，企图掩盖事实真相。针对此情况，第一时间调取了王某涉案的卷宗、王某刑事拘留时入所的健康检查笔录及被提出看守所之前的在押人员体检表、王某提出看守所讯问的审批材料、王某在看守所关押期间同监室人员证言，观看了 2 月 19 日、20 日王某在看守所拘留期间的录像资料。通过调取以上证据，不仅证明了白某等四名涉案干警办理王某一案的全部过程，最关键的是证明了王某在被羁押到鲁山县看守所之时、在看守所关押期间及被白某等人提出看守所之前身体正常等的情况，进一步证明了王某死亡原因与白某等人的殴打有着必然的联系。经过六天紧张有序的深入调查和全面收集证据，反渎干警通过认真分析案情，认定白某等四人存在刑讯逼供行为，经主管检察长决定，对白某等四人以涉嫌刑讯逼供犯罪立案侦查，为防止串供、逃跑、作伪证等情况发生，分别对四犯罪嫌疑人果断采取了刑事拘留强制措施。

4. 灵活运用策略，正确选择突破口，是成功查办渎职侵权案件的关键。本案的四名犯罪嫌疑人均为公安干警，系司法警校毕业学生，文化程度较高，法律知识面较广，并具有相当强的反侦查能力。在第一次接受讯问时拒不供认，且表现的神情自如，回答问题避重就轻，对付讯问有思想准备，只交代一些表面的事情，而拒绝交代实质的犯罪行为，企图逃避法律的制裁。针对此情况，侦查人员灵活施策，适时调整讯问计划，正确选择突破口，采取声东击西、先次后主、先轻后重的方法，将功夫下在次要责任人叶某、闫某二人身上。因二人系一般办案民警，工作年限短，阅历浅，心理防线比较脆弱，侦查人员抓住这一薄弱环节，找准符合其心理的切入点，情理法并用，释之以法，明之以理，动之以情，展开思想攻势，从其工作的社会地位、家庭情况及宽严相济的司法政策等不同方面进行开导，适时出示侦查人员掌握的部分有罪证据，对其施加必要的心理压力，在国家法律、政策的教育、心理压力和亲情的感化下，二人终于交代了自己同白某等四人在讯问王某过程中均对王某实施殴打的行为，即时对二犯罪嫌疑人讯问实行全程同步录音录像，固定证据。

5. 强化罪证，将案件办成铁案。在侦查过程中，侦查人员一方面补充完善四犯罪嫌疑人的有罪证据，与省公安厅、市、县公安局联合对犯罪现场进行勘验、检查，提取有罪物证；另一方面邀请专家，对王某死亡原因作出科学判断。2010 年 2 月 22 日平顶山市检察院请平顶山市人民检察院技术处法医对王某尸体进行尸表检验后，经过认真研究和分析案情，认为案情重大，将王某尸体进行解剖检验，对本案的侦破工作和固定证据等方面起着关键作用。于是由爨耀新局长亲自向平顶山市检察院汇报工作思路和侦查方向，并向省检察院技术处进行沟通协调，派专业技术人员对王某尸体进行解剖检验。高检院组织全国法医学知名专家会诊，及时协调有关部门再次对王某尸体进行解剖检验。经法医鉴定：王某系在外伤、较长时间的固定约束等作用下致大血管血栓形成并脱落、栓塞肺动脉而死亡。至此，案件真相大白，铁证如山。白某、陈某虽不认罪，但在大量的事实和证据面前，二人也无可狡辩。

【案例点评】

"2·21"案件是一起在全国引起极大震动、社会影响极其恶劣的案件。王某家属对公安机关抓获王某后提至看守所讯问并突然死亡极为不满，情绪十分激动，相互串联，四处上访，并利用网络故意炒作该事件的事实真相，被网络称作"喝水门事件"（王某死亡之前，因口渴曾向办案干警要水喝）。各种新闻媒体相继报道，全社会高度关注，一时间社会舆论众说纷纭。案发后，平顶山市检察院及时介入督促指导办案，鲁山县检察院经过一个多月的艰苦奋战，轰动全国的"2·21"鲁山县公安局干警刑讯逼供案，终于真相大白。该案的成功查处及时平息了社会舆论、维护了社会稳定，为受害者及其家属伸张了正义，维护了法律的尊严，得到了当地领导的高度赞扬。

图书在版编目（CIP）数据

反渎职侵权业务教程/李文生，胡卫列主编. —北京：中国检察出版社，
2015.1

全国预备检察官培训系列教材/李如林，王少峰主编

ISBN 978 - 7 - 5102 - 1267 - 3

Ⅰ.①反… Ⅱ.①李… ②胡… Ⅲ.①渎职罪 - 中国 - 教材 ②侵权行为 -
刑事犯罪 - 中国 - 教材 Ⅳ.①D924.393 ②D924.34

中国版本图书馆 CIP 数据核字（2014）第 193197 号

反渎职侵权业务教程

李文生　胡卫列　**主编**

出版发行：中国检察出版社

社　　址：北京市石景山区香山南路 111 号（100144）

网　　址：中国检察出版社（www.zgjccbs.com）

编辑电话：(010) 88960622

发行电话：(010) 68650015　68650016　68650029　68686531

经　　销：新华书店

印　　刷：保定市中画美凯印刷有限公司

开　　本：720 mm×960 mm　16 开

印　　张：13.75 印张

字　　数：249 千字

版　　次：2015 年 1 月第一版　2015 年 10 月第 二 次印刷

书　　号：ISBN 978 - 7 - 5102 - 1267 - 3

定　　价：38.00 元